日本語教育の現場から

言葉を学ぶ／教える場を豊かにする50の実践

佐々木倫子
岡田英夫
鈴木理子
ローズ(平田)昌子 編

前書き

　日本語教育の全体像を描くことは難しい。時間空間を超えた広がりは、1冊の本に収まるものではない。しかし、日本語教育の世界ってどんなものだろうと考えている20歳の大学生にも、現在の仕事に物足りなさを感じ、日本語教育をやってみたいと考えている方にも、地域ボランティア教室で日本語学習支援を始めて20年のベテランのボランティアにも、多様な現場を垣間見ることで、この分野の広がりを感じていただきたいと考えた。本書を編むに当たって、まず「現場の声が聞こえる本」を心がけた。そして、2番目に「分かりやすい本、内容が真っすぐ伝わる本」を心がけた。

　筆者は著者の中の最高齢であり、日本語教育の世界に入って間もなく50年になる。その間、仕事は何かと聞かれて「日本語教育です」と答え続けてきた。その答えへの反応はさまざまだが、「ちいちいぱっぱの世界ですか」とか「じゃ、英語ができるんでしょう」と何度も言われた経験を持つ。そんな単純な世界ではない、人が一生を懸ける価値のある分野だということを、知っていただきたいという願いを本書に込めた。

　本書の構成は以下のとおりである。

第1部：「言葉の現場を知る」　世界の現場の様子や声を紹介したページ。
第2部：「言葉の現場に向き合う」　現場の実態を主に実践や調査の記録で浮き彫りにしたページ。
第3部：「言葉の現場を掘り下げる」　実践研究・長い調査報告で、やや論文に近いもの。

　そして、一見、多様で個別に見える研究も相互に関わり、つながっていることをお伝えするため、コラムを第2部、第3部にも配置し、巻頭に概念図や地図を用意した。

　本書には総計50の小テーマがある。日本語の中核的な教育実践を扱うものをはじめ、日本語表記の歴史的な変遷や台湾における歴史的な学習／教育実践を扱うものがある。また、調査研究の一角をなすインタビューを取り

上げるものや、海外の複言語状況を扱うものなど、そのテーマは多岐にわたる。しかし、そのどれをとっても、日本語教育を豊かにする実践につながるといえよう。そこで、本書では副題に「言葉を学ぶ／教える場を豊かにする 50 の実践」と入れて、日本語教育を複眼的に見ていただこうと考えた。

　さらに、この本にはもうひとつ、裏の仕掛けがある。全著者、全査読者が、桜美林大学大学院の日本語教育分野の修了生なのである。正確には、筆者だけは修了生ではなく教員だが、筆者を除く全員が、修士課程、あるいは、博士課程の修了生である。しかも、単独著者、および、共著の筆頭著者は、全員、筆者のゼミの修了生である。たった一つのゼミの修了生の現場でもこれだけの広がりを持つ。さらに、この背後には、今回は執筆を見送ったけれども、いろいろな場で活躍中の修了生が、この本の著者と同数ほどいるのである。彼らのさらなる活躍と多くの出会いが、本書によっていっそう広がることを願っている。

　最後に、著者が多い上に、時間的制約も厳しいという本書の作成過程の下で、最善を尽くしてくださったココ出版の田中哲哉氏に感謝したい。

　　　　　　　　　　　　　2015 年 1 月（編集委員会／佐々木倫子記）

目次

前書き	003
世界に広がる実践の場	009
概念図	010

言葉の現場を知る──017

韓国でバイリンガル子育て…松下由美子	018
済州道での外国人妻韓国語授業風景…金　漢淑	020
中国の大学現場で…亦野　博	022
「明けましておめでとう」プロジェクト…中村　鷹	024
台湾の観光日本語…連　國鈞	027
フィリピンでのSNSを使った学習…福島千花	029
ラオスの日本語教育現場から…大田美紀	030
マレーシアの中高生が学ぶ日本語…頼　美倫	032
シンガポールの中の日本語…加藤珠美	034
オーストラリア・ケアンズの日本語教室から…市丸（近藤）綾	036
カザフスタンの日本語教育現場から…建木千佳	038
サラエボ大学日本語コースの立ち上げ…ヒルゆかり	041
ドイツの中高生が学ぶ日本語…沼崎邦子	043
ドイツの継承語教室から…菊地ゆかり	045
ブラジル日系移住地　90年の日本語継承…中沢英利子	048
ブラジルの日本語教室から…徳増紀子	051

言葉の現場に向き合う —— 053

ソウルのガイドパンフレットを作ろう…田辺理子	054
中国の日本企業における新入社員研修…横田葉子	062
中国の継承日本語教育の現状から…飛田美穂	068
column 帰国・外国生の多い日本の現場から…加藤真一	074
台湾原住民タオ族の日本語・日本文化…大輪香菊	076
column 「訊く」から「聴く」インタビュー…貞包みゆき	084
ベトナム南部の日本語教育事情…石田由美子	086
インドで見た日本語教育の最前線…竹村徳倫・谷口美穂	094
パソコンでどこでも日本語教師…阿蘇　豊	101
最近の日本語教材編集の現場から…岡田英夫	106
自立した学習者になるための支援 —「天声人語」で日本事情を教える—…今井美登里	114
column 短期留学高校生の日本の高校体験での気づき…松田香織	121
初級文法を教える前に—「やり・もらい」を例として—…菊池　都	124
column ロシア語話者の日本語発音…池田亜季子	133
多文化共生時代に必要な日本語学習の環境…丸山伊津紀	134
column 外国につながる子どもの母語支援教室…尹チョジャ	142
目が不自由な留学生の日本語学習…浅野有里	145
明晴学園の6年—ろう児の日本語習得—…長谷部倫子	153
column ろう児の言葉育て…中山慎一郎	161

第3部

言葉の現場を掘り下げる──165

多言語使用者の目に映ったオーストラリア多文化主義…中川康弘	166
column 駐日大使館員の言葉の使い分け…行田悦子	178
米国人学生3人の戸惑い ―新しい教育観に基づく現場から―…小島祐子	179
column インター出身者のアイデンティティー…熊本愛子	195
生きた文脈を通した言葉の学び ―1分間の映像を用いた実践―…ローズ(平田)昌子・岩下智彦	196
column 複言語時代のオランダ語学習者…海保あづさ	207
日本語教育で現代詩を扱う…萩原秀樹	210
学習者のリテラシーを生かした韓国語学習 ―クラス間の連携を図って―…李ヒョンジョン	226
社会とつながる留学生の学び…清水貴恵	241
自律的な生活者を目指した学びの現場…鈴木理子・久保田美映	258
お母さんのいる教室―多言語・多文化の教室から―…髙柳なな枝	272
column 子育て・言葉育て…後藤 静	288
EPA看護師のいる現場―日本語教育からの貢献―…佐々木倫子	291
column 2人のインドネシア人介護福祉士候補者…浮田未砂子	307

後書き	309
執筆者一覧	310

🌐 世界に広がる実践の場

日本語教育をはじめ、継承語や母語教育など、ことばを学び・教える場が
世界中に広がっています。本書では、世界各地の実践現場をご紹介します。

田辺理子
ソウルのガイドパンフレットを作ろう
▶p.054

金漢淑
済州道での外国人妻韓国語授業風景
▶p.020

松下由美子
韓国でバイリンガル子育て
▶p.018

小島祐子
米国人学生3人の戸惑い
ー新しい教育観に基づく現場から
▶p.179

連國鈞
台湾の観光日本語
▶p.027

中沢英利子
ブラジル日系移住地90年の日本語継承
▶p.048

市丸(近藤)綾
オーストラリア・ケアンズの日本語教室から
▶p.036

徳増紀子
ブラジルの日本語教室から
▶p.051

社会とつながる言葉

2人のインドネシア人介護福祉士候補者
浮田未砂子　▶p.307

EPA看護師のいる現場
佐々木倫子　▶p.291

仕事の言葉

中国の日本企業における新入社員研修
横田葉子　▶p.062

社会とつながる留学生の学び
清水貴恵　▶p.241

台湾原住民タオ族の日本語・日本文化
大輪香菊　▶p.076

中国の継承日本語教育の現状から
飛田美穂　▶p.068

継承する言葉

外国につながる子どもの
母語支援教室
尹チョジャ　▶p.142

子どもと言葉

子育て・言葉育て
後藤静　▶p.288

お母さんのいる教室
髙栁なな枝　▶p.272

日本語教育で現代詩を扱う
萩原秀樹 ▶p.210

学習者のリテラシーを生かした韓国語学習
李ヒョンジョン ▶p.226

ソウルのガイドパンフレットを作ろう
田辺理子 ▶p.054

フィリピンでのSNSを使った学習
福島千花 ▶p.029

多様な実践

自立した学習者になるための支援
今井美登里 ▶p.114

自律的な生活者を目指した学びの現場
鈴木理子・久保田美映
▶p.258

大学で教える

初級文法を教える前に
菊池都 ▶p.124

ロシア語話者の日本語発音
池田亜季子 ▶p.133

米国人学生3人の戸惑い
小島祐子 ▶p.179

ベトナム南部の日本語教育事情
石田由美子 ▶p.086

生きた文脈を通した言葉の学び
ローズ（平田）昌子・岩下智彦　▶p.196

「訊く」から「聴く」
インタビュー
貞包みゆき　▶p.084

最近の日本語教材編集の現場から
岡田英夫　▶p.106

言葉の現場

教師教育

インドで見た日本語教育の最前線
竹村徳倫・谷口美穂　▶p.094

中高で教える

帰国・外国生の多い日本の現場から
加藤真一　▶p.074

短期留学高校生の日本の高校体験での気づき
松田香織　▶p.121

明晴学園の6年
長谷部倫子 ▶p.153

ろう児の言葉育て
中山慎一郎 ▶p.161

ろう教育

目が不自由な留学生の日本語学習
浅野有里 ▶p.145

「明けましておめでとう」プロジェクト
中村鷹 ▶p.024

パソコンでどこでも日本語教師
阿蘇豊 ▶p.101

多言語使用者の目に映ったオーストラリア多文化主義
中川康弘　▶p.166

複言語時代のオランダ語学習者
海保あづさ　▶p.207

複言語・複文化

インター出身者の
アイデンティティー
熊本愛子　▶p.195

駐日大使館員の言葉の使い分け
行田悦子　▶p.178

多文化共生時代に必要な日本語学習の環境
丸山伊津紀　▶p.134

第1部

言葉の
現場を知る

韓国でバイリンガル子育て

松下由美子

キーワード ▶ 　国際結婚　　年少者　　多言語使用

　韓国で育つ、今年6歳になる息子をバイリンガルにしようと思った理由は、日本語が母親である私の母語だからということと、将来韓国語と日本語ができることに大きなメリットがあると考えたことからだ。しかし6年間バイリンガル子育てを続けて今思うのは、海外でわが子と母語で自由に会話できることがこんなにも癒やされるものだとは思わなかったということである。まだまだ発展途上の子育てだが、今までのことを少し振り返ってみたいと思う。

　私が気を付けてきたことは次のようなことである。生まれた時からいつでもどこでも日本語で話すこと、日本語の絵本の読み聞かせ、日本のテレビ番組を見せること、日本の幼児教育教材の購読を続けること、年に何度か短くても日本に一時帰国すること。現在の息子の日本語力は、平仮名が読める、簡単な単語が書ける、日本語を話す相手にはきちんと切り替えて話すことができるレベルである。

　一番難しかったことは、いつでもどこでも日本語で話すことであった。家庭ではもちろん、韓国人の友人に会うときや夫の実家でも二人の会話は日本語で通している。しかし、親戚から韓国語で話すことを強要されたり、外で日本語を使うことで知らない人に注視されたり、韓国語が話せないと思われて心無い言葉を浴びせられることもあった。そういう苦労もあったが母親との会話は日本語という習慣はとても重要のようで、おかげで今も崩れることはない。日本語の分からない韓国人を交ぜて会話をする場合は韓国語で話すことにしているが、母親と二人になると日本語に切り替わる。

　読み聞かせは、本に文字数の少なかった3歳頃までは1日10冊以上は読んでいた。一時帰国のたびに中古で大量に購入し持ち帰った絵本は本当によく読んだ。海外にいながら日本の言葉や習慣に触れられ、大人の私にとっても新しい発見があって、親子で一緒に日本語の絵本の世界に入ることはとて

も大切なことだったと思う。平仮名が読めるようになってからは、字数の少ない絵本は一人読みの練習の対象になっている。

　日本への一時帰国では、主に私の実家やいとこ（従兄弟）一家のいる地方都市へ行った。韓国ではわが家以外日本人のいない地域に住んでいる上に、私は息子が1歳半のときに仕事に復帰し現地の保育園に預けているので、実際に日本語に触れる時間も人間も少ない。そのため、日本へ行って日本語に接するだけでなく、祖父母やいとこ一家といった年代の違う日本人と接することにはとても大きな意味がある。

　さて現在の子育ての悩みは、韓国の教育熱の高さである。例えば小学校1年生の授業は、すでにハングルの読み書きや簡単な算数、英語ができることが前提で進められる。そのため就学準備がとても重要である。入学後も私教育といわれる校外での教育が非常に重要で、時間的にも精神的にも日本語を学ぶ余裕がなくなることは確実である。ハングルは韓国人家庭の子どもでも入学前に家庭教師に付いて教わり、入学後も「論述教室」などに通って国語学習に備え、英語も勉強しているのが一般的である。その状況で日本語の学習の時間をつくりさらにモチベーションの維持も考えなければならない。韓国には日本語補習校もなく、親が上手に日本語への興味を持たせられるかが成功の鍵を握っていると言っても過言ではない。

　息子はハングルの読み書きができるようになった5歳の頃に、日本語と韓国語で話す際の語彙数に差が出てきた。園でのお友達の出来事や先生からの連絡事項を話す場合、日本語で全て話すことが難しくなりところどころ単語だけ韓国語になることも多い。韓国語で経験したことを日本語で話すことにも負担があるようで「忘れた」と一言で終わることも多くなってきた。反面、母親が理解できない韓国語の単語もかなり習得しており、語彙数では日本語と韓国語の能力はすでに逆転しているようだ。手紙を書いたりするなどの書くことへの関心が薄いので読み書きの上達がこれからの課題である。これからは息子の好きなアニメーションの日本語版を積極的に取り入れたり、こちらの長期休みを利用し日本の学校の体験入学なども取り入れたりして、日本語でやりとりすることが楽しいと思える環境をつくり、親子で楽しく無理なくバイリンガル生活をするのが課題である。

済州道での外国人妻韓国語授業風景

金　漢淑

キーワード ▶ 　国際結婚　　生活者

　今日も授業30分前、韓国の童謡を流している。
　もう少ししたら、赤ちゃんをおぶったり、抱っこしたりした若いお母さんたちが来る。顔の色は少しずつ違うが、目は等しく皆キラキラしている。授業の前は、ベトナム語、カンボジア語、フィリピン語、韓国語などが交じっている。だが、皆生き生きしているのは同じだ。
　ここは済州のある地域の住民自治センターの韓国語教室である。対象は国際結婚をして韓国に来た女性たちである。彼女たちは、自国の仲介所などで結婚相手を紹介されて韓国に来た。仲介所で紹介された場合は、韓国語をその仲介所で少し教えてもらい、母語と韓国語で書かれた韓国語のテキストを持たされただけである。彼女たちの学歴、職歴、経歴は千差万別であり、中には不就学の人もいたりする。
　韓国では約10年前から国際結婚による移住女性が急増し始めた。最初は農村部での男性の結婚難からであったが、今はあらゆる男性層にまで広がりを見せている。済州も同様で、韓国語ができる中国の朝鮮族から始まったが、徐々にベトナム、フィリピンなども増え、カンボジア、ネパール、ラオス、モンゴル、日本、ロシアなどその多様性と数に驚かされる。当然、異なる言語、習慣、文化、宗教などについて摩擦が生じ、大きな社会問題となった。これらの解決のため国や自治体が予算を使って彼女たちに韓国語や韓国文化などを教えている。彼女たちは自分が住んでいる場所の近くで韓国の勉強ができるようになっている。そして、さまざまな事情で通えない人に対しては教師が訪問するシステムもあり、そのプログラムの申請も可能である。訪問教育は、1回2時間、週2回受けられる。私のクラスの生徒には訪問教育も受けながら、さらに教室に来ている人もいる。早く韓国語が上手になりたいと言っているが、同じ国の人と会って母語で話したいという理由もあって来ているようにも思われる。

私は2012年9月から住民自治センターで韓国語を教えている。今のこのクラスは、韓国に来て1年以上の人が多く、中級レベルだ。年間2学期制で、1回2時間週3回で、1学期の授業回数は全50回だ。
　もともとは韓国の中高年のパソコン教室に使う場所で、机の上には本以外にいろいろなものがある。まずパソコン、そして赤ちゃんのオムツやミルク、お菓子などがある。また、歩行器や赤ちゃん用のベッドも置かれている。2年前までは国の予算もあり、授業中子どもの面倒を見てくれる人もいたが、今は予算の削減で教室に赤ちゃんを連れてこざるを得なくなった。時には、7カ月から14カ月くらいの赤ちゃんたちが6人以上も集まる場合もある。保育園に預けるにはまだ小さく、またしゅうとめの反対で預けられない人もいる。
　彼女たちは韓国に来て1年くらいになると中級クラスに入れるが、妊娠や出産で授業を受けられなくなり、しばらくしてからまた来る人もいる。また、ある程度の日常の韓国語に困らない場合はお金を稼ぐために仕事をしにいく人もいる。そして、来韓3年くらいたつと国籍の申請が可能になり、国籍取得のための試験を受けたい人がまた勉強しにくる場合もある。
　授業中には、赤ちゃんが泣いたり、また少し歩ける子はかわいいいたずらをしたりして授業の流れがうまくいかない場合もある。書き取りのときは子どもを私が抱えながら行う場合もある。ある時、赤ちゃんが泣き出して落ち着きがなかったので、「今日の書き取りはやめましょうか？」と言うと、彼女たちは「すみません、先生、子どもが迷惑をかけて大変申し訳ございません。書き取りしましょう。お願いします」と言う。書き取りが大好きな彼女たちが小さい子どもを連れて勉強しにくるその姿は私に勇気を与えてくれる。
　さらに、済州には済州方言があり、本土の韓国人でも理解しにくいくらいだ。比較的年配のしゅうとめを持っている嫁である彼女たちに、済州語も加えて教えなければならないのでいつも授業時間が足りない。
　書き取りが大好きな彼女たちに、少しでも早く、韓国語や韓国文化を知り、さらに済州語や済州文化も分かってほしい。そのために、今日も、韓国童謡を流しながら彼女たちと子どもたちの笑顔を待っている。
　石、風、女性、多いのはこの三つだけといわれ"三多島"と呼ばれている済州が、今や女性を海外から迎え入れているという様変わりの状況になった。

中国の大学現場で

亦野　博

キーワード ▶　　大学　　　古典文学

　中国の大学で、大学院１年生を対象に「古典文法・作品精読」を教える機会を得た。以下、その経験を中心に報告したい。

　授業は、いろはかるた遊びから始めた。学習者は初めてで、興味がそそられたようであった。ことわざにも強い関心を示し、その後、小倉百人一首へと入った。冒頭で、「百人一首」で古典文法の全てを学べるという金田一春彦の話を紹介し、また、日本文学の主流は詩歌にあるとする説も紹介して、百人一首の幾つかを覚えるよう促した。百人一首のかるた取りは、日本かるた院関係者の朗詠CDを使って、いろはかるたのゲーム形式で進め、学習者が最後のゲームで取ったかるたの数首を解釈・鑑賞・翻訳・発表し、レポートを作成する課題を課した。この作業では、劉徳潤『小倉百人一首―日本古典和歌賞析』（外語教学与研究出版社、2007年）を参考文献とした。学習者は、協働で翻訳を完成した。

　こうして、文法と表現に親しんでから、古典作品の精読に入った。目標を、各自、作品を選び研究レポートを作成することに置いた。授業では、イメージづくりの一助に、NHKの「日めくり万葉集」「漢詩紀行」などの録画を使用した。例えば、三輪山の映像は学習者に奈良についての深い印象を与えたと思われる。教材としては、親近感や読みやすさの観点から、現代短歌から入って、奥の細道、徒然草、枕草子、平家物語を経て、万葉集、古事記、源氏物語などへと移っていった。また随時、古典の引用がある新聞コラムを教材とした。余裕があれば、引用された原文の全体に当たった。短歌・俳句作りも促し、数点の発表があった。さらに、漢詩、漢文の学習にも力を入れ、学習者の興味・関心を呼び覚ましてゆくことを心掛けた。

　中国人学習者の古典学習の意欲は強い。大学院入試に出題されるという理由もあるが、日本語に入った中国古典を意識して、それらの学習が欠かせないとする学習者もいる。日本人が読むものは、読めるようにさせたいとする

教師もいる。指導を終えて、学習者ニーズの的確な把握と教育方法の確立が急務であると痛感している。日本語が、より開かれたものとなり、多くの人々の共有財産になってゆくことを期待したい。

「明けましておめでとう」プロジェクト

中村　鷹

キーワード ▶　　大学　　　連携

　アイスランド、インド、チベットで、2013年を迎える時に年賀状を交換しようと呼び掛けたのは2012年の11月だったと思う。当時、桜美林大学大学院の同窓生が勤務していたTilak Maharashtra Vidyapeeth Japanese Section（インド）と、University of Iceland（アイスランド）、そして筆者が所属していた青海民族大学（チベット）とで、年賀状を交換することとなった。きっかけとしては、筆者自身が大学院時代の同窓生とメールやSNS（ソーシャル・ネットワーキング・サービス）でつながっていたことが大きい。互いの近況報告をするうちに、チベットで日本語学習プログラムの一環とした年賀状作成を予定していることを話した。そして、個人的な年賀状交換といった一時的で日本文化体験的なものとしてではなく、機関を超えてつながる学習促進を狙うことができるプログラムとして立ち上げようと盛り上がった。きっかけは個人的なつながりだったが、山も海も越えて日本語でつながる大きなプロジェクトとなった。以下、主にチベットの視点から書きたい。

　各機関の日本語学習者間で面識は無く、本企画実施の前に、参加予定の学生らの写真を互いにSNSを通じて公開し合った。ただし、チベットでは各機関からデジタルファイルでもらい、置き場所を特定して期間限定で公開した。そこで、新年のあいさつという一般的な年賀状の目的とともに、日本語使用場面の創出といった目的が加えられ、全機関で共有された。また、「日本語は日本で日本人と使う言語」といった幻想的な前提に疑問を投げ掛ける絶好の機会となるのではないかと、チベットでは期待していた。この期待は、その後、全機関で共有されることとなった。

　チベットからの年賀状は一般的なカード状ではなく、スカーフ状のチベットの伝統的な装飾品の一つで、迎賓や祝いの席などで用いられる「カタ」を選んだ。理由としては、チベットの認知度向上に加え、送り先を特定の個人宛てでなく、機関宛てとした点である。さらに、個人ではなく大勢でカタに

メッセージを書き込み、一つの「年賀状を作る」ことで、さまざまな学びを促せる機会としたいという狙いもあった。

カタには日本語、チベット語、中国語でのあいさつなど、それぞれが思い思いにメッセージを書き込んでいった。そこに色とりどりの絵を添えるなど、参加した学生らは楽しそうに、生き生きと「年賀状」を作っていた。その様子からは、試験や練習のためではない実際（authentic）の日本語使用場面で、かつ個性を大いに生かせる場としていたことが分かる。

メッセージを書き込む際に学生間で文法や語彙を教え合う姿も見られ、その場で教師や教科書、辞書など各リソースを利用する姿もあり、企画側の狙いと一致する学習の場となった。書き込みを終え、年賀状として制作されたカタを参加学生一同で広げて撮影すると同時に、そのまま一同でチベットからの新年のあいさつを録画した。これらの写真と動画ファイルはネットでアイスランドとインドへ送付し、SNS 上で公開した。

年明けの 2013 年 1 月 6 日にはアイスランドとインドからチベットへ年賀状が届き、チベットでは同月 8 日に、両機関からの年賀状が披露された。すぐにチベットの学生らから、折り紙による年賀状への返礼メッセージの送付が提案され、その場で実施した。アイスランド、インドからの年賀状は一般的な個別のカード状で、チベットでは、気に入ったカードへ個別に返礼メッセージを送ることとした。また、届いた年賀状を手にしてお礼のメッセージを撮影および動画で録画し、SNS で公開した。

チベットでは「カタ」に何をどのように書くのか話し合ったり、小さなことでも何か問題や疑問があれば、それらの解決法を話し合ったりする場面が見られた。例えば、メッセージ作成中に語彙や表現を尋ね合い、調べるなど、複数の教師や他者の表現から言語的知識を得る姿も見られた。その他にもさまざまな「学び」の姿が見られた。また、本企画に対しては積極的で好意的な意見が参加者から出ており、今後も実際の日本語使用場面の創出に向けた次なる具体案が期待されているようだ。何より、新たな日本語使用場面の創出という目的が達成されたことは、チベットで共有されていた日本語教育の理念と合致し、その点で有意義なプロジェクトとなったと思われる。

アイスランドからは年賀状の他に大きなポスターが届いた。ポスターは、アイスランドの学生らの集合写真、それにメッセージと絵で埋め尽くされていた。ポスターに加えて、さらに個別にカードも届き、同様にメッセージと

絵、さらに連絡先などが記され、チベットとの交流を歓迎してくれているのが手に取るように伝わってくる。これらは全てチベットで公開されており、学生たちは実質運用の結果を手に入れたことになる。

台湾の観光日本語

連　國鈞

キーワード ▶ 　専門日本語　　ガイド

　筆者は、日本の大学院で日本語教育を専攻し、現在は日系旅行会社の台湾支店に勤務している。日系旅行会社なので、お客さまはほぼ日本人であり、日本人の上司および同僚もいるため、日常的に日本語を使用している。

　筆者の仕事内容は空港あっせん（お客さまの到着後の出迎え、フライト遅延の対応）、ガイド担当者の管理、クレームおよびトラブルの処理などである。ただ、毎日何が起こるか分からず、予想外の仕事が舞い込むこともある。例えば、夜中にお客さまが突然けいれんを起こし、すぐさまホテルに向かい、病院に付き添ったこともあった。即座の適切な判断が求められ、会社で最もプレッシャーがかかる部署だといわれている。そのため、常に冷静さを保つこと、そして、臨機応変に対応することが不可欠である。マニュアル通りにはいかない多様な仕事をこなすためには、さまざまな場面における日本語能力が求められ、日本語のトレーニングにもなる。仕事は大変だが、やりがいがあり、チャレンジ精神を持てることは楽しみでもある。

　入社して4カ月がたった。筆者の強みは、日本への留学経験である。なぜなら、留学経験があるおかげで、日本人との距離をうまく縮めることができるからである。例えば、お客さまに「日本語はどこで勉強しましたか」と聞かれることがよくある。「日本です」と答えると、「日本のどこですか」「日本の生活はどうでしたか」など会話が弾む。また、このようなやりとりを通して初対面の人にも安心感や親近感を抱かせ、よりスムーズにコミュニケーションが取れるのである。さらに、日本での生活や経験を話題にすることにより、日本人の同僚とも、すぐに打ち解けて付き合える。

　しかしながら、日本語の能力不足をよく痛感した。例えば、お客さまを案内する際、より丁寧な表現を使用するために、敬語を考えながら説明すると、結局たどたどしい日本語になる場合が少なくなかった。また、上述のようにお客さまを病院へ連れていき、医師とお客さまのやりとりを通訳する

際、「白血球減少」や「抗生物質」などの医療関連用語が日本語でうまく通訳できないときがあった。そして、お客さまのパスポート紛失や迷子になった場合、相手の不安を和らげようとしたが、適切な日本語での対応に戸惑うときもあった。日本では約4年間暮らし、友達と話す場面や学術的な日本語表現に触れることが多かったが、上述のような日本語場面やビジネス日本語は日本に滞在している間、あまり接することがなかったため、とっさに言葉が出てこなかったり、適切な表現が見つからなかったりして、よく歯がゆい思いをした。

観光業に従事して日が浅いものの、現場で予期せぬ場面に遭遇し、トラブルなどを身を持って経験したことにより、「観光のための日本語」として必要な日本語は、単に「ビジネス日本語」と一くくりにはできないこと、そして、「観光のための日本語」には専門性が求められることが見えてきた。そこで、日本語学習者としての経験と、日本語使用者としての経験を持つ筆者の立場から、次のようなシラバスを提案したい。

シラバス案	目的
基礎敬語	お客さまへの対応のため
クレーム処理の日本語	日本語での適切なクレーム対応の仕方を学ぶ
	例えば、事実調査の報告書、おわび状の書き方
症状・病状の日本語	お客さまの訴える症状を理解してから、医師に伝えたり、医師からの診断内容を的確にお客さまに伝えられるように基本的な医療関連語彙などを学ぶこと
	例えば、心電図検査、抗生物質などのような医療用語
観光地の紹介	観光名所を分かりやすく伝える
	例えば、故宮博物院に案内する際、展示品の歴史を分かりやすく説明すること
おもてなし論	観光客に喜ばれるサービスを考える
	例えば、笑顔でのサービス、思いやりのあるサービス、分け隔てのないサービスなど

上述のようなシラバス案は粗筋であるが、将来、観光に関する仕事を希望する留学生にとって、不可欠なことなのではないかと考えられる。

フィリピンでのSNSを使った学習

福島千花

キーワード ▶ 日本紹介　フェイスブック

　フィリピンにおける日本語学習者数は、増加傾向にある。国際交流基金が2012年度に実施した「2012年度 日本語教育機関調査」で、フィリピンの日本語学習者数は、3万2418人であり、世界第10位となった。2009年度の2万2362人（世界第12位）から、1万56人増加している。学習者の中では、中等教育段階での増加が著しい。多様化するフィリピンの日本語教育の中で、国際交流基金マニラ日本文化センター（以下、JFM）は、新規学習者の掘り起こし、学習者のニーズ把握を行うことを目的として、日本のライフスタイルを紹介するページと日本語を紹介するフェイスブックのページを作成した。

　フィリピンはSNS（ソーシャル・ネットワーキング・サービス）の利用がとても盛んである。2014年2月現在のセレージャーテクノロジーの調査によると、フィリピンはフェイスブックのユーザー数で、アジア第3位である。こうした背景から、JFMはSNSを利用した日本語教育へのアプローチを始めた。

　筆者は、上級専門家と共に日本語のページ「Nihongo for every Juan」のコンテンツ企画をした。ページの名前にある「Juan」は、フィリピンでは一般的な男性名であり、「フィリピン人」という意味で、よく使用されている。全てのフィリピン人のためのページということを伝えている。コンテンツは、曜日ごとに、「漢字」「語彙」「四字熟語」「若者ことば」「クイズ」「会話」「オノマトペ」とテーマがある。コメントや「いいね」の数で、学習者がどのような日本語学習に興味があるかを知ることができた。また、どの地域、年齢、性別のファンが多いかを知ることで、日本語学習者の開拓に役立つと考えている。フェイスブックのコメントには、「いろいろな日本語が勉強できてうれしい」「もっと日本語を勉強したい」という声が上がっている。このようなコメントや、ファン数、「いいね」の数を見て、教室の授業だけではなく、SNSを利用した学習の可能性についても気づかされた。

（Nihongo for every Juan：http://www.facebook.com/NihongoforEveryJuan?fref=ts）

ラオスの日本語教育現場から

大田美紀

キーワード ▶ 非母語話者教師　　教師研修

　ラオスは東南アジアの内陸国で、ミャンマー、タイとの国境沿いにはメコン川が流れている。ラオスにおける日本語教育の歴史はそう長くはない。
　1965年にJICA（現在の国際協力機構）青年海外協力隊の派遣により日本語教育が行われ始めたが、1975年の革命により中断された。その後、2001年に日本政府の支援によりラオス日本センターに日本語コースが開設され、2003年にラオス国立大学文学部に日本語学科が設立された頃からラオスの日本語教育は再スタートを切った。以来、上記2機関には十数年にわたってJICA、あるいは国際交流基金から専門家が派遣され、学習者への指導、およびラオス人講師の育成が行われている。
　日系企業進出や中等教育機関での日本語教育開始、また地方への日本語教育の広がりにより日本語学習者数や日本語教育機関数が増加している周辺国と比べると、ラオスの日本語学習者はここ数年ずっと500人程度で大きな変化はない。ラオスの日本語教育は一見、十数年変わりなく、メコン川の流れのようにゆったりと静かに流れているように感じられる。しかしよく見ると、ゆっくりとした流れの中に新しい力が波打っているのが観察される。
　筆者は現在ラオス日本センターに勤務している。入門から中級前半までの一般講座があり、学習者数は毎学期100人程である。ラオス日本センターではここ数年徐々に20代から30代前半の若手ラオス人教師が授業実施の中心を担うようになってきた。彼らはラオス日本センター日本語コースの元受講生で、ここでの学習経験により日本語教育の面白さに目覚め、教師を志したという者がほとんどである。彼らが学習者であった頃の教師は主に日本から派遣されたネーティブスピーカー教師で、「日本語の授業は今までに受けた授業とは違った」「日本語を勉強することが楽しかった」とその頃の思い出を語ってくれる。
　彼らはラオス日本センター内での教師養成講座を受講し、日本語を教え始

めた。その後それぞれが日本留学や国際交流基金による研修を経て教師として成長し、彼ら自身が中心となって、「言葉を学ぶ楽しさ」を学習者に伝える役割を果たすようになっている。

　また最近では彼らの中に、「言葉」の学習の中で自分の考えを表現し、お互いを理解し合い、新しい発見をしていくこと、言い換えれば広い意味での「学び」を日本語の授業にも取り入れたいという意識が芽生え始めている。「日本語の知識はあるけど、自分の意見がなくて、授業の話し合いに参加できなかった」「何となく言いたいことがあっても、それをどう相手に伝わるように表現するか、そういうトレーニングを受けてこなかったと実感した」と数人の教師は自らの留学経験を振り返り語った。

　ラオスでは多くの場合、教師の待遇は安定したものではなく、公教育においても幾つかの副業を掛け持ちする教師は少なくない。教師が教育に集中する環境を得るのが難しいことが多い中、日本からの支援を受けるラオス日本センターの教師たちは恵まれた環境にあるといえる。それを自覚し、自らが日本人教師との出会いや留学、研修の機会によって得た「学びの大切さ」を自国の後輩たちにも伝えたいという思いは、少しずつ実践の中で生かされ始めている。

　ラオス日本センターでは2012年10月より、国際交流基金が開発したJFスタンダードの理念を取り入れたテキスト『まるごと』を使用し、日本語によるコミュニケーション能力だけでなく、相互理解促進も目指した授業を実施し始めた。例えば、日本の社会文化を取り上げた授業において、日本の社会文化を知ることにより自国の社会文化も再発見する、その後、お互いの気づきや疑問を文字化し、意見交換するというものである。この場合の使用言語は日本語とは限らず、ラオス語でも構わない。授業はラオス人教師と日本人教師がチームを組んで実施しているが、このような授業が「日本語」の授業として受け入れられるのか、また、それぞれの異なった視点を表現するという活動が成り立つのか、と教師側の不安は少なくなかった。どのような教室活動を設定するか、また補助教材はどうするか、など、まだまだ試行錯誤中であるが、最近の学習者からの授業フィードバックでは「授業でクラスメートと学び合えることが楽しい」「クラスメートから新しい発見をもらった」というコメントもあり、教師の大きな励みにもなっている。

　ラオスの川の流れは、静かにゆっくりとだが、着実に流れている。

マレーシアの中高生が学ぶ日本語

頼　美倫

キーワード ▶　　中等教育　　　学習動機

　外国語としての日本語の指導経験がなかった私は、マレーシアの中等教育で日本語を教え始めた頃、非常に積極的に、さまざまな教材を使って、熱心に中学1年生の生徒に教えていた。だが、ある時、2人の生徒が私のところに来て、「先生、すみません。この日本語テキストを返します……」と言った。いきなりこのように言われたので、驚いて「えっ……何で？」と聞いたら、「日本語は難しい」「午後の時間は塾がある」などの理由が挙げられた。その後、2年生になって日本語のクラスをやめる生徒が何人も出た。そんな時、日本語教師の先輩たちは、「気にしないで、それは普通のこと。3年、4年になると、もっと減るかもよ」と言う。

　マレーシアの公的中等教育機関で、日本語を学んでいる中高生の数は、2014年マレーシア日本語教育機関調査の結果では、1万9000人を超えている。マレーシアの日本語学習熱がうかがえる。しかし、冒頭で述べたように途中でやめる生徒も多く、近年その学習熱に陰りが見え始めてきた。現行の授業に対する中高生の不満の大きな点が「語彙や文型など覚えなければならないことが多すぎる」ということであり、「ずっと机に向かって読んだり書いたり練習するのではなく、もっと楽しいコミュニケーション活動を多く行いたい」という要望がある。

　私の調査結果では、全体的な傾向として、マレーシアの中高生は「日本語の面白さ」「日本文化に対する趣味」「訪日」「将来の仕事・進学・何かの役に立つ」などの日本に対する憧れや何らかの目的を、日本語学習を始めるきっかけとしている。多言語社会であり2、3種類以上の言語を話せる国民が珍しくないマレーシアにおいては、このような理由が挙げられることは何を意味するか。それは言語学習の目的が、実利的であるよりも、ある言語や文化の露出度・存在感が当該言語の学習に結び付きやすいという傾向を示す。学習者は決して不熱心なのではなく、より学習者主体の、文化的な内容

および文脈を重視した活動型の言語教育を志向しているのではないか。詰め込み型の教育を改め、日本語学習を楽しくすることが、生徒を授業に引き込む大きな原動力となるだろう。生徒たちの日本語を学ぶことへの興味が徐々になくなってしまわないように、彼らの興味関心を引く授業づくり、学習意欲を喚起するような授業を行っていくことが望ましい。これは現在のマレーシアだけの課題ではなく、全ての日本語教育現場の課題と言えないだろうか。

シンガポールの中の日本語

加藤珠美

キーワード ▶ 多言語国家　日本語表記

　シンガポールは東南アジアのほぼ真ん中にある、国土面積が東京都23区とほぼ同じくらいの小さな島国だ。人口約540万人の多民族国家で、英語、マレー語、中国語、タミール語の四つが公用語である。学校やビジネスシーンでは主に英語が使われているが、各家庭や市場などではそれぞれの民族の言葉を使い、必要に応じて英語に切り替えたりしている。筆者がこれまでに出会ったシンガポール人の多くがバイリンガルであり、三つ以上の言語を話せる人も珍しくない。また、著しい経済成長に伴いシンガポールで働く外国人も多く、さまざまな言語をあちこちで耳にする。このような背景のせいか、ここでは人々が言語に対して寛容であると感じる。例えば、相手が文法的に間違った言葉を話したとしても気にしないし、自分の周りに知らない言葉を話している人がいても気にしない。これは当地では外国人である筆者にとって大変助かることである。

　さて、ここで皆さんに想像していただきたいことがある。シンガポールにいるシンガポール人が日本語に接する機会があるとすれば、それはどんな場面であろうか。アニメ、Jポップ、ドラマなどのサブカルチャーを思い浮かべた人が多いのではないかと思う。確かに日本語学習者であれば、日本語のアニメやドラマなどを積極的に見たりするだろう。そういった人たちではなく、一般的なシンガポール人を考えてほしい。彼らが日常生活で接する日本語。それは日系レストランや日系アパレル店の店員が話す日本語、もしくは日本製品と、その広告などに使われている日本語が圧倒的に多いだろう。

　最近のシンガポールでは、ショッピングモールに行けば、日本の有名なアパレル店や飲食店が必ずと言っていいほどテナントとして入っている。そして、そこにいる店員は「いらっしゃいませ」や「ありがとうございました」といった言葉を日本語で言う。また、スーパーに行けば日本のお菓子やジュースなどが当たり前のように売られている。それらの日本製品にはもち

ろん英語が書かれているのだが、それ以外にも商品名やキャッチコピーなどが、平仮名や片仮名でも書かれているのだ。そしてそれは日本製品に限られたことではない。他の国で生産された製品にも日本語が書かれているのをよく目にする。
　これらの日本語はいったい誰のため、何のために使われているのだろうか？　日本人客のためだろうか？　確かに近年、シンガポール在住の日本人の数は増えている。しかし、日本人のみをターゲットにした規模の商売では、利益はたかが知れている。企業はシンガポール人を中心としたローカル客を増やすための戦略を練っているはずであり、店頭や製品、広告の商業的効果を狙った日本語の使用は、ローカル客をターゲットに考えられた戦略の一つであろう。
　ではターゲットであるローカル客は、製品や広告に自分たちの分からない言葉である日本語が使われていることについてどのように感じているのか。試しに知人のシンガポール人女性に、こちらで実際に使われている、日本語の書かれた広告を数枚見てもらった。もちろん、彼女は日本語を読んだり書いたりすることはできない。しかし彼女は広告に書かれている文字が日本語であるということは何となく分かるそうだ。そして日本語が書かれていると、その製品や店に対して高品質、信頼性を感じるという。日本語の効果はそれだけではない。その製品や店のサービスに対して、通常以上の対価を払ってもいいとも思うそうだ。企業にとって日本語は利益を上げるのに一役買っている存在といえるだろう。
　今後、日本企業の海外進出が進めば進むほど、商業的効果を狙った日本語の使用は増え、シンガポールの人々が日常的に日本語を見聞きする機会はますます増えると思われる。広告などで偶然見聞きした日本語をどうやって学習するところにまでつないでいくかという課題は残るが、日常生活に日本語が浸透していくことで、より多くの人にとって日本語が身近なものとなり、興味を持ってもらえることを期待する。また、すでに日本語を学んでいる人たちにとって日常のいろいろな場面で日本語に触れることが、日本語学習のよい刺激となってほしい。
　皆さんもシンガポールへお越しの際は、町なかにあふれている日本語を探してみてはいかがだろうか。

オーストラリア・ケアンズの日本語教室から

市丸（近藤）綾

キーワード ▶ 　地域日本語教室　　学習動機

　オーストラリア北東部、世界遺産のサンゴ礁と熱帯雨林に挟まれる人口約16万人の町ケアンズ。日本から一番近くオーストラリアの玄関口として、1年を通じて多くの日本人観光客が訪れている。日本からの移住者も比較的多く現在その数は約3000人に上る。

　大都市から遠く離れたこの小さい町に筆者が約4年間勤める日本語教室がある。この地域にたった一つの民間の日本語教室である。小・中・高校や大学など現地教育機関を卒業した成人が日本語を学ぼうと思った場合、教室の形で学べるのはこの日本語教室か、不定期に開講される地元大学の一般向け講座のみである。ただ、大学の講座はここ数年開講されていない。

　この日本語教室は、もともと日本人が経営する現地の英語学校の中に併設されていた。日本語を学びに来る地元の人と、語学学校で英語を学ぶ日本人生徒との交流も目的にしていたと聞く。日本語教育学を修めたM氏が専任教師としてこの日本語教室を任される以前は、日本語授業を担当するのはワーキング・ホリデー・ビザでの日本人滞在者や、英語を勉強しに来た日本人学生だったという。

　その後、英語学校の郊外へのキャンパス移転に伴い、日本語教室は閉鎖されることになる。M氏は担当していた受講者を放置することもできず、たった一人で現在ある日本語教室を設立・経営するに至ったのである。2009年の設立当初は10人程度だった受講者数は現在100人を超え、教師数も5人に増えた。

　受講者は1週間に1回、仕事後や休みの日に教室にやって来る。基本は8人以下のクラス形式で1時間半の授業を行い、授業料は1レッスン25ドルと、レストランでの昼食を1回我慢すれば払える金額である。

「カンガルーの肉を食べたことがありますか」
「ワニがいるので海に入らない方がいいです」

教室ではオーストラリアならではの会話が飛び交うが、移民が多いオーストラリアだけあって、受講者の国籍はオーストラリア以外にも、イギリス、イタリア、フランス、マレーシア、中国、韓国などさまざまである。また、受講者の年代も小学校高学年から退職後の世代まで実に広い。ここ数年、学校で日本語を学んでいる中学・高校生が少しずつ増えてきている。

　日本語を学習する動機もさまざまである。一番多いのは、「旅行で日本を訪れるため」である。日本旅行のために日本語教室に来る人は2008年格安航空会社がケアンズと日本の直行便を運航し始めてから、特に増えているようだ。二番目に多いのが「家族や友人と話すため」である。日本人の配偶者や親戚がいたり、アパートの同居人や職場の同僚が日本人だったり、自分の身の周りにいる日本人と交流するために日本語を学んでいるのである。また、観光業の低迷に伴い、一時期より減ってきてはいるが「仕事のため」に日本語を必要とする人もまだまだ多くいる。ホテルのフロントやツアー会社、観光船や空港で働き、日本人観光客と接する機会の多い人たちである。この他にも、将来日本で仕事をしてみたい人、日本のアニメが好きな人、日本が好きな人、ただ単に新しいことを始めたいからと来る人もいる。

　教室では、授業内容の定着を図るため、教師・受講者がお互いのことを知るためにいろいろなことを聞き合い、話してもらう。自分のことを日本語で話すのは楽しいらしく、またケアンズという小さい町だからこそ共通の、もしくは共有できる話題も多い。新しくできたギョーザ屋の話、日本食レストランで日本語を話してみた体験からそれぞれのお国事情、仕事事情まで、年代や職業が違ってもお互いに興味を引く話題があると話が弾む。自然と教室での時間が楽しいものになり、教室に来るということ自体が楽しみになるという場合もあるようだ。興味がなくなったらいつでもやめてしまえる民間の日本語教室にとっては大切なことである。彼女と別れた日に、お父さんが亡くなった日に、日本語教室に来る人もいた。ここケアンズの教室で日本語を学ぶ人たちは、日本語を習得することにはもちろんだが、それ以外の地域の交流、人とのつながり、楽しい時間などにも価値を見つけているようだ。

カザフスタンの日本語教育現場から

建木千佳

キーワード ▶ 　言語政策　　学習者減少

　カザフスタン共和国は日本の7倍の面積を持つ大きい国だが、日本語教育は、首都のアスタナ、最大都市のアルマティ、ソ連時代の核実験地であったセメイの3カ所でしか行われていない。

　セメイでは、1949年から40年間、476回もの核実験が行われ、チェルノブイリ原発事故の5000倍もの放射性物質が放出され、被爆者数は推定百数十万人ともいわれている。

　1989年2月、カザフスタン作家同盟第1書記の呼び掛けで、被害者救済、実験場閉鎖を求める「ネバダ・セミパラチンスク運動」が起こり、1991年、セメイの核実験場閉鎖を勝ち取る。世界中の被爆者の連帯を視野に入れたこの運動がきっかけとなり、セメイと広島の交流が始まり、毎年若干名の高校生が広島に1年間留学する。この留学経験者の一人が、学校の教室が空いている時間を利用して日本語教室を開いている。日本の武道に興味を持つ外国人は多いが、セメイでも空手をやっている人がいて、その人たちが日本語教室にやって来るという。

　カザフスタンと日本の外交関係は1992年に始まり、翌年、当時の首都のアルマティに大使館が開館。1997年にアスタナに遷都されたが、経済・文化の中心は依然としてアルマティであり、大学も日本語学習者もアルマティの方が多い。

　現在カザフスタンの日本語教育は、大学と一般向け講座で、中国語、韓国語の勢いに押され、学習者数は右肩下がりだ。一時は日本語ブームもあり、カザフスタン日本人材開発センター（以下日本センター）でも300人を超える学習者を抱えていた。ところが、ビジネスを考えると陸続きの中国、趣味なら無料で習える韓国語へと学習者は推移し、最近では英語圏への大学留学が増えている。カザフスタン政府もそれを後押しするように、2015年からは、国際レベルに合わせた教育システムをスタートすべく、教師研修などを始めた。

国を挙げて自国文化の普及に取り組んでいる韓国は、日本よりカザフスタンに近いという地の利を生かし、短期語学留学、大学間交換留学、観光でカザフスタンからの渡航客を増やしている。日本センターで日本語を学んでいる人の中にも韓国への渡航経験を持つ人が多い。
　なぜ韓国なのか？　日本語に勝ち目はないのか？
　韓国映画やドラマ、Ｋポップは、日本のポップカルチャーよりずっと身近なようだ。アルマティと韓国の玄関口である仁川の間には、週４便直行便が飛んでいる。韓国への渡航は日本より容易だということもあり、憧れのスターに会えるチャンスも多い。一方、Ｊロックやアニメなどのポップカルチャーから日本語学習を始めても、なかなか日本に近づけないというもどかしさが否めない。
　カザフスタンの在留邦人は現在150余人。その全てがアルマティかアスタナに住んでいる。インターネットのおかげで日本に触れる機会は広がったものの、日本語を勉強していても、日本人に会ったことがないという人は多い。日本センターでは、人気スターは無理でも、１学期間に１回は日本人と会う機会を提供しようと、在留邦人に協力を呼び掛けている。
　日本センターの日本語講座では、文法や文字などの言語知識より、日本語で何ができるかに焦点を当てたクラス活動を行っている。教科書はカラー写真満載の『まるごと　日本のことばと文化』（三修社）で、日本人の会話を聞きながら学習する。音声で示されたパターンに自分のことを当てはめ、友達に自分のことを伝え、知りたいことを聞く。こういうやりとりをしながら、自分に必要なことを覚えていくというスタイルに切り替えたら、授業の出席率が向上した。これは、学習者が、いすに座って話を聞くより、日本語で何かをする方を好み、擬似日本体験を楽しんでいるということではないだろうか。
　天然資源に恵まれたカザフスタンの経済成長は、個人所得を増加させ、ネット環境を整え、人々に留学、外国旅行という選択肢を与えるようになった。今後は、より多くの人が自己投資に外国語学習を選ぶだろう。広大な国土を持つカザフスタンには海がない。ヨーロッパのように簡単に外国に出られない。しかし、飛行機を使えば、ヨーロッパも東南アジアも６〜７時間で行ける。つまり、カザフスタンの個人レベルのグローバル化はこれからで、そこに日本語教育が入れる隙間はまだあると考える。

カザフスタンでは、新たな民間の日本語教育機関もでき、あるインターナショナルスクールでは、日本語クラブを作った。カザフスタンの日本語教育が学習者を増やすためには、日本語で何かができる「楽しさ」を提供していく必要があると思う。隣国の中国語、LGやサムスンの韓国語、そして最近ではラテン音楽のスペイン語も勢いを増してきている。その中でわび・さびの静寂を見せたところで、どれだけの人が振り向くだろう。官・民が協力して、みんなで「楽しめる日本語」をアピールし、門戸を広げ、敷居を下げ、新規学習者を獲得することが目下の課題である。

サラエボ大学日本語コースの立ち上げ

ヒルゆかり

キーワード ▶ コース設立　大学

　2012年夏、夫の転勤に伴い、私はボスニア・ヘルツェゴビナに到着した。日本とは縁遠い国のため、日本語教師の仕事を探すのは当初から諦めてはいたが、折に触れて静かな自己PRは怠けない。そのせいか、数カ月後には日本大使館の文化担当の方から、連絡が入った。お会いして話してみると、サラエボ大学の教室を借りて日本語コースを設けられそうだとのこと。だが、初めから明言されていたのは、大使館にも大学にも予算はないため、ボランティアとしての漠然とした講座開講を前提に、ということだった。聞けば、今までボランティアベースの短期日本語講座が数回開かれたことがあり、それと同じことならすぐにでも始められるという状況だった。日本では予算削減、サラエボ大学では職員の給料の支給遅延が珍しくない中、予算はどこからも出てこないのは明白だった。

　しかしここで、私はクロアチアのザグレブ大学での経験を思い出して、ジレンマを感じた。それはコースの継続性を計算せずに始めたために、後任探しに苦労したことだった。個人的には、ボランティアであってもサラエボ大学での活動に携わりたい反面、サラエボでの日本語教育の継続性を考えると、ボランティアで安易に始めてしまっていいものか、悩んでしまった。なぜなら、サラエボ大学にしてみれば、一度タダで手に入れたものに、なぜ投資する必要があるのかという考えができてしまう可能性があるからだ。ボランティア精神にあふれる人のよい日本人がいなくなれば、それで日本語教育は途絶えてしまう。そして、日本語教師の立場も救いたかった。ボランティアの経験は、通常、履歴書には書けない。経験として認められないからだ。継続性とも関連があるが、給料は出ない、経験にもならない、という遠く離れたこのボスニアの職に誰が喜んで教えに来るというのか。日本語教師として独り立ちしようとしている人に、未経験者はお断りだが、ボランティアで教えてほしい、とは、よくある話だが、矛盾していないだろうか。

そこで思い付いたのが、国際交流基金の日本語助成プログラム申請だった。教師への謝金他、さまざまな助成が用意され、申請後の翌年4月に結果が通知されるというものだ。今回は、3年間が期限の教師謝金助成に申請することになったが、その交渉準備は主に大使館と大学側の代表者の間で行われた。私が希望したのは、大学の正規の授業になることを念頭にコースを継続させること、経験と見なされるために、謝金を受け取ることの二つだ。だが、大学が難色を示したのは、4年目以降、助成が途絶えた後は独立採算するという点だ。運営予算がほとんど国から出ている国立大学にとって、非正規コースの開講からたった3年で予算を立てるのはかなり難しい。それも、日本企業も団体もない小国で、受講希望者が十分集まるのかも分からない現状だ。確かなものが何もない中、それでも「まず、始めてみなければ」と、助成申請にたどり着き、翌年4月末、助成金が出るという連絡を受け取った。

　その次の準備は、受講料、募集要項、講義時間帯などの最終設定だった。受講料は、大学の正規の授業料を参考に、その半分以下に抑えたかった。そのためには、基金の助成があるといっても、受講人数を増やさざるを得ない。大学が前年に行った簡単な事前調査では、約100人が「興味がある」と回答していたらしいが、実際に受講するとなると、数は減るのが当然だ。最大の不安要因である受講者60人の確保を、人口40万のサラエボでどうするのか。そんな心配を抱えて、サラエボ大学がホームページで日本語コースの募集を公示してから約2カ月の募集期間中、集まったのはなんと230を超える申し込みだった。

　関係者全員が驚く中、オリエンテーションを踏まえて受講者の選考が始まった。正直、各クラスの学習者の背景に幅を持たせること以外は、何を基準にしていいのか見当もつかない。ただ、学部の授業ではないので、脱落者が初めの3週間ほどで2〜3割、1学期が終わるまでに5割前後いるだろうことは過去の経験から予測できる。これが、非正規コースの一番の弱みだ。

　現在、予想通り、約半数が「常連」として来ているが、その中には、日本のアニメ、漫画、インターネットだけで知識を広げた受講者、日本語は初めてという受講者もいる。立ち上げは課題が多いが、非正規の立場を逆手に取れば、試験期間をずらしたりもできる。このコースを継続させることが、今の私の役割だ。

ドイツの中高生が学ぶ日本語

沼崎邦子

キーワード ▶ 　中等教育　　日本文化

　ドイツの中等教育は5年生から始まる。教育機関には基幹学校、実科学校、ギムナジウムの3種があり、それぞれ卒業すれば日本の中学校卒、高等学校卒、大学進学試験合格にほぼ相当する資格となる。勤務校の「Herbartgymnasium」はドイツ北西部ニーダーザクセン州オルデンブルク市にあるギムナジウムで、日本語は1987年に第3外国語として選択できる科目になった。本校の日本語授業には、本校の生徒の他、市内と近郊の他のギムナジウム（10校前後）からも生徒が来ている。生徒の学年は7年生から12年生までで、生徒数は目下約60人である。

　国内16州の文部大臣会議（ドイツは地方分権が強く、国としての文部省は存在しない）による教育スタンダードによっても、ニーダーザクセン州文部省の指導要領によっても、中等教育における外国語教育の主たる達成目標は生徒の異文化間能力を発達させることとされている。そのため筆者の日本語授業でも、週1回90分間の授業の約3分の1は「文化の時間（Kulturstunde）」として、いろいろな教室活動をしている。例えば、日本の包丁を使った調理実習、モジュール折り紙、暑中見舞いはがき（夏の休暇旅行先から日本に帰省中の教師に出すため）、日本語および他の言語の歌（例えば"Are you sleeping?"の諸言語バージョンなど）を歌う、詩・俳句の音読、刺し子ステッチ、消しゴムはんこ等々である。テーマを決めて掘り下げていくタイプの活動ではなくつまみ食い的なものだが、この時間を楽しみにしている生徒も多い。

　この「文化の時間」の活動の一つとして、上記の他に、ざるそばをすする実習を時々している。この活動での使用言語はドイツ語で、活動の流れは以下の通りである。

① 国際交流基金編の『エリンが挑戦！にほんごできます』の第8課"やってみよう"「ざるそばを食べる」のDVDを見せ、最初はノンストップ、

2回目は、ポーズを入れて質問をしつつ、5人の出演者の態度に注目を促す。「どうして、この人は上手にすすれた／すすれなかったのか？」「どうして、この人は笑っている／笑っていないのか？」
② 用意していたそばを出し、教師がすすってみせる。「すすってごらん」と促す。「すすれたか」と問う。
③ レポート書き。左半分にはそばを食べている絵を、右半分には質問への答えと自由記述のコメントを書いてもらう。質問は「どうしてAさんはそばを残したのだろう？」「どうして、Bさんはすすれた／Cさんはすすれなかったのだろう？」「あなたはすすれたか？」「今後、そばをすすって食べたいか？」

　生徒の反応は大変興味深い。そば屋の店主が最初に音をたててすするシーンでは、はっと息をのむ。また「すする」ことは知っていても「すする」ように促されたことは初めてで、たいがい上手にはすすれない。しかし女子生徒の中には「すする」ことが初体験でもあっけなく上手にすすれてしまう者が時々いる。「楽しい！」「面白い！」と歓声。男子生徒はたいていすすれない。黙って下を向いてモゴモゴとそばをかんでいる。何故すすれないかと問うと「練習していないから」「箸が上手に使えないから」などの返事。「心理的抑制がかかっている？」と問うと、「そうだ」と即答する者はいない。「お母さんは、食事のとき何て言う？」「もしすすったら、お母さんは何て言う？」と問うと、ドイツの食卓文化では「すする」ことは行儀の悪いことだからと説明してくれる。ある7年生の男子生徒がレポートに書いたことが印象に残っている。「恥ずかしいことだと思う。母は、すするのは作法にかなっていないと言う。ぼくがすすったら、母はアグレッシブになる」
　「そばをすする」という具体例を通して"同じ行為であっても文化によって評価がまったく違うことがあるんだ！""無意識に異文化の状況を自文化の基準で評価していないか自分に問うてみよう"というのが伝えたいメッセージである。授業中の反応やレポートの記述から、メッセージは一定程度伝わっているという感触を得ている。今後も、若い生徒たちの異文化間能力の発達に働き掛けるような授業をしていきたい。

ドイツの継承語教室から

菊地ゆかり

キーワード ▶ 　年少者　　継承日本語

　ドイツの中央部にあるF市の中心からメトロで10分ほど、終点の駅前に継承日本語教室「ひだまり」は位置している。すぐ近くには日本人学校があり、そこには日本語補習校も同居している。補習校は200人以上の児童生徒を抱える大所帯だ。国際児（両親の国籍や民族が異なっている子ども）への日本語教育は一見この補習校だけで事足りそうだが、実際には、幾つかの小規模日本語教室がF市には存在している。「ひだまり」もその一つである。

　この「ひだまり」は日本人のPさんが始めた小さな日本語教室である。もともと、国際児の母親として、Pさんは自分の子どもをF市補習校へ通わせていた。その後、H市の補習校で教師として働く機会があったのだが、Pさんは心の中でずっと「継承語としての日本語」を子どもたちに伝えていきたいという思いを持っていたのだという。現在でこそF市補習校でも国際児が大半を占めるようになり、国語を教える一方で継承日本語を意識した教育を行わざるを得なくなっている。また、Pさんが教師として勤務したH市補習校では、継承日本語を学習目標の一つに掲げている。それでもPさんには、補習校の教室では疎外感を抱きがちな国際児のために、もっと居心地のよい継承語教室を作りたいという夢があった。その夢の実現へと一歩前進したのがこの学校なのである。

　F市補習校の近くに教室を開いたのは、補習校に対する対抗意識ではなく財政問題からだった。ほぼPさんの持ち出しで私塾を開く以上、スペースは地元の語学学校の好意に頼らざるを得なかった。語学学校が休みの土曜日にその教室を借りるのである。その学校が日本人学校の近くにあったというだけの話だ。しかし、これにはこれで利点があることが分かった。土曜日は補習校の授業日でもある。補習校に違和感を持つ子どもと親が、補習校への足で「ひだまり」を見学していくことがあった。中にはきょうだいで補習校と「ひだまり」と、同じ日に子どもの適性に合った学校へ分かれて通うケー

スも出てきた。送り迎えをする親にとってもこれは好都合だったといえよう。

　私が「ひだまり」を訪れたのは、まだ夏の暑さが残る9月の初め。Pさんが念願の継承語教室を始めたと、H市補習校のT先生から聞いており、かねてからお願いしていた見学が実現した。Pさんが2週続けて子どもたちと「ドリームマップ」[1]を作る。きっと楽しい授業になるでしょうから、一緒に見学しませんか、とT先生にお誘いを受けたのだ。ドリームマップとは、夢を描くことに資格や年齢は関係ないというポリシーに基づき、将来の「ワクワクするような」夢を設定し、その夢の実現過程と結果をマップ形式で表したものである。周囲の人の笑顔、実現した夢と世界との関係を考え、写真やイラストと文字を使いマップを作成する。Pさんは子どもたちが楽しい夢を描き、夢の実現過程を表す作業を日本語で行うことは、自発的に楽しく日本語を使うことにつながると考えた。そのためにドリームマップは有効だろうと判断し、マップ作製の講習まで受けたそうだ。私はその実践現場にお邪魔させていただいた。

　当日の教室では、子どもたちが持ち寄った写真や、雑誌の切り抜きを模造紙に貼り付けてさまざまなマップが作られた。作成過程で友だちや先生と意見を交わし、マップ作成後はクラス全員の前で夢について説明をする。有名なサッカー選手になって、別荘と自家用ジェット機を持ち、家族全員で楽しく暮らす、と言った子どももいれば、お父さんのような立派な外科医になって苦しんでいる人を助けたいという子ども、（自分の）お母さんはいい人だからお母さんみたいな人になりたいと言う子ども。子どもたちそれぞれが、心から楽しそうに自分のマップを説明していた。日本語を母語とする子どもは一人もいない。継承語としての日本語があるだけだ。その子どもたちが自分と大切な人の幸せな将来について、日本語で一生懸命に語った。マップ作製は子どもたちが、母語でも語りたいと潜在的に考えていた夢を、日本語で引き出す道具になったのである。ドリームマップに描いた夢を実現させようね、とPさんが締めくくり、この日の授業は終了した。子どもたちはもちろんのこと、Pさんもまた笑顔であった。継承語教室の運営と将来にまだまだ課題は山積みだとはいえ、Pさん自身が長年の夢の実現に近づいているのだろう。

　一般に、国語を教える補習校があれば日本語教育のニーズは満たされていると考えられがちである。しかし、そういった誤解があるが故、「国際児に

継承日本語教育を」という観点が必要となってくるのだ。Pさんのように夢を実現させようとしている親たちが、ドイツだけでなく世界に多くいることを忘れてはならない。

▶注

[1]　社団法人ドリームマップ普及協会の商標。

ブラジル日系移住地　90年の日本語継承

中沢英利子

キーワード ▶　　年少者　　継承日本語

　赤土の大地の上を乾いた風が舞い、晴れ渡った空が連日の猛暑をうたいあげている。やがて小さな村の奥にある運動場から子どもたちのはしゃぐ声が響いてくる。それに交じって、慌ただしく準備を急ぐ大人たちの声も。聞こえてくる言葉は日本語だ。

　ここはブラジルのサンパウロ州第一アリアンサ地域。州都サンパウロから北西に約600キロ、入植90年を迎えた日系移住地である。

　今日は年に1度の地域運動会の日。プログラムには子どもたちの駆けっこはもちろん玉入れ競争や借り物競争が並び、大人も子どももお年寄りも元気に参加しようと準備万端整っている。整列しておなじみのラジオ体操から運動会が始まるのも毎年の決まりごとだ。日本語で運動会の各競技の説明が行われ、補足としてポルトガル語のアナウンスがされる。日本語で参加者の呼び出しが続き、日本語での声援が飛び交う。全てが手際良く計画どおりに運営されていく様子は、日本の山奥の田舎町の運動会に参加したような錯覚を、そして何よりも郷愁を伴う古き良き日本の地域共同体の存在を筆者に感じさせるのであった。

　ブラジルへの日本人移住が始まったのは1908（明治41）年のこと。初期の日本人移民のほとんどがコーヒー園での契約労働者として入植している。その16年後の1924（大正13）年に、日本力行会が中心となってこのアリアンサ移住地は建設された。従前の移民とは違って、日本人による自立した移住地建設として入植者が募られ、長野や富山・鳥取・香川・広島などから多数の日本人が家

写真1　運動会

族と共に海を渡ってこの地に住み着いた。原生林が広がる未開の大地の1本1本の大木におのを入れ、コーヒー栽培を主とする農業移住地としての基礎固めを行った。移住当初の日本からの入植者数は16世帯54人であったが、幾多の艱難辛苦を乗り越え、1935（昭和10）年には世帯数が318世帯にまで増加したという（アリアンサ日伯文化体育協会（2012）『アリアンサ移住地　創設八十年』p.106 参照）。養蚕や養鶏が盛んに行われた時期もあった。

　しかし、次第に都市部への人口移動が始まり、また1980年代後半からは日本へのデカセギブームに乗って多数の日系人がこの地を離れていった。現在も人口流出が止まらない。

　ここには小さいながら歴史のある日本語学校がある。地域の日系人協会運営の日本語教室だ。以前は100人近い在籍者数があったというが、現在の学習者数は23人。4歳から17歳の児童生徒を日系3世の女性が一人で教えている（2013年筆者調査）。学習者はほぼ全員が日系4世。ブラジルの他の日系の子どもに比べれば、この地域の子どもたちは家の中でよく日本語を使用している方だ。しかし、教師は「祖父母が健在の家庭は多少日本語の聞き取りができる。また、行事や集まりのたびに日本語を耳にする環境にある。でも、教室で使用するごく簡単な言葉や会話はできても日本語を使いこなすまでに至らないのが現状」と嘆く。

　移住者のかつての縁故をたどって長野県から日本語教師が派遣されたこともあり、現在も継続して教材支援を受けている。JICA（現・国際協力機構）も日本語教育分野の青年ボランティア派遣を1999年から随時行っている。数年前からは日系人以外のブラジル人児童にも学習の機会を与えて、学習者数を増やそうと努力している。小さな学びやではあるが、日本語で元気にあいさつして子どもたちは教室に飛び込んでくる。日本語で書かれた作文集は毎年発行され、日本語による学芸会も保護者が大勢集まって年に1度開催されている。地域全体が日本語を必要と考え、日本語をなんとか継承させようと精いっぱい努力している姿勢がうかがえる。日本語は会話するためのツールとして存在しているのではなく、この地域共同体を継承させるための核心として存在するといえるだろう。

　日本語を学ぶ多くの子どもたちの夢は「いつか日本へ行くこと」。彼らにとっての日本は、アニメと漫画の国だけではなくて「血のつながりを感じる国」なのだ。彼らのために日本語を教えることの大きな意義を痛感するとと

もに、ブラジルでの日本語継承の歴史的価値を日本に住む日本人にも理解してもらいたい。

写真2 日本語教室の様子

ブラジルの日本語教室から

徳増紀子

キーワード ▶ 　年少者　　居場所

　教室から聞こえる歌声、校庭には追い掛けっこをする子どもたちの元気な姿、ブラジルの日系日本語学校の多くは、語学学校というより、昔の日本の小学校のようだ。

　2011年夏から2年間、私はサンパウロ市郊外に点在する、日系人団体が運営する日系日本語学校（以下、日本語学校）を巡回して過ごした。

　多くの日本語学校では、生徒の減少が深刻な問題となっている。これは、日系移民が3世、4世の世代となり、家庭での日本語離れが進んだことに加え、1990年代から大勢の日系人が仕事を求めて日本に渡ったことも大きく影響している。

　しかし、最近、新しい流れも見られる。リーマン・ショック、そして東日本大震災の後、多くの日系人が日本からブラジルへと帰国し、日本語学校には、日本育ちの子どもたちが目立つようになってきたのだ。この子どもたちが、低迷する日本語学校の救世主になり得ると、私は感じている。

　日本育ちの子どもたちの中には、ポルトガル語がほとんど分からない子どもも多い。だが、彼らは帰国と同時に、ブラジルの小中学校という、全く異なる環境に放り込まれてしまう。そんな中、言葉ができないために友達もできず、寂しい思いをしている子どもも少なくない。

　巡回先の日本語学校に、日本で生まれ育った中学生のYさんがいた。Yさんは、小学校卒業まで日本で暮らし、その後家族と共にブラジルに帰国した。帰国といっても、Yさんにとってブラジルに住むのは生まれて初めての経験である。帰国した当時、ポルトガル語はほとんど理解できなかったそうだ。それでも、頑張り屋の彼女は、中学校では常に最前列の席で、クラス中が居眠りしている中でも一人頑張って授業を受け（教師にとっては大層ありがたい生徒である）、持ち前の明るい性格もあって、ブラジル人の友達もたくさんでき、楽しい中学校生活を送っていた。

そんなYさんが日本語学校に通うようになったのは、母親の勧めがきっかけだった。毎朝5時に家を出て、午前中は中学校、ブラジルの学校は半日で終わるので、午後からは、日本語学校に生徒兼助手として通うようになった。小さい子どもたちの面倒をよく見てくれるお姉さんであり、教師の手伝いをしっかりしてくれる助手、また、優秀な生徒でもあるYさんは、教師、そして学校にとって、頼もしい存在となった。
　一方、Yさんにとってもまた、日本語学校はかけがえのない存在となっていたのだった。
　「やっと見つけた私の場所！」――これは、日本語学校の工作の時間に、Yさんが作品に書いた言葉である。「ここに来れば、思いっ切り日本語で話ができる。日本の学校みたいに、日本語で、友達や先生といろんな話ができるから、ほっとするんです」という彼女の思いは、多くの日本育ちの生徒たちに共通するものだろう。
　別の日本語学校に通う男子生徒T君の場合は、少々深刻な状況だった。彼の母親によると、日本にいた頃のT君は活発なサッカー少年で、友達もたくさんいたという。しかし、ブラジルに帰国してからだんだん無口になり、友達と遊ぶこともなく、家族ともほとんど口を利かなくなってしまった。そんなT君が、日本語学校で、次第に心を開くようになっていった。そして、地区の日系人生徒が集まるスポーツイベントをきっかけに、友達も増え、笑顔を見せるようになったのだ。
　YさんやT君のように、日本からブラジルへと移動し、突然、異なる環境に放り込まれた子どもたちの精神的な負担は相当なものであろう。日本語学校は、そんな彼らを優しく迎え入れてくれる場所となっているのだ。
　YさんやT君のような子どもたちが、今、ブラジルには大勢いる。彼らの全てが日本語学校に在籍しているわけではない。むしろ、日本語学校に通っていない子どもの方が多いのだ。
　多くの人たちが日本から戻ってきている今、日本育ちの子どもたちを日本語学校に呼び込むことが、子どもたちのためになるばかりでなく、日本語学校、さらには日系社会の活性化にも、つながっていくのではないだろうか。日本語離れが加速化し、多くの日系人団体が会員減少に悩んでいる日系社会にとって、YさんやT君のような子どもたちは希望の星といえるだろう。

第2部

言葉の現場に向き合う

ソウルのガイドパンフレットを作ろう

田辺理子

本稿は、韓国の大学の会話授業における「ソウルのガイドパンフレットを作ろう」というプロジェクトワークの実践報告である。

1. はじめに〜現場で感じたこと〜

外国で日本語を学ぶに当たって難しい点は、どんなことだろうか。その一つとして、実際の場面で会話をする機会が少ないことが挙げられる。筆者が韓国の大学で接している学習者の中にも、文法的な知識や読み書きの力は優れているが、会話となるとちゅうちょしてしまうとか、思ったように話せないという学生が少なくない。実際、学校で日本人教師と話す以外に日本語で話す機会がほとんどない、という声もよく聞かれる。これは、さまざまなメディアが発達し、目や耳から入ってくる情報（input）が大量にある昨今でも、学習者の身近に日本人が少ない状況では、実際に「話す」という行為（output）までにはなかなか至らない、ということが理由として考えられよう。会話の授業の中では、ペアでの対話練習やロールプレイ、インタビュー発表といったさまざまな方法で発話の機会を設けてはいるが、学習者の日本語力の向上に伴い、より実践的、実用的な方法が必要ではないかと考えるようになった。実際の会話場面では、正確性だけではなくその場での対応力、調整力、問題解決能力などが必要になる。そのような力は、体験を積み重ねることによってこそ培われるものであろう。そこで、会話の授業の中にプロジェクトワークを取り入れることで、その効果を検証することを試みた。

プロジェクトワークとは「学習者が自分たちで話し合って計画をたて、実際に教室の外で日本語を使ってインタビューや資料集め、情報集めなどの作業を行い、作業の結果をもちよって1つの製作品（報告書、

発表、ビデオなど）にまとめる学習活動」（田中幸子・猪崎保子・工藤節子（1988）『コミュニケーション重視の学習活動1 プロジェクト・ワーク』凡人社）である。この一連の過程の中には、実践的な会話力向上に役立つさまざまな要素があると考えられる。また、今回のプロジェクトワークは、仲間との協同学習、教師やクラスゲスト、日本人との交流など「他者と働きかけあう」活動を主体としている。旧ソ連の心理学者ヴィゴツキー（Vygotsky）は、人間が学んで成長していく仕組みについて、個人が物事を理解して知識を獲得していく場合、それは自分以外の他者との相互の支え合い、社会的相互作用の結果として得られるものであること、学習というのは本来的に社会的なプロセスであることを指摘した（新城岩夫（2008）「ヴィゴツキーの社会文化的理論と外国語教育―英語教育の実践から―」『名古屋学院大学論集人文・自然科学篇』第44巻第2号）。これは、学習者同士の相互活動を重視する立場である構成主義の考え方、その中でも「人は他者とはたらきかけあうなかで、自らの考え・知識を構成していく」ものであるという社会的構成主義の考え方の基盤となっているものである。そこで、プロジェクトワークでの「他者と働きかけあう」活動の中で、双方のインタラクション（相互作用）の過程を教授・学習の中核とする「社会文化的アプローチ」の視点も考慮しながら、実践を進めることにしたい。

2. 実践報告～さあ作ろう！パンフレット～

【目的と対象】

　授業前に行った会話授業についての意識調査を踏まえ、学習者の会話力向上のためには、①一人一人の発話量を増やす、②ネーティブスピーカーと話す機会を作る、③実際の場面での会話経験をする――ということを狙いとして行うプロジェクトワークが有効であろうと考えた。今回対象となる大学はソウル市内にあり、学習者のほとんどは市内および近郊から通学しているので、ソウルは慣れ親しんだ場所である。また、ソウルには年間を通して日本から観光客が訪れるので、ソウルをよく知っている学習者が「日本人向けのガイドパンフレットを作る」というテーマでプロジェクトワークを行うことにした。この活動の中に、グループの仲間との話し合い、教師やゲストとのグループ討議、さらにフィールドワークによる日本人との対話体験などを取り入れることで、他者とのコミュニケーション相互活動の機会となり、①～

③の狙いに近づき実践的な会話力向上につながっていくのではないかと考えている。

対象は、ソウル市内にある短期大学で2013年度中級日本語会話Ⅱを受講している昼間部2クラス、夜間部1クラスの計74人である。日本語のレベルは、日本語能力試験N2〜N3程度の実力を持つものが多い。

【プロジェクトワークの内容】

期間は、学期後半の6週間で、以下はその流れと主な内容である。各回の活動時には、具体的な目標を設定して行った。

表1　プロジェクトワークの流れ・活動内容・形態

週	活動内容	形態
1	オリエンテーション、グループ作り	全体活動
2	情報収集、グループテーマ決定☆日本人ゲストとの話し合い	グループでの話し合い
3	インタビュー計画書の作成、インタビュー練習	グループでの話し合い
4	インタビュー	フィールドワーク
5	パンフレット作成	グループでの話し合い
6	発表練習・発表	全体活動

第1週　オリエンテーション、グループ作り

活動の意味、目的、方法、内容についてのオリエンテーションを行った。また、活動のしやすさを考慮しグループの人数は3〜5人で、構成メンバーは学習者同士の話し合いによって決定した。

第2週　情報収集、グループテーマ決定

まず、日本で売られているソウルに関する旅行雑誌、配布されているパンフレットなどを見て、日本人のソウルへの興味・関心について話し合った。

表2　各グループのパンフレット最終テーマ

2-A（昼間）	2-B（昼間）	2-C（夜間）
・歩いて行けるコース ・韓国のおいしい店 ・テイスティロード 　〜ソウルの隠された秋 ・地下鉄で行く楽しいソウル旅行 ・梨花壁画村 ・ヨンサンを探して	・ソウルおいしいロード ・フェファに行ったら ・北村韓屋村 ・付岩洞へ行こう ・スターが紹介する店 ・コンサートホールへようこそ ・Romantic SEOUL ・異色のカフェコース	・男女老少（老若男女）が楽しめる店 ・ソウルのドラマロケ地 ・韓国の伝統的な観光地 ・大学路すみずみ

また、ゲストと教師が各グループを回り、それぞれの質問に答えたり相談に応じたりした。その後、どんなパンフレットを作るか、グループごとのテーマを決定した。各グループの最終的なテーマは、表2の通りである。

第3週 インタビュー計画書の作成、インタビュー練習
　インタビューの目的は、自分たちが決めたテーマについて日本人への意識調査をすることである。そのため、どんな質問をすればよいかをグループごとに話し合った。さらにインタビューの流れ、始め方、相づち、終わり方について考えて原稿を作り、練習した。

第4週 インタビュー
　インタビューはフィールドワークの形式で、グループごとに場所と時間を決めて行った。インタビューを行う相手は「日本人」であれば在韓者でも観光客でも、また日本にいる知人に電話などで行ってもよいこととした。学習者が実際にインタビューをした日本人は観光客が最も多く、その他在韓の知人、大学にいる日本人などで、場所は大学近辺の他、明洞、仁寺洞、弘大、江南などさまざまであった。

第5週 パンフレット作成
　実施したインタビューを整理するための話し合いを行い、その後各グループがテーマとしているパンフレットを作成した。体裁はA4判2枚以上とし、手書きでもパソコンを使ってもよいこととした。作る過程で教師が各グループを回りながら、内容の確認や文章校正を行った。

|第6週| 発表練習・発表

　完成したパンフレットの概要を伝え、良さをアピールするための発表を行った。発表時間は3〜5分間、グループ全員で分担して話すこととし、まずはそれぞれが担当する部分の原稿を作って練習し、その後発表した。発表時は聞いている学習者も発表の様子や内容についての評価を行った。

※フィードバック

　発表時の評価のフィードバックを行ったほか、完成したパンフレットを日本人に見せてコメントをもらい、各グループへのフィードバックを行った。

【活動時の自己評価および事後調査】

　毎回の活動の最後に、①日本語の発話量、②日本語（四技能）の使用度、③目標の達成度、④グループでの協力度、⑤活動の満足度——についてそれぞれ百分率で表し、また自由記述での感想を書く自己評価を行った。また、プロジェクトワーク終了後に、以下の項目について「どうだったか」「どう思ったか」を自由記述する事後調査を行った。

表3　プロジェクトワークを振り返っての事後調査項目

(1) 日本語を話す機会
(2) 日本語を使う（話す／聞く／読む／書く）機会
(3) 教師・ゲストと話す機会
(4) グループワーク
(5) 授業のスタイル（講義ではなく、自分たちで計画して討議をしながら進める）
(6) プロジェクトワークを行って変化したこと
(7) 全体的な感想

3. 実践の分析と考察〜活動を振り返って〜

　プロジェクトワークは効果があったのだろうか。具体的には、活動時の教師の記録メモと学習者の自己評価、および事後調査を分析することで、学習者がこの一連の活動をどう捉えたか、また学習者にどのような変化が起こったかについて考察する。

　以下は、活動時の様子を筆者が記録したメモの一部である。

①	10月7日	グループA…日本の旅行雑誌や前学年が作ったパンフレットを熱心に見ている。ゲストにソウルで何をしたいか、何を食べたいか質問。全員熱心に聞き入る。
	昼間 2-B グループワーク 日本人ゲスト2人	グループB…ゲストに、日本人のKポップへの関心度について順番に質問。リーダーCがメンバーをフォローするなど、会話をうまくつなげていた。 グループD…日本人があまり知らないところはどこか、ゲストや教師と積極的に討議。E、Fが意欲的に質問した。
②	11月16日 夜間 2-C フィールドワーク 明洞にて 日本人観光客に インタビュー	グループG（4人） 明洞駅前で行動開始。初めに声を掛けた日本人に断られて、その後しばらくちゅうちょ。日本人らしい人を見つけてもなかなか声を掛けられなかったが、2人組の女性に思い切って声を掛けると、快く応じてくれた。その後、うまくできた点、できなかった点を確認して、再度声を掛ける。初めよりも積極的な様子が見られた。 最終的に4組の日本人にインタビューした。

　教室で行ったグループワーク、特に①のような教師・ゲストとの話し合いのときはほとんど日本語で行い、少人数でのやりとりによって個々の発話の機会もつくられていたといえる。学習者の自己評価でも、教室内にゲストがいた場合の「日本語発話量」および「満足度」は、総じて高い傾向が見られた。「日本語発話量」については、講義型と違い教師・ゲストと学習者との距離が近く、人数も少ないため、臆することなく話せたのも一因であろう。また、学習者自身がこれから必要とする情報を得るために話すことは、より「実際の会話場面」に近い状況であるともいえる。さらに、グループの仲間がアドバイスやフォローをすることで安心感が生まれ、協同的な雰囲気がつくられたため積極的な発話にもつながったのではないかと考えられる。②のメモはフィールドワーク時の様子を記録したものである。日本人観光客へのインタビューで、なかなか声を掛けられなかったり、掛けても断られて落胆したりしたという経験は、他の多くのグループにも共通していた。しかし、最終的にはインタビューに成功し、徐々に自信を持って話している様子が見られた。このことは、ネーティブスピーカーとの実際の場面での会話体験が学習者の積極的な対話への動機付けになっていったと捉えることができるであろう。これらの活動はいずれも、社会文化的アプローチの特徴でもある「他者と働き掛け合う中で問題や課題を解決し、それを自信や達成感として自己の中に取り込んでいく」過程であったと考えられる。

　次に、学習者が全ての活動終了後に行った事後調査の中から、(1) 日本語を話す機会、(6) プロジェクトワークを行って変化したこと、の2点の結

果について考察してみたい。いずれも鴻野豊子（2003「人数の多い日本語会話授業での試み―プロジェクトワークを通じて―」『明海日本語』第8集、明海大学）を参考に、KJ法を用いて分析を行った。

表4 事後調査についての回答

(1) 日本語を話す機会			(6) プロジェクトワークを行って変化したこと								
肯定的	中間	否定的	肯定的							中間	否定的
86.4%	6.8%	6.8%	94.4%							4.2%	1.4%
(ア)	(イ)	(ウ)	(エ)	(オ)	(カ)	(キ)	(ク)	(ケ)	(コ)	(サ)	(シ)	(ス)
機会が増えた	多くの日本人と話せた	機会は多かったが、もっとあるとよい	あまり多くなかった	話すことへの自信	協同する大切さの気づき	日本・日本人を理解	韓国・ソウルを新たに知る	仲間とより親しく	より積極的に	満足感と大変さの気づき	特に変化はない	もう少ししっかりやれたらよかった

　表4（1）日本語を話す機会については、8割以上の学習者が肯定的に捉えていた。（ア）については「多くの機会があった」「教室以外で話す機会ができてよかった」など、プロジェクトワークを通じて日本語を話す多様な機会があったことがうかがえる。また、（イ）では「日本人と話せてよい経験だった」「流ちょうではなかったが、日本人と直接話す機会になった」などフィールドワークでの日本人との直接会話体験が、話す機会の肯定的な捉え方につながっている。ただ、中間的、否定的な意見には「グループワークでは韓国語で話し合うことが多かった」というのも見られた。このことは、母語が同じである学習者が行う活動として十分予想できることであり、そこには内容が深まるというメリットもある。今回は創意工夫が必要な「オリジナルパンフレット作り」という課題であったこともあり、学習者同士の話し合いでは母語を使うことも柔軟に捉えたが、今後の課題となる部分でもある。

　表4（6）のプロジェクトワークを行って変化したことについては、9割以上の学習者が肯定的な変化があったことを記述している。中でも多かった意見は（オ）「話すことへの自信」についてである。「自分の実力が分かり、日

本人と話すことで自信が出てきた」「間違えても堂々と自信を持って話そうと思った」などの意見が多数見られた。今回の活動では、教師・ゲストとの話し合いやフィールドワークでのインタビュー体験などの「具体的な社会文化的状況下」で学習者自身と日本人が働き掛け合うことで、話すことへの自信が培われていったと考えることができる。さらに（カ）「協同する大切さの気づき」には、「チームでやるよさが分かった」「協力する大切さを学んで、責任を持てた」などの意見があり、グループ活動が効果的に機能していたことがうかがえる。仲間と力を合わせることで学習者間での相互作用が促され、それが積極的な発話への後押しになっていたと考えられる。一方、（キ）「日本・日本人を理解」、（ク）「韓国・ソウルを新たに知る」は、日本語会話力向上には一見関連がないように感じられるが、その中には「韓流の人気が高いことが分かった。日本人にもっと韓国について紹介したい」「日本人について前よりも理解できるようになった」などの意見があり、実際の日本人との会話場面でのストラテジーにつながる側面が見られた。しかしながら、「特に変化はない」という中間的な意見に見られるように、6週間という短い期間の活動では、その効果について検証するには不十分な点も多く、長期的な変容過程を分析していくことも必要である。

4. 終わりに～見えてきたもの～

今回の「ソウルのガイドパンフレットを作ろう」という会話授業でのプロジェクトワークは、学習者に発話の機会が多く設けられたことや日本人との対話、またグループでの協同作業といった他者と働き掛け合う活動によって発話意欲が促され、日本語で話すことへの積極性や自信につながっていった。このことから、プロジェクトワークが実際の会話力を育てていくのに有効な手段に成り得るのではないかと考えられる。また、双方のインタラクションの過程を教授・学習の中核とする社会文化的アプローチについても、その有効性を感じることができた。今後の課題としては、さらに長期的な視点から詳細な相互行為過程を分析していくことを試みたい。

中国の日本企業における新入社員研修

横田葉子

1. はじめに

本稿は日本企業の中国現地法人P社における2013年度新入社員（中国人25人）研修としての日本語教育実践と課題に関する報告である。

本稿で扱う「日本企業」とは、日本に本社を置き、中国沿岸部に開発研究所を設けているメーカーP社を指す。P社は理系大学・大学院卒の新入社員を中国各地から採用している。採用者の内容は上級技術員（将来の幹部要員）と技師（実験に携わるエンジニア）である。P社では管理職はほぼ全員日本人である。

P社は新入社員研修を行うが、それは現地採用の新入社員に対する日本語教育を意味する。P社はメーカーであり、技術者は、社内で使う専門用語（語彙）は英語、中国語、日本語の3種類を覚える必要がある。日本の本社とのテレビ会議、上司への報告書などは、全て日本語が使われる。

2. 背景―中国日本企業と社員日本語研修の需要

世界そしてアジアの中での日本の経済的地位にここ数年変動が見られる。さらに、日本と中国は良好とはいえない政治的関係が続いている。その影響を受けながらも、日本企業が生産拠点、研究拠点を今まで以上に海外・中国に求める傾向は変わらない。

経産省の統計によると、海外の現地法人数、現地従業員数は、中国が他国

表1　現地法人数・現地従業員数

地域	2004年		2007年		2011年	
	日本企業数	現地従業員	日本企業数	現地従業員	日本企業数	現地従業員
世界	14,384	4,138,595	14,857	4,746,145	19,250	5,227,164
中国	3,498 (24.3%)	1,188,080 (28.7%)	4,428 (29.8%)	1,614,836 (34.0%)	5,433 (28.2%)	1,681,297 (32.2%)

（経済産業省／海外事業活動資料）

を大きく引き離していずれも1位である（表1）。政治的関係が悪くなる、人件費が高騰しているなど、日本企業の中国離れが報じられる反面、社会的インフラができており、メーカーにとって重要な現地調達（海外進出した企業が製品等を現地で生産するとき、原材料や部品などを現地で調達すること）を考えると、中国からの撤退、進出を繰り返しながらも、全体としての数は伸びているということであろう。現在の両国の関係、中国国内事情を考えると、中国国内の日本企業の日本語教育の需要は減少してはいるようにも思われるが、実は日本企業で働く中国人社員の数は増え、日本語研修は以前にもまして重要性を増してきているといえる。

　筆者の勤務する中国現地日本語学校も、日本企業現地法人の社員日本語教育の需要の高まりの影響を受けている。P社のような、新入社員対象の長期にわたる徹底した日本語教育プログラムを組む企業はまれであるが、学校全体では1年を通して学生数の30％から50％を社会人が占めている。福利厚生事業として希望者のみに日本語学習の機会を提供している会社もある。企業側の需要だけではない。個人でも仕事における日本語の必要性を感じて、日本語学習を望む社会人学習者は多い。

3. P社における日本語研修実践

　P社の目標は以下の通りである。
(1) 中級後半レベル以上、または日本語能力試験N2レベル以上の日本語能力。
(2) 即戦力。日本人とのコミュニケーション能力。日本語会議（日本との電話会議もあり）に出席。プレゼンテーション。日報・週報・報告書作成。社内でのメールでのやりとり。日本語の専門書の読解。

　P社がグローバル企業であるにもかかわらず、社内で日本語を使用しているのは、担当者によると「英語にするには、今まで蓄積してきたものを全て英語に変換するという膨大な作業が必要とされる」「社内の日本人が全て英語に堪能かというと実はできない者もたくさんいる。現地従業員に日本語を覚えてもらった方が早い」という2点が大きな理由のようである。しかし、英語も必要であり、彼らは中国語、英語、日本語の3言語の専門用語を駆使して仕事をしなければならない。

技術職である社員の専門性と日本語について、日本語研修中の参与観察を通して得た意見は次のようなものである。配属直後、「専門に関する知識はあるが、仕事に関する日本語の専門用語はまだ分からない」「専門用語には片仮名語が多い。英語は理解できるが、片仮名語は分からない」「仕事に関することはだいたい分かるが、日常会話が難しい」。これは、仕事に関してはキーワードが分かっているから、ある程度推量しながら話ができる。しかし、それ以外の会話は、キーワードが分からなければ、推量できないというものである。配属後時間がたつにつれ「先輩に教えてもらって、専門の日本語も分かってきた」「上司の話し方に慣れてきた」「毎日1分間（日本語）スピーチがあるが、自分の番で上司に褒められた」。プロセスは人によって異なるが、実践の中で運用力を伸ばしていることがうかがえる。

研修のグループと内容

2013年日本語研修は、以下の3グループに分かれている。研修中の教材、シラバスは教師側が全て考えた。唯一、会社から求められるのは中国で行われているJ.テスト（日本語の能力測定テスト）の社内での実施と結果の提示である。テスト結果（点数）次第で、技術員は研修修了→配属となる。

A：9人　B：11人　C：5人

グループ	入社前の研修（社外・日本語学校）
技術員A 技師B	（共通）入社前初級学習を日本語学校にて合宿状態で3カ月半行う。入社前日本語教育：約15週間（初級）全約480時間の初級の段階では、月〜金までの6時間×5日・30時間のうち、中国人教師9時間〜12時間、日本人教師21時間〜18時間。中国人教師が文法、日本人教師が練習・展開（会話）となっている。
技術員C	初級を独学あるいはABグループと別の日本語学校で学習。日本語学習時間は週1回、数時間程度。

グループ	入社後の研修（社内）
技術員A 技術員C	レベル差が大きいため、入社後1カ月、2クラス（AとC）は分かれて学習した。その後、合同。 入社後3カ月日本語研修経過後、成績によって順次職場配属。最短3カ月、最長6カ月研修。
技師B	2カ月の日本語研修後、配属。配属後、4カ月は、夕方2時間のみ日本語研修。

技術員、技師で学習時間は異なる。入社後日本語教育：（初中級〜上級前半）約400時間から700時間。月から金まで1日8時間：入社後研修は、ほぼ日本人教師のみで行われた。社内での研修中は、日本語以外の専門知識の研

修、実技、配属先の会議への出席もある。

　中級以降の学習において、学習者のモチベーションを高めるため、教材として使っていた一般の日本語テキストをやめ、仕事に関係のある新聞記事・専門雑誌記事のみを使うこととし、専門雑誌と日本経済新聞の専門記事を読解・音読・語彙の教材に当てた。仕事に関わる専門的内容の教材のみを扱った利点としては以下が考えられる。

(1) 仕事・実践に結び付く内容ということで、学習者が非常に興味を持った。一般的日本語読解教材は、日本に留学している学習者対象に書かれたような文章が多く、中国で働く彼らにとって「想像しにくい」「意味がよく分からない」という内容があり、仕事に関わる教材を使用したことは効果があったと考える。

(2) 教師自身が学習者の仕事内容に関して全く無知であったが、関係内容の文章を読むことで学習者の仕事について理解を深めることができた。

(3) 新聞は同種類記事に関して同じ語彙・表現を使う傾向がある。説明文が多く理解しやすい。新聞を読むことに抵抗がなくなった。

(4) 新聞を音読教材として使用し、毎日200字～300字程度音読を行ったが、P社社員の場合、新聞の音読は効果があった。当初、平均15カ所くらいの読み直し・間違いがあったが、約2週間でほぼミスなしに全文を音読することが全員できるようになった。「仕事に役立つと思って、通勤バスの中で覚えた」「仕事に関係あるからと思って、毎日読んだ」という意見が多く、モチベーションにつながったといえる。

(5) 新聞記事を通して日本だけでなくアジア、ヨーロッパ、アメリカなど他国の事情が分かった。さらに、一般常識として、例えば「社会的インフラ」「円高・円安」「インフレーション」「エネルギー問題」「PM2.5」などについて日本語を通して学ぶことができた。

職場での実践が始まった後の学習者の意見は以下の通りである。

(1) 「教材を利用した聴解練習はする必要はない。聴解教材と実際の社内でのコミュニケーションとの違いが大きく、聴解教材を使っての学習を無駄だと感じる」

(2) 「上司が標準日本語ではなく、方言を話す。意味が分からない。アクセントは学習したアクセントと違う」

(3) 「授業で「正解を求めるのではなくまず考えなさい」ということを何度

も言われたが考えるという習慣がつき仕事をするときに役立った」。職場・社会という場を想定すると、正解を知ることより「問題は何か」「どう解決するか」が重要である。授業のポイントは「考える」である。

4. 課題

本研修には次のような課題がある。
(1) 日本語がJFL（外国語）である中国国内環境であるにもかかわらず、会社内ではJSL（第二言語）として社内言語としての使用が求められる。
　日本語学校研修中に本来学校内は日本語のみ使用であるべきところを、中国人教師もいる、中国語の堪能な日本人教師もいるという状況にあり、学習者は常に中国語での説明可能な環境にあった。初級段階で中国語を媒介として学習展開をすること自体は悪いことではないが、即戦力が求められる企業の場合、JSLであるということを教師として意識すべきであった。
(2) 「結果が全てだ」——新入社員が上司に言われたことである。内容は「いくら努力しても結果が出せなければ意味がない。君は努力しているが日本語の上達が遅い。同期と比べてどうして日本語が下手なのか。結果を出せ」ということである。初級段階で独学をするしかなかった彼の努力は教師の視点で見ると評価すべきものであったが、会社の中は結果のみで評価される。学校と社会の違いを理解させることも、日本語研修の一つの課題である。
　筆者は、学習者に毎日ジャーナルを書かせていた。今何をして何を感じているかを書くことによって各自自分を客観的に見詰められ、書くことが問題意識を生み出し、解決方法へと導くのではないかと考えたからである。日本語教師としての筆者の立場は日本語を教えることで、会社の方針・上司の考え方についての意見を言う立場にはない。人生の先輩として筆者の個人的な仕事観のみを語るにとどめた。ただ、常に激励し続けた。日本語の上達がスムーズにいかず悩んでいた一人が「心が折れそうになったとき、いつも先生が励ましてくれた」ということを言った。教師の何気ない「がんばって」という一言が、学習者への励ましになることを感じた。

（3）一つの企業を構成する構成員の文化的背景が異なることは今や珍しいことではない。P社は現地社員がP社の文化習慣に適応することを求めているが、社内の双方向理解も必要であろう。「日本の文化習慣を学んでくれと言われるが、日本人にも中国文化を学んでほしい。日本の会社だから日本式のやり方だけでというのはなぜか。日本の会社だけれど中国にあるのだから、中国の文化習慣も知ってほしいし理解してほしい」という社員の意見もある。グローバル企業として、一方的な文化習慣への適応ではなく、双方向の理解の延長として複数の文化が共存する企業文化があってもよい。P社は、現地でまだ稼働し始めたばかりであるが、今後時間を経て、複数文化共存のP社独特の企業文化ができる可能性は感じる。例えば正月休暇は日本の正月、中国の春節双方を取り入れている。社員の結婚式のときの部内での扱いなど、生活習慣においてはかなり中国式を取り入れているように思える。

5. 最後に ― 会社の視点・教師の視点

　P社は日本語教育の重要性は認識しているものの、日本語教師の提言を採用することは少ない。教師に求められる仕事は結果である。可視化でき比較しやすい点数結果を常に求められる。新人日本語研修中、「これ以上教室での学習を続けても彼はモチベーションを維持することが困難。実践を通して伸びる可能性の方が大」と早い時期での配属を推薦したケースもある。粘り強く提案し続けることで会社側の理解を得ることもできるが、当然のことながら、社員を一人の学習者と見る視点は会社側にはない。「会社に貢献できる社員の育成」が新人研修の目標であり、日本語教師もそのことを忘れてはならない。

　P社のような長期日本語研修をする企業は私の知る限りほかにないが、日本企業の海外拠点展開が続く限り企業内日本語教育の需要は伸び、広い視野を持ち柔軟な対応ができる教師が必要とされるであろう。企業の視点と教師の視点は必ずしも全て一致するわけではないが、教師としての地道な努力を続けることにより企業と学習者である社員の信頼を得ることはできる。企業研修としての日本語教育は企業との協働作業であるという意識を持ちつつ、教師としての専門的なアドバイスが必要だと思う場合は、信念を持って提言し続けていく姿勢が大事である。

中国の継承日本語教育の現状から

飛田美穂

1. はじめに

　海外での子育ては不安であり、特に病気と教育面においては問題が大きい。はじめに、海外子女教育面について述べておきたい。在留邦人児童生徒が通う主な教育施設としては、現地の子どもが通う現地校、インターナショナルスクール、日本人学校（文部科学省（以下、文科省）から教師の派遣があり、日本の教育と同等の教育が受けられる学校）、補習授業校（現地校やインターナショナルスクールに通う子どもたちのために放課後や土曜日を利用して日本の教科学習を行う学校）などが挙げられる。

　筆者は1990年から2001年までの間の9年半、上海、大連、青島と駐在生活を経験した。上海では日本人学校に、大連では日本人学校がないため、準全日制補習授業校（授業時数や授業科目がほぼ日本人学校と同様である補習授業校）に子どもを通わせた。青島では日本人学校も補習授業校（以下、補習校）もなく、インターナショナルスクールのみであったので、日本語の教科学習は主として通信教育を利用していた。が、帰国後の子どもの学力に不安があったため、補習校の立ち上げに関わった。当時在留邦人とその子女は増加傾向にあった。また、国際結婚家庭の子どもも増加しつつあったことから、保護者のニーズも多様化していた。

　この国際結婚家庭の子どもについて、鈴木（2008: 5）は「国籍と民族が異なる男女の間に生まれた子ども」を「国際児」と定義している。本稿でも、日本人と中国人の間に生まれた子どもを、日中国際児と呼ぶ。

2. 日本人学校と補習校の地域性

　日本人学校と補習校の地域別在籍者数の割合の差を、北米とアジア地区に限定し、表1から比較してみる。

　北米地域とアジア地域における児童生徒数の割合は、【現地校と補習校

表1 プロジェクトワークの流れ・活動内容・形態

	補習校と現地校	日本人学校	現地校とその他	合計
北米地域	1万1880（55%）	411（2%）	9432	2万1723
アジア地域	988（4%）	1万5952（58%）	1万538	2万7478

（文科省HP・CLARINET平成24年度資料を基に筆者作成）

は、北米が55%に対して、アジアが4%である。一方【日本人学校】は、北米2%に対して、アジア58%で、日本人学校と補習校の割合が正反対になっている。つまり、北米の保護者は、子どもを日本人学校へ通わせるより、「現地校と補習校」の組み合わせの選択をするようである。この北米の現象は、日本社会における英語重視の風潮を反映しているものと思われる。

中国では、永住型日中国際児の増加により、帰国を前提とした教育を行う日本人学校に子どもを通わせるのではなく、北米同様に現地校と補習校を選択する保護者も増加しつつあるようだ。継承日本語教育の観点から、中国の補習校の在り方を考えてみる。

3. 中国の補習校の変容

海外における補習校は、現地校やインターナショナルスクールに通う日本人の子どもに対して、土曜や放課後に日本国内の小学校または中学校で使用されている教科書で、国語を中心に、算数（数学）など一部の教科について日本語で授業を行う教育施設である（参考：文科省HP「CLARINET」）。

中国の補習校は、従来、児童生徒が増加すれば日本人学校へシフトする補習校のみであり、帰国を念頭に入れた教育であった。しかし、現在の補習校

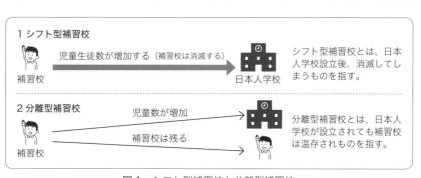

図1 シフト型補習校と分離型補習校

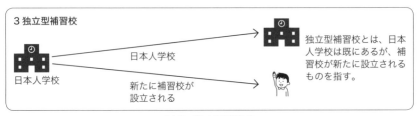

図2　独立型補習校

を、飛田（2014）は、3分類した。

「分離型補習校」と「独立型補習校」においては、児童生徒の7割以上が日中国際児である。このように、補習校の児童生徒の背景も多様化しており、それに伴い保護者のニーズも多様化している。

この新しいタイプの補習校に通う日中国際児の親子にとって補習校はどのようなものなのだろうか。補習校の児童生徒には、中島（2003）の異言語環境で親から受け継ぐ日本語（継承語）を育てる教育、「継承日本語教育」の必要性がある。

4. 親子の調査

ここで40代の日本人の母親JMと中国人の父親CFの子どもAの親子の語りから、補習校の在り方を見ていく。Aは妹と弟の3人きょうだいで、きょうだい共に中国の公立または私立の現地校に通っている。日本への帰国は未定であるので、永住型国際結婚家庭の子どもといえる。

【母親の教育方針】

母親JMは、自分以外との会話が全て中国語である子どもの言語環境を憂え、日本語の消失を心配している。子どもの日本語習得の方法として、母子の会話以外にアニメやゲーム、そして、補習校だけが、日本語習得の場であると考えている。JMの継承日本語教育の意識は高く、補習校の行事にも積極的に参加している。子どもが日本のゲームやアニメが好きなので、そこから日本語が学べると考え、制限をしたりせずに日本のゲームで遊ばせているという。家庭内での言語習得は、子どもが興味を示すサブカルチャーなどからでも得られると、JMは考えている。

JMは、子どものアイデンティティーをどのように考えているのだろうか。両親共に、子どもに対して「ハーフ／ダブル」であることを言い聞かせて育てているとのことである。子どもに「日本人なの？」と聞くと、全員「半分」という答えが返ってくるという。

　例えば、次男Bが、JMの運転する車中で中国語を使用した場面で「あらB君、中国語がとっても上手なのね。中国人なの？」と聞いたら、「えー」と不満そうな反応が返ってきた。子どもたちが「ハーフ／ダブル」を自覚しているとJMは感じている。このことから、JM自身が、日本人であることを強く意識しており、子どもに日本語を継承させたいという気持ちが強いことが分かる。

【Aの日本志向】
　Aは、2012年9月に中国人である父親CFが選択した私立現地校の中学部に入学し、現在中学2年生である。中学校では、英語と中国語の両方による授業があるが、英語が主となっているとのことである。Aのアイデンティティーに関して、なに人なのかと聞くと、Aは「日本人だと思いたいです。日本が好きだし、面白いというより、科学が発展しており、そういうところがうらやましいから」と話している。

　JMの主張のように、A自身は「半分」だと思っているのであろうか。Aの言語環境から、中国人というアイデンティティーは、自然に獲得されていると思われる。しかし、日本人というアイデンティティーは「日本人だと思いたい」という発言から、自分で認識しないとなかなか習得できないと感じているのではなかろうか。母親が「ハーフ／ダブル」としてのアイデンティティーを強く意識するのも、このような状況からだと思われる。日本人としてのアイデンティティー形成の場として、家庭と補習校が考えられる。佐々木（2003）が、「継承日本語教育」の立場からの教育的介入の一つとして、日本語環境の創設を述べている。現地校に通っている子どもたちにとって、補習校が、この「継承日本語教育」の教育的介入の役割を果たすのであろう。

【親子にとっての補習校】
　現在、補習校では永住型日中国際児が増加傾向にある。その親たちは、子どもたちに、日本語を勉強させたいと考えている。補習校は、塾のように勉

強だけではなく、日本人としての文化や仲間との交流の場であってほしいとも思っているようだ。

　JMは子どもたちが補習校に通うことにより、子ども同士での日本文化の共有ができ、友達同士の交流からの日本語習得や日本文化のアイデンティティー形成の場になると考え、補習校が必要だと感じているようだ。現地校に通う日中国際児は、日本語と中国語の二つの言語を母語として育つが、主要言語がだんだんと中国語へシフトする可能性があり、アイデンティティーも複雑であると思われる。

　鈴木（2008）も、補習校を日本語や日本文化に接触する機会を得る場と考えており、筆者も鈴木同様、中国における補習校も日本語と日本文化の習得など「継承日本語教育」に重要な役割を担っていると考える。

　また、もう一つの補習校の役割として、日本語習得を通して親子の絆を強くすることが考えられる。JMは「もし、息子Aがここまで日本語を話せなかったら、私はもっとすごく孤独だった。だからパパとけんかしたときでも、お母さんは、今こんな気持ちなんだよって言ったらAが理解してくれるので、唯一私を理解してくれる存在です」と言う。日本語ができる子どもが、自分を理解してくれることで救われていると話している。一方、子どもであるAは、お母さんがお父さんのことで自分に愚痴を言い、お父さんもまたお母さんのことで自分に愚痴を言うときに、けんかになるから二人に言わないでおこうと思うことがあるようで、両親の間に挟まれ、仲介役となっていることを言っている。

　Aは、CFとは中国語、JMとは日本語で話し、コードスイッチングができているようだ。JMは、家庭内において一人孤独を感じていたが、補習校で日本語を習得しているAの存在が大きく、日本語が親子の絆の強化につながっていることが読み取れる。

　このことについて佐藤（2010: 5）は、永住者の心境について「永住者である親は、自分と子どもとをつなぐものが日本語であり、日本語の教育の場として補習校を位置付けている。子どもを補習校に通わせることにより『日本』とのつながりを保持したいという願いが表れている」と述べている。本稿の日中国際児の親も、補習校の位置づけは、従来の「国語教育」だけではなく、「継承日本語教育」かつ「日本とのつながり、親子との絆」と感じていることが見られる。

5. まとめ

　中国における補習校は、「シフト型補習校」だけではなく、近年、「分離型補習校」や「独立型補習校」が新しく出てきた。原因として、日中国際児の増加が挙げられる。その保護者たちのニーズが多様化しており、帰国を念頭に入れた日本語の教科学習だけではなく、文化や日本語習得などの「継承日本語教育」の必要性がある。補習校は、「継承日本語教育」の教育的介入の役割を果たし、子どもたちの日本文化の習得やアイデンティティーの形成の場となっているのであろう。

　また、将来に向けて日本志向、日本語教育の普及という観点から見ると、日本人として継承すべき礼儀作法、歴史、文化、政治、経済などを継続発展させていくことで、さらなる日本語の普及、アイデンティティー形成がなされるのであろう。

　母語支援の観点から見た「継承語教育」は、文科省も近年ようやく注視し始めた分野でもある。今後、海外における日本語普及の点でも「継承日本語教育」のさらなる展開を願う。

　本稿は、飛田（2014）の修士論文の一部を基に修正・加筆したものである。

▶ 参考文献

佐々木倫子（2003）「加算的バイリンガル教育にむけて―継承日本語教育を中心に」『桜美林シナジー』創刊 , pp.23-28. 桜美林シナジー編集委員会

佐藤郡衛（2010）「トランスナショナル化における新しい海外子女教育モデルの創出に関する研究」『平成 19 年度～平成 21 年度科学研究費補助金成果報告書』（基盤研究 C）課題番号 19530747, pp.1-20.

鈴木一代（2008）『海外フィールドワークによる日系国際児の文化的アイデンティティ形成』ブレーン出版

飛田美穂（2014）『中国地方都市における補習校の役割―国際結婚家庭を中心に』桜美林大学大学院言語教育研究科修士論文（未公刊）

中島和子（2003）「JHL の枠組みと課題」『母語・継承語・バイリンガル教育（MHB）研究』プレ創刊号 , pp.1-15.

▶ 参考 URL

文部科学省 CLARINET「海外子女教育の概要」海外で学ぶ日本の子どもたち平成 25 年度版（2013 年 12 月 10 日検索）http://www.mext.go.jp/a_menu/shotou/clarinet/002.htm

column

帰国・外国生の多い日本の現場から
加藤真一

　学校は社会の縮図である。私が27年前に啓明学園中学校高等学校に勤務し始めたとき、帰国生は欧米からの帰国が主流だったが、次第にアジア諸国へとシフトしていった。外国籍の生徒を見ると、必ず各学年に韓国・朝鮮にルーツを持つ金（キム）さんがいた。1990年に入管法が改正されると日系ブラジル人の生徒が増えた。金さんや南米の日系人生徒が少なくなった現在では、中国出身の生徒が圧倒的な数を誇る。生徒の変動は社会情勢、経済情勢と密接に関連している。

　いつの時代であっても生徒たちに共通しているのは、自分の意志とは関係なく、親の都合で帰国・来日し、日本での生活、日本語での学習を余儀なくされているという点である。親の婚姻（離婚・再婚）によって、家族のフレームまでもが変わる生徒も少なくない。生活・言語・学習・家庭の大きな環境の変化を、一時に経験する生徒たちの心中は察して余りある。そんな生徒の心に寄り添いながら支えていく。これが教師の一番の仕事である。

　自国では成績も優秀で、いつも友達の輪の中心にいた外国人生徒が、日本に来て、ただ日本語ができないということだけで、周辺に追いやられてしまう。優秀であった生徒ほど傷つく。私のところで行うのは、日本語教育というよりも、むしろ、生徒一人一人のセルフエスティーム（自尊心）のメンテナンスである。もともとの個性や能力が発揮でき、自信を取り戻し、困難な状況に対しても前を向いて一歩踏み出せるように、そっと背中を押すことである。

　日本人生徒にとっても異文化に日常的に接する機会はとても貴重である。これからの時代を生きる生徒たちに、国際性はもとより、グローバルな感覚を身に付けてほしいと思っている。しかし、これらは教師が意図的に意識して教えられるものでもない。日々の生活の中でさまざまな経験や葛藤を通して、生徒自身が体得していくものである。日本のシステムしか知らない日本人生徒も、知らず知らずのうちに異文化や異質なものに対する寛容性を身に付けていく。外国人生徒は日本人生徒に数々の恩恵を与えてくれる貴重な

「人財」である。
　ここ10年余り、学外で「日本語を母語としない親子のための多言語高校進学ガイダンス」(東京)の活動に携わっている。そこで見えてきたのは、外国人生徒の高校進学率は日本人生徒に比べ2割〜3割程低く、特に南米系の生徒が低いということだった。何とか高校に入学できても、「入試を通過してきているのだから、日本人も外国人も同等に扱う」という、不可解な平等主義の考え方が教育現場に根強く、ドロップアウトしていく外国人生徒も多いと聞く。高校に進学できなかったり、高校を中退したりする外国人生徒が、社会的不利益を被り、アイデンティティーをも否定され、日本社会の下層部に固定化されてしまうようなことだけは、何としても避けなければならない。
　外国人生徒の存在は日本人生徒をより豊かにしてくれる。啓明学園では日本人生徒と外国人生徒が民族、国籍、文化や言語などの違いを乗り越え、互いを尊重し合い、新たな価値観を創造していっている。そんな学校の姿の拡大図が、多文化共生の日本社会となることを心から願っている。

台湾原住民タオ族の日本語・日本文化

大輪香菊

1. はじめに

　台湾で植民地時代に教育された日本語が残存していることは知られているが、その傾向が島しょ地域に住む原住民[1]にも顕著であることはあまり知られていない。筆者は2010年より断続的に台湾の台東から東南に約90キロに位置する蘭嶼でフィールドワークを行い、調査を続けている。この島は総面積約45平方キロ、島の周囲は約37キロの小さな島で、台東空港から19人乗りのプロペラ機に乗り約30分で到着する。ここに約4000人住んでいる原住民「タオ族」の老人の語りから、タオ族の日本語観や日本語使用をさぐり、台湾原住民の間で日本語が戦後も使用され続けてきた理由を考察したい。

2. 台湾の原住民

　台湾の総人口は約2300万人（台湾行政院2013年12月）でその内の2%、約52万人が原住民である。台湾政府認定の原住民は14民族（2013年10月現在）で図1の通りである。
　種族別人口数ではアミ族が約19万人で3分の1を占め、パイワン族が約9万人、タイヤル族が約8万人と続いている。タオ族は約4000人で原住民総人口の1%にも満たない少数民族だ。

3. 植民地時代の教育

　台湾は1895（明治28）年から1945（昭和20）年までの約50年間、日本の植民地であった。その間、台湾全土に学校が設置され原住民も蕃童教育所という学校に通っていた。第2次世界大戦の末期には高砂義勇隊として南方の前線に向かった原住民たちもいる。そのような日本統治時代の歴史から、日本

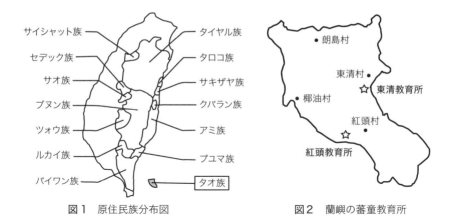

図1 原住民族分布図　　図2 蘭嶼の蕃童教育所

語を話す老人が多いのはよく知られるところである。

　離島の蘭嶼(らんしょ)では、1923（大正12）年4月1日に紅頭(こうとう)部落(ぶんどう)に蕃童教育所が造られた。開設当時は就学させるために、学用品や菓子、砂糖、ボタンなどを与えて（稲葉・瀬川1931）勧誘し、ようやく紅頭部落の9～15歳の15人（男10人、女5人）の児童生徒が通い始めた（藤崎1931）。学校から遠い部落に住む児童生徒のために宿舎も用意されていた。その後、1939（昭和14）年4月1日には、東清(とうせい)部落にも蕃童教育所が設立された。蘭嶼には日本統治時代二つの学校があったのである。1941（昭和16）年には両校合わせて就学者66人、累計卒業者数は197人（臺灣總督府警務局1942）となっている。

　教科は修身、国語（つまり日本語教育）、算術、書画、唱歌、実科（農業、手工および裁縫）、授業時間は午前のみ、修業年限は4年である。教師は駐在の警察官が担当していた。

4. 紅頭教育所に通ったTさん

　Tさんは1931年生まれの80代の女性で紅頭教育所の7回生である。学校には3年間通っていた。結婚後も紅頭部落に住んでおり、学校跡にある涼み台での近所の女性たちとの井戸端会議を日課としている。Tさんの語りの一部を紹介する。

(1) 教科書の暗唱

島の老人たちにインタビューをしていると、突然声を張り上げて暗唱を始めることがある。そのほとんどが学校で使用していた教科書を読み上げているのだ。Tさんも冒頭を読み上げてくれた。

Tさん（左）と筆者

「勉強したのはね、「ハタ　ハナ　マリ　トリ　イヌ　アタマ　テ　アシ」こんな勉強したのよ。（中略）そう1年生の本。その次はね、あのう、「♪ぽぽぽー、ハトぽっぽ」」

これは『教育所用國語讀本』(1928)「巻一」の冒頭である。この本は原住民用に作成された教科書で「巻八」までの8冊で構成されている。さらにTさんは教科書の中に出てくる歌を歌ってくれた。

「♪親も炭やき　子も炭やき…
こんな歌ってるよ。あの本ね、3年生の本」

巻七に出てくる「炭焼き」の歌であった。このように国語の教科書の中に歌も掲載されている。植民地時代の原住民について記した警察官の機関誌『理蕃の友』第3年8月号で、横尾（1934）はタオ族の女子児童が国語の唱歌を数多く暗記していることに驚いている。Tさんのように唱歌を覚えている児童が多かったのであろう。

  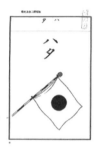 

図3　『教育所用國語讀本』巻一

図4 『教育所用國語讀本』巻七第十六課

(2) 日本の神社

植民地時代には皇民化教育が徹底しており、神社参拝、教育勅語の斉唱、国旗掲揚などが行われていた。紅頭部落は日本人の拠点となっていたこともあり、島に唯一の神社がある。

日本の神社跡

「私、これ、おじさん（ご主人）が造った神社。生徒の時に、あそこに造ったのが、このおじさん。（中略）♪台湾神社のお祭り日、太鼓はどんどんなっている、今年は豊年　あ（よ）い年だ、蓬莱米を捧げましょう。こんな歌ってるよ」

　Tさんのご主人は神社建立にも参加していたのである。
　余・董（1998）によれば、本殿は特別な建築様式で、祠はわずか1坪ほど、広大な境内は非常に美しかったそうだ。この神社に日本人の軍人や警察官が中心となって参拝し、タオ族の児童も連れていかれたのであろう。しかし、現在その地は神社の境内という風情は跡形もなく、草むらの奥に祠らしき屋根が見えるだけである。

(3) 婦人会

　植民地時代の後半は、島を統治するため警察官を配置したのはもちろん、陸軍、海軍も蘭嶼に駐屯していた。また視察のために度々日本人の政府関係

者が来島した。このような日本人たちのために宴席が設けられ、タオ族の女性たちが駆り出されていた。学校を卒業したばかりの12〜13歳から結婚して出産するまでの娘たちで「婦人会」が組織されていたのである。Tさんも婦人会に参加していた。夜寝ていても「婦人会召集〜」と声が掛かれば飛び起きて出掛けたという。宴席では酒を注いだり、歌や踊りを披露していたと楽しそうに話してくれた。

ハア　踊り踊るなら　チョイト　東京音頭　アヨイヨイ
花の都の　花の都の真ん中で　アサテ
ヤートナ　ソレ　ヨイヨイヨイ　ヤートナ　ソレ　ヨイヨイヨイ
イッケンナッタライッケンナット　コガサナッタラ　サイサイ　ト（掛け声）

　婦人会の歌や踊りの代表格は「東京音頭」だ。歌うときは必ず手振りがつき、インタビュー時には、周囲にいた世代の違うタオ族の人たちと共に大合唱になった。日本＝東京音頭という公式が定着しており、筆者が「日本人です」と言った途端に歌い出す人もいるほどである。Tさんの歌の最後には掛け声があるのだが、これは婦人会に参加していた人からしか聞いたことがない。

(4) 名島さんと三原さん
　歌と共に登場する日本人もいる。軍歌「日本海海戦」と共に出てきた名は「名島さん」である。

「なにか名島さんの教えた歌やったらね、
♪海路一万五千より　万苦を忍び東洋に
最後の勝敗決せんと　寄せこし敵こそ健気（けなげ）なれ
1番だけよ、教えたの。戦争に行った軍艦の先生よ。偉いよ、あれ一番偉いのよ。けん（肩章？）がたくさんよ［胸元を指す］。いっぱい。刀の長いよ［斜めに指している様子］」

　名島さんは警察官ではなく海軍の軍人だったようで「偉い人」として老人の口から何度も出てきた。そしてもう一人、登場したのは警察官の三原さん

である。

「あの面白い歌だったらね、
♪みや三原さんの　はげ頭、よくよく見れば　毛が三本
頭の上に　運動会、滑って転んで　一等賞」

　歌の最後にガッツポーズまでしてくれるのだが、宴会で歌ったとはいえ、「三原さんのはげ頭」という歌詞には驚いた。さらに調べてみると、これは軍歌「愛国行進曲」の替え歌であった。「愛国行進曲」は延べ100万枚の大ヒットとなり、替え歌も多く作られて（塩澤2012）おり、東条英機首相が権力を誇示し始めると以下のような替え歌が生まれた。

見よ東条の禿げ頭　旭日高く輝けば
探知にぴかりと反射する　蠅がとまればつるりとすべる。　　　（塩澤2012）

　このような替え歌を元に、さらに三原さんの替え歌が作られたのではないだろうか。宴席で日本人が歌い始め、それが婦人会の定番曲「三原さんの歌」として定着したと考えられる。どの部落の老人たちも覚えており、大笑いしながら歌ってくれる歌である。

(5) 日本の歌

　Tさんは、婦人会に参加していたこともあり、多くの軍歌や戦時歌謡を歌ってくれた。「台湾軍の歌」「明日はお発ちか」「露営の歌」「愛馬進軍歌」「紅い睡蓮」「サヨンの鐘」「戦友」「日の丸行進曲」。このほかにも曲名が確認できなかったものが多数あった。こうした歌の多くは駐屯していた軍人や警察官などの

日本の歌のテープ（Tさん所有）

日本人から聞き覚えたものである。しかし、Tさんの家を訪ねると、大抵日本の歌がかかっている。軍歌はもちろんだが、美空ひばり、都はるみ、小林幸子など戦後の流行歌手のカセットテープも多い。「日本を忘れないから聞

く」のだという。日本が撤退した後も歌い続けているのだ。

5. 戦後の日本語

　蘭嶼では、戦後70年を迎える現在でも日本語が使われている。例えば、Tさんの息子は「お母さんから日本の歌を習った」と言い唱歌の「靴が鳴る」を歌ってくれた。また、飛行機のチケットを指し「きっぽの、しごうき」(飛行機の切符) とTさんに言った。日本語教育を受けていない世代も、知らず知らずのうちに日本語を使用しているのだ。

　上記のような日本語の継承にはキリスト教の布教が大きく関与している。蘭嶼に長老教（プロテスタント）の宣教師が来たのは、日本の植民地統治が終わり5年がたった1951年、その3年後の1954年には天主教（カトリック）が布教にやって来た。伝道当初の蘭嶼の言語は母語である「タオ語」と教育言語の「日本語」のみであった。タオ語には文字が無いため、礼拝・ミサでの使用言語はもちろん、聖書も日本語の片仮名で書かれたものを使用するしかなかった。そのため、新たに台湾人やスイス人の宣教師から日本語を学ぶ世代が登場した。日本語はタオ族の間でキリスト教信仰のために必要な言語となり、戦後も日本語教育が継続されたのである。現在の聖書はタオ語をローマ字で表記しているが、「Seysyo」（聖書）、「kiokay」（教会）、「Teygami」（手紙）「inozi」（祈り）などの日本語がそのまま使用されている。

図5　『雅美語聖経新約』(1994)

6. まとめ

　なぜ台湾離島蘭嶼に現在でも日本語が残っているのだろうか。タオ族の母

語には表記システムがない。よって植民地時代に確立した学校教育により、知識の優劣を測る基準として日本語力が大きな比重を持つことになった。優秀な生徒は教師や、日本語通訳者として重用されたのである。『応用言語学事典』(2003)によれば「威信とは言語または言語変種に与えられる肯定的な社会的評価のこと」で「多言語社会では国語または公用語」であるという。タオ族にとって日本語が優劣を決定する「威信言語」となったのではないか。

さらに、戦後数年の混乱期には中華民国による教育は徹底されず、公用語の中国語も学んでいない人たちがいる。キリスト教布教の際には、日本語のできるものが伝道師となるなど、戦後も日本語の優位性が持続したのである。このようなことから、日本語が「威信言語」となり、維持、継承されているのではないだろうか。今後、タオ族の日本語がどのように継承されていくのか、引き続き調査を続けていく予定である。

▶ 注

[1] 台湾では「先住民」は"先に往ってしまった民"を意味し、「原住民」が正式呼称である。よって本稿では「原住民」を使用する。

▶ 参考文献

稲葉直道・瀬川孝吉(1931)『紅頭嶼』生き物趣味の會
大輪香菊(2014)「台湾離島における植民地時代の日本語―80代の蘭嶼の老人の語りを中心に」桜美林大学大学院言語教育研究科修士論文(未公刊)
小池生夫編(2003)『応用言語学事典』研究社
塩澤実信(2012)『昭和の戦時歌謡物語』展望社
臺灣總督府警務局(1928)『教育所用國語讀本』臺灣總督府警務局
臺灣總督府警務局(1942)『高砂族の教育』臺灣總督府警務局
藤崎濟之助(1931)『臺灣の蕃族』國史刊行會
横尾生(1934)「ヤミの王國紅頭嶼(下)」『理蕃の友』第3年8月号、pp.1–4.臺灣總督府警務局

中華民國聖經公會(1998)『雅美語聖經新約』財團法人中華民國聖經公會
余光弘・董森永(1998)『臺灣原住民史 雅美族史篇』臺灣省文獻委員會

▶ 参考URL

台湾行政院原住民族委員会「原住民族分布」
　　http://www.apc.gov.tw/portal/docList.html?CID=6726E5B80C8822F9(2013.12.1)

column

「訊く」から「聴く」インタビュー
貞包みゆき

1.『戦争証言』より
「私は今、こうやって話しているのはつらいですわ。真実を話しするということは、つらいですわ」。こうして重い口を開いてくださったのはコヒマで戦った元兵士、89歳（取材時）。

「話す気持ちになれなかったですね。それを秘めていた、胸に秘めていた。言わなかった」と、封じ込めてきた思いを語ってくれたレイテ戦を戦った元兵士（86）。

そして、日本統治時代に日本軍の兵士や軍属として戦地で戦った台湾の先住民の男性（88）は日本語でこう述べた。「たくさんのことを聞いて（聞かれて）、昔の（ことを）思い出すと……。ありがとう」

現在、私は『NHK戦争証言アーカイブス』と『NHK戦後史証言アーカイブス』で証言をまとめる仕事に就いている。番組制作を通して得られた証言をインターネットを通じて公開するというものである。戦中、戦後を生き抜いた方々の証言には、苦難をどう克服してきたのか学ぶことが多く、また、これまでご家族にも話してこなかった思いを打ち明けてくださる方もあり、貴重な証言にただただ感謝するばかりである。

インタビューを受けてくださった方々はおよそ1000人。覚悟を持って心の内を吐露するのだから、いきなり話し出すわけはなく、取材に向かったディレクターが一人一人時間をかけて関係を築き、インタビューは行われている。

さて、日本語教育の現場でも、インタビューや会話の中で、学習や研究が行われることがあるが、本稿では少しばかりインタビューの心得を述べることとしたい。

2.「訊く」から「聴く」へ
インタビューや会話をする際、陥りがちなのが「訊」いてしまうこと。（『広辞苑』……「訊く」：″尋ねる″、″問う″の意）。答えを求めるあまり「はい」

か「いいえ」でしか答えられない質問を重ねてしまう。これでは相手から話を引き出せない。心掛けるべきことは「聴く」ことである（『広辞苑』……広く一般には「聞」を使い、注意深く耳を傾ける場合に「聴」を使う）。

　ではどのようにしたらよいか。"私はあなたの話を興味深く聴いていますよ"というサインが肝心である。反応するということを積極的に行いたい。「うんうん、それでそれで（心の中で）」と思って聴いていると、声に出さずともその雰囲気は伝わる。注意すべき点として、話に同調したいがために、安易に「分かります」を多用しないことである。話している内容はその人個人が積み重ねた体験であり、今日会った人に簡単に分かるわけはない。「分かります」と言われた側にしてみたら、「あなたなんかに分かるわけはない」、こう思われても仕方ないであろう。また、聞き返す際に「え？」を多用しないこと。自分の話が聞こえないのか伝わらないのかと不安を与えてしまう。「例えば？」などを用いて会話が膨らむようにするとよい。

　また、インタビューをしていると沈黙が恐ろしいと感じるときがあるが、怖がらなくてよい。相手が黙ってしまっても次の質問を重ねずに、じっと待っていると、大切なことをじっくりと語り出してくれることがある。また、沈黙の中の表情やしぐさが物事を語っているときがある。待っているその時間は本当に貴重な時間であることが多い。

　では会話が止まってしまったらどうするか。話の中から次の質問を見つけていくのである。A（答え）の中からQ（質問）へ、そしてまたAの中からQへとその連鎖の輪をつなげていくイメージでインタビューを行うとよい。

　幾つか述べたが、一番大切なことはやはり、緊張下で話をしてくれている方への感謝の気持ちであろう。そうした態度で真摯(しんし)に話を聴いている姿は相手に伝わり、会話を生み出していくはずである。

　間もなく戦後70年。戦中、戦後の証言はますます貴重なものとなろうとしている。未来へ伝えるために、私は今後も一人でも多くの方の人生に寄り添っていきたいと考えている。

ベトナム南部の日本語教育事情

石田由美子

1. はじめに

　国立ホーチミン市師範大学（以下師範大学）の日本語学部は、2008年に設立された新しい学部である。筆者は2011年から師範大学で日本語を教えているが、新規設立から間もない学部ということで多くの貴重な経験ができたと思う。本稿ではベトナム南部の日本語教育事情について筆者の授業経験を交えて紹介したい。

2. ベトナムについて[1]

　ベトナムは東南アジアに位置し、ASEAN（東南アジア諸国連合）加盟国の一つである。国土は南北に長く、首都ハノイのある北部、港湾都市ダナンを中心とする中部、ホーチミン市を中心とする南部と三つの地域に分けて説明されることが多い。この3地域は気候が違い、人々の気質、料理などにもそれぞれの特徴がある。特にハノイは政治の中心であり、ホーチミン市は経済の中心であることから、首都の北部、商都の南部といわれている。

　ベトナムは多民族国家であるが、国語はベトナム語であり、教育はベトナム語で行われている。識字率は2011年で94.2％と高い。ベトナムは漢字文化圏ではなく、ベトナム語も表記はアルファベットであるが、漢越語（中国語を起源とする語）が60％以上を占めるといわれ、語彙レベルでは日本語との共通点も多い。例えば、意見、注意、管理などは声調を除けば発音も意味も日本語と類似している。またベトナムは中国文化との関わりが深く、その点からもベトナム人にとって日本語は比較的学びやすい言語といえる。

3. ベトナムの日本語教育事情

　ベトナムの日本語教育は1904年のドンズー（東に学ぶ）運動から始まったといわれている。特にハノイの日本語教育の歴史は古く、統一前の北ベトナムの時代からハノイの外国貿易大学（国立）を中心に日本からも大学教授を迎えたりするなど、盛んに行われていた。

　一方、ホーチミン市を中心とする南部では1975年の政権交代により日本語教育の流れが一時途絶え、再び本格化したのは1990年代に入ってからである。このような背景から、南部の日本語教育は民間の日本語学校と大学付属の外国語センターが中心であり、それ以外にも私塾や企業内教育が多数存在している。

　ベトナム人は大変親日的で、日本語への関心も高いが、一般的なベトナム人にとって日本への留学はかなり高額であり、2013年に緩和されたとはいえビザ取得もまだ簡単ではない。にもかかわらず日本への留学者数が増加している（2011年には前年比12.1％増）のは、日本企業への就職機会の増加が一つの原因だと思われる。

4. ホーチミン市における日本語を取り巻く状況

　ベトナムは社会的に安定していて、親日的でもあることから、特にホーチミン市への日本企業の進出が近年急激に増加してきている。例えばホーチミン市の日本商工会への登録企業は2012年初めの557社から、12月には615社に増え、1年足らずで58社もが新規に進出している。市周辺には多くの工業団地が建てられ、富士通、日本電産、縫製・部品メーカー、食品加工、ソニー、ファミリーマート、味の素、エースコック、サッポロビール、キユーピー、イオンなど多くの日本企業が進出し、特にベトナム人労働者と日本人をつなぐ、日本語のできる人材（日本語能力試験N2レベル）の需要が急増している。給与の高い日系企業への就職のチャンスが増えていることが、日本語人気の一因であるといえる。

　日本語を学ぶ場としては、大学、日本語学校、大学付属外国語センターなどの選択肢がある。すでに社会に出ている人々は、日本企業への就職に役立つなどの経済的な理由に加えて、3カ月、半年など短期間で学べるという時

間的な理由から民間の日本語学校を選択する場合が多い。ホーチミン市には数多くの日本語学校や大学付属の外国語センターがあり、日本の日本語学校と提携して質の高い日本語教育を行っているなど、学習者は目的と状況に応じて自分に合った学校を選ぶことができる。

　一方、大学における日本語教育はまだ発展途上といえる。ホーチミン市には以前から日本語を教えている大学が幾つかあるが、日本の文学や文化を学ぶため、または外国語の中の選択肢の一つとして日本語が教えられており、日本語および日本語教育について継続的に教えている大学は少ない。毎年開催されるホーチミン市日本語スピーチコンテストも、民間の日本語学校が主導して行われてきた経緯がある。しかし、2008年、国立ホーチミン市師範大学に日本語を専門とした日本語学科が設立され、以降、南部の日本語教育の中心になりつつある。当初60人で始まった日本語学科は、2013年には日本語学部となり、4学年で学生数約550人、ホーチミン市で日本語学習者が最も多い大学となっている。

　その他、高等教育ではないが、国際交流基金が4都市（ハノイ、ダナン、フエ、ホーチミン）で、2003年から中学・高校で日本語を教えるプロジェクトを行っている。各都市4〜11のモデル校において日本で研修を受けたベトナム人教師が日本語を第一外国語として週2〜3コマ教えており、日本人が定期的に各校を巡回している（「ベトナムにおける日本語教育の概況」国際交流基金ベトナム日本文化交流センター資料2012）。

5. 国立ホーチミン市師範大学での日本語教育

　日本語学習者にとっては、日本語を学ぶ際に、その目的や事情に応じてさまざまな選択肢があることが理想である。しかし、ホーチミン市での日本語教育事情を見ると、民間の日本語学校の充実ぶりに比べて高等教育機関での日本語教育はまだこれからであるといえる。ここで南部を代表する大学での日本語教育の現状について、筆者の経験から少し述べてみたい。

　師範大学は、南部地域の教師を育てる大学であるが、ベトナムでは日本語が初等・中等教育で教えられていないため、日本語学部は師範コースではなく通訳・翻訳コースが主である。従って学生の日本語学部入学の動機は、日本企業への就職希望という理由が大半で、日本語学校で学ぶ動機と変わらな

い。時間的にも経済的にも負担が多い大学において日本語を学ぶ理由付け、すなわち民間の日本語学校との違いをいかに出していくかが、筆者が教え始めた2011年3月ごろの日本語学部の懸案事項であった。ベトナムの新年度は9月開始のため、当時は2008年に入学した最初の学生が3年生となり、最初の2年間が終わって少し余裕の出てきた時期であったと思う。

　ベトナム人教師との話から、まず「大学」でなければ学べない科目として、総合的な日本語能力が必要となる作文、翻訳、通訳が考えられていることが分かった。また、ビジネス場面で必要な日本語運用力とメールなどの文章を書く力をつけることについて学生の要望が高いという認識も教師間で共通していた。筆者はホーチミン市で日本語学校を見学したことがあるが、少人数で繰り返し練習し、会話を学ぶには短期間で非常に効果がある方法が取られていた。従って「大学」においては会話以外で特徴を出していくという方針、さらに言語学や日本語教授法などの専門科目に力を入れれば、学習者の選択の幅がより広がると思われた。そのためには、4年間を通した総合的な計画と教師全員の理解が必要であるが、当初は教師全員の理解と認識があったとはいえなかったと思う。筆者にとってもこの点は2年目あたりから徐々に分かってきたことであり、当時は自身の授業計画だけで手いっぱいの状態であった。しかし、後述するような具体的な活動を通して、日本語学部の存在意義に対する教師の認識は徐々に高まり、共有されつつあると思っている。

　師範大学では、日本人を含む常勤教師は10人で、ベトナム人教師は主に文法、翻訳、通訳を担当し、日本人教師は発音、会話、作文を担当している。筆者は1年生の発音と3、4年生の作文、会話および社会言語学を担当した。そのうち会話については、日本語学校に通っている学生や、日本語を使う会社や飲食店などでアルバイトをする学生も多く、大学以外でも学習の機会が多いと思われた。発音と作文については、当初さまざまな課題があり試行錯誤してきた。現在も解決したわけではないが、方向性は見えてきたので、この2教科について述べてみたい。

6. 発音について

　ベトナム人の日本語学習者にとって、筆者から見た一番の課題は日本語の

発音である。これはベトナム語の影響と、学習者自身の発音への認識の不足が大きいと思われた。

ベトナム語は発音の言語だともいわれ、音の「広さ」「高さ」「長さ」を変えることによって、語彙を区別している。声調が6種類あり、単母音11種（9種の長母音と2種の短母音）、二重母音3種、一つの介母音1種

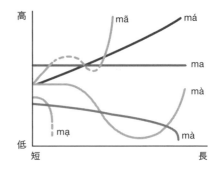

と、母音の数が多い。それに対して、日本語は声調がなく、高低アクセントであり、母音の数は五つ、長さもモーラという、仮名一つが同じ長さを持つ言語である。両者を比べると、ベトナム語の方が複雑で日本語の発音は全て含まれているように思われるため、学生は日本語の発音は簡単で、自分は正しく発音していると認識しがちで、発音の練習にあまり熱心ではない。しかし、筆者にとって学生の日本語は聞き取りにくいことが多かった。その原因について、ベトナム人教師と話し合った際に、①ベトナム語は常に変化しているため、高低アクセント自体はできるが、高い音、低い音が続く場合、それを保つのが苦しい、②組み合わせによってアクセントが変化するため（1年生で学ぶ語彙にある、大学、大学生、師範大学、では「大学」のアクセントがそれぞれ変わる）、覚えることが大変、③ベトナム語は常に長さが変化するため、同じ長さで発音するという感覚を持つのが難しい、という意見が出された。また、南部の方言による問題点として、④地域によって「つ」など、発音しにくい音がある、などの指摘もあった。

筆者にとって特に①は予想外であったが、問題点をはっきりさせたことで、授業中、それらに特に注意を払うことができた。まず、最初の1年生の発音の授業で、ベトナム人教師から発音の重要さをベトナム語で説明してもらい、学生の認識を高めた。また、高い音、低い音が続く場合は短めの文章で練習する、単語、特に母音が続く単語については、必ず手拍子を入れる、単語帳のアクセント記号を一緒に確認しながら読む、などにもできるだけ時間をかけた。ただし、アクセント記号があっても、実際に正しく読むことが難しい学生も少なからずいたため、授業中なるべく多く発音するようにもした。また、ネットでの情報、例えば東京外大言語モジュール、NHKの振り

仮名付きニュースなどのサイトを紹介し、日本語のアクセントやイントネーションに触れる機会が持てるようにした。一方で、日本語のアクセントは組み合わせによって変化するので、重要な単語以外は逆にあまり強調しないように心掛けた。

　このような取り組みを1年ほど続けたが、なかなか思うような結果は得られなかった。原因の一つは、発音の授業の量的不足である。発音の授業は1年次に週1.5コマ（70分）、1クラスの人数は40人程度である。学生が自然な日本語に接するには短すぎる時間と思われた。加えて、文法などの科目を担当するベトナム人教師の発音がそのままだったことがある。日本人教師の数は2～3人と少なく、学生はベトナム人教師と接する時間数が圧倒的に多いのである。ベトナム人教師に発音の勉強をしてもらうこともできず、対処法を見いだせずにいたが、思いがけない形で解決の方向が見えた。それは、中学校から日本語を勉強してきた学生が入学してきたことである。国際交流基金のプロジェクトによって、発音をしっかりと身に付けてきた学生が自然とクラスを引っ張る形となり、多くの学生が発音の大切さを意識したようだった。引き続き発音の指導は必要だが、このようなきっかけでも学生が発音に関心を持ち、努力し始めたということで、将来、期待する成果がでてくると思われる。

7. 作文について

　作文については、一からの出発となった。ベトナム人教師2人と話し合い、基礎的な文章の構成から始めることとした。2人とも日本語では歴史のある南部の大学出身であったが、作文の授業は一度も受けたことがなかったため、手探りで授業をしていたとのことだった。筆者も最初は学生にとって作文のどこが難しいのかが分からなかったため、1年目の後半から週1回、作文の担当者で集まって話し合いを持つこととなった。まずそれまで各自が行っていた授業内容を持ち寄って、3、4年生の2年間で構成のある短いレポートが書けることを目標に計画を立てた。1学期15時間で2年間計60時間について、1時間ごとの授業内容や宿題、学期内での作文提出、中間・期末テストの問題など共通のシラバスを半年かけて作成し、試験的に1年間シラバス通りに授業をすることにした。1、2年生は作文に特化した授業はな

く、本格的な作文の授業は3年生からである。

　シラバスに沿って授業をしているうちに幾つかの問題点が出てきた。3年生の時点で文法、読解の授業はかなり進んでいるが、作文は基礎を重視したいということで、自己紹介や好きなものの紹介など初歩的な内容から余裕をもって始めたつもりだった。しかし、学生は1年生から宿題などで簡単な文章を書いていて、その際、書き方についての指導がないため、句読点の打ち方、書き出しの1字下げなど基本的な日本語を書く際の決まりについて3年生まで未習の状態であった。この問題は教師が注意すればすぐ改善に向かうものであったが、時間が必要で、初めからシラバスの時間調整が必要となった。初年度は少し無理をする形になったが、次年度からは1年生の担当教師と連携して、1年生から少しずつ教えてもらう方向で調整した。

　次に、例えば身近なテーマを選んだり、「～であると思う」というような表現を使ったりすること、文章と文章の間の接続詞の入れ方、使い方や文の終わり方などが、日本語らしくない学生も多かった。例えば、「これからもっと頑張らなくてはいけません」「いつもカードを持っていきます」などは、ベトナム語にすれば最後の文にすることができるようであったが、日本語では「～と思います」の方が最後の文章らしくなる。これらの違いの多くはベトナム語の影響で、日本語の文章を読みながら形として覚えることも必要と思われたため、読解の担当教師に問題点を伝え、特に接続詞と文の終わり方に学生の注意を向けてもらうようにお願いした。構成のある作文を書くことについては、最初はひな型通りの短文を集中的に書き、徐々に長くするように計画を立てた。

　作文の授業は3、4年生とも週4コマ（180分）、1クラス25～30人であったが、授業だけでは時間が限られるため、筆者はシラバス外であったが毎回宿題を出した。学生には別に簡単な間違いのチェックリストを配り、筆者はチェックリストの番号だけを記入し、次の授業で学生自身が修正する方法を取った。これは学生も興味を持ち、効果もあったと思うが、初めて作文を担当するベトナム人教師には労力的にもまだ難しいと思われた。

　作文のシラバスについては、2013年が実施の1年目に当たり、まだ修正する点も明確になっていないが、すでに幾つかの改善点も出てきており、見直しを重ねていくことで師範大学に合ったシラバスができると期待している。

8. まとめ

　師範大学における日本語教育はまだ歴史が浅く改善点も多いが、少しずつ軌道に乗りつつある。楽観的な見通しだが、一番の理由はベトナム人教師と日本人教師の連携ができつつあることである。日本語教育分野において非母語話者であるベトナム人は母語話者の日本人に対して遠慮がちで、上下関係になりやすい。日本人教師の数が少なく貴重だと思っていることも影響している。しかし日本語に関してはともかく、日本語学習のこつや問題点、さらにはベトナム社会で日本語を学ぶ意義など、ベトナム人教師の方が理解の深い分野も多く、学習者の気持ちにより近く寄り添うこともできる。一方、日本人は日本で普通に教育を受けてきた経験から、例えば大学4年間全体を見て目標を立て、そこに向かって計画を立てる必要性に気づくことができる。互いの特性を認め合い、補い合って対等な信頼関係を築くことが、何をするに当たっても必要であり、一番の基本であると思う。そのためには、外国人であり日本語母語話者である日本人がより多く歩み寄った方が良好な関係を築きやすい、というのが筆者の実感である。

　師範大学のベトナム人常勤教師は、日本の大学での修士課程に留学の機会があり、今後は日本語や日本の社会について多くの知識を持った教師が増えることが期待できる。また、将来的には日本語および日本語教育について学ぶことのできる大学院を作る計画もあると聞いている。南部の高等教育機関における日本語教育は、今後、師範大学を中心としてより一層の充実が図られることが期待できると思われる。

▶注

[1] 2〜4節での経済指標は全て「JETRO　ベトナム・ホーチミン市近郊ビジネス情報2013」より引用した。また、日本語教育の歴史については、「ベトナム南部における日本文化浸透から日本語普及へ」(Nguyen Vu Quynh Nhu)『立命館言語文化研究』21(3), pp.61–70. 2010-01、日本語教育の歴史および現在の状況については『文部科学教育通信』NO.305、2012.12.10「海外の日本語教育事情①急増する東南アジアでのニーズ」、同NO.308、2013.1.28「海外の日本語教育事情④民間学校・民間企業との共存による発展」を参考にした。

インドで見た日本語教育の最前線

竹村徳倫・谷口美穂

1. はじめに

　インドというと、カレーや象、または映画といった言葉がすぐに思い浮かぶが、インドの日本語教育といわれてもなかなかイメージが湧かない人が多いのではないかと思われる。実際、インドの日本語教育は、歴史こそ短くないものの、東アジアや東南アジアの日本語教育のように盛んなものではなかった。しかし、21世紀に入ってからの変化は目覚ましく、この10年で学習者の数が約3倍に増加している。その理由としては、近年印日両国の経済的・文化的な関わりが強まったことにより、インド国内での日本に対する注目が高まったことが大きい。これに伴い、それまで一部の地域や大都市だけで行われていた日本語教育も、各地に「日本語教育新興地域」ともいうべき、日本語熱が高まり始めた地域が見られるようになった。

　しかし、これまでインドでは都市部のわずかな教育機関を除けば、国内の日本語教育で中級以上のコースを実施している機関が少なかったため、日本語能力の高い人材は少なく、特に大都市圏以外の地域では日本語を始めようとしても日本語を教える教師がいないという所も多い。また、広大な国内での教師の移動の難しさも重なり、先述の日本語教育新興地域における日本語教師の人材不足の問題は、インドにおける日本語教育の広がりの大きな障害となっている。

2. 日本語教育新興地域で教える3人のインド人日本語教師

　このような状況の中で、2011年4月からインドのさまざまな地域の日本語教師への支援に携わってきたのだが、伝統的に日本語教育が行われ、日本語教育需要が比較的落ち着いている大都市と、そこから数百キロ離れた日本語教育新興地域を見て、同じインド国内のことでありながら、別の国のことを見ているかのような錯覚をしばしば感じた。

特に、適切な教材も日本語教育のノウハウも乏しい日本語教育新興地域で、孤立無援ながら頑張るインド人教師は、背景も日本語を学んできた経緯も全くばらばらであり、直接法による授業法の紹介といった教師支援では対応できないこともしばしば起こった。

そこで、実際に日本語教育新興地域で活躍しているインド人日本語教師がどんな教師で、それぞれどのような現場で何を必要としているのかを把握するために、2013年2月から8月の間に行ったオンラインによる教師研修の参加者に対し、インタビューを行った。以下、その中の3人の事例を参考に、インドの日本語教育新興地域の日本語教師と彼らを取り巻く状況について考えてみたい。

2.1 Aさんの場合―30代女性、日本語学校非常勤講師

Aさんは首都ニューデリーから約1,000km離れた地方都市に在住する日本語教師である。Aさんのお父さんは日系の自動車メーカーで働いていて、Aさんが幼い頃から自宅には日本人のお客さんがしばしば訪れた。お父さんが日本に出張に行くたびに持ち帰るおもちゃや写真、そしてお土産話と、子どもの頃のAさんの周りには「日本」があふれていた。そしてそれがきっかけとなってAさんは日本の文化に強い興味とあこがれを抱くようになった。

大学では経済と法律を学んだAさんであるが、その後も日本語への興味は消えることなく、大学に残って日本語を勉強することにした。2年間の勉強を終え、2005年に日本語能力試験（以下、JLPT）旧3級に合格した。

Aさんはその後、2009年から地元のカルチャーセンターで幅広い年代、さまざまな職業の生徒に日本語を教えている。日本語教師になったきっかけは、移り住んだ土地には日本語教師が非常に少なく、その土地に新しくできた日本語学校が初級レベルの日常会話を教えられる教師を必要としていたからだった。現在は45時間のコースを教えているがテキストはローマ字で書かれた英語話者向けを使っていて、会話の例を見せるために映像教材も使っていると語った。

Aさんは日本語の教え方については特に学ばずに教師となったが、2011年に日本で国際交流基金の教師研修（3カ月）を受講している。Aさんに教師として今後学びたいことを尋ねると「まずは日本語能力を上げたい。私にとって必要なのは日本語の基礎的な能力を向上させること」と話している。

そして、今回参加した教師研修がよい機会となり、「最近、もう一度本を読み返している。9年前に勉強を終えてからかなり時間がたっているから、もう一度ブラッシュアップが必要。大学で日本語を勉強したのでその時の教科書を使っている」と日本語の復習を始めたことを語った。

2.2　Bさんの場合―20代女性、日本語学校非常勤講師

　Bさんは、ムンバイから約500km離れた町に住む日本語教師である。

　Bさんは、高校生の時に10カ月間交換留学生として日本に行った経験があるが、これが彼女にとって初めての日本語との接触であった。これをきっかけに、日本の文化や音楽、そして日本語に興味を持ち始め、訪日時にホストファミリーに教わった生け花に強く引かれた。

　帰国後、大学付属の語学学校の日本語コースで6カ月間学び、その後は独学で3年間日本語を勉強した。高校時代に初めて日本語に出合ってから現在までの12年間、何らかの形で日本語との関わりは持ち続けてきたが、きちんと教育機関で学習したのは先述の6カ月のみである。調査時はJLPTのN4を受験し結果を待っているという状況であった。

　Bさんは、2013年から地元の民間の日本語学校で非常勤講師として日本語を教え始めた。また、企業でビジネスマンを対象とした日本語クラスの基礎的な日本語を教えている。教師になったきっかけについては「私の住んでいる町には日本人がほとんどいなくて、日本語を使う機会がとても限られているし、日本語の先生も少ない。日本語学校で教えれば自分の日本語の勉強になるのでとてもいい機会だと思い、自分から手を挙げた」と述べている。教師としての自分自身については、いまだ経験が浅いため「教師」よりも「日本語の学生」であることの方が多いと述べ、教師研修においても、まずは日本語能力を向上させたいと考えている。

　Bさんは「日本に行ったことはあるんですけど、その時にはきちんとした日本語のコースを受けなかった。学校もなかったし、全て自分で勉強した。でもいつもきちんと勉強したいと思っていた。基礎をきちんと勉強したい」と述べ、教授法よりもとにかく「日本語」のレベルアップを望んでいる。さらに、どんなことを研修で学びたいかという問いに対しては「日本語は敬語がたくさんある。日本人に会ったり、日本に行ったりしたときに敬語がとても重要。自分が日本に行ったときはとてもフランクな日本語で話していた

が、今考えると恥ずかしい」と話しており、日本人と話すために敬語の知識を身に付けたいと考えていることがうかがえる。

　日本語学校での授業の方法について尋ねると、教え方を誰かに教わったという経験はなく、教えるときに分からないことが多いので、辞書の使用やインターネットの翻訳サイトで意味を見るなどして教えているということであった。

2.3　Cさんの場合─50代男性、大学の公開講座非常勤講師

　CさんはAさんと同じ地方都市に在住している。彼は日本語を教育機関で学習した経験を持たず、2011年から日本語を自宅で奥さんに教わっている。Cさんの奥さんはインドでも日本語教育が盛んなプネで日本語を学び、JLPTのN2レベルにも合格している日本語教師で、Cさんが日本語の学習を始めたのは「妻の勧めがあったから」ということである。インドにはこれからたくさんの日系企業が進出すると思ったので、日本語を勉強するのは役に立つと考えたと述べている。

　Cさんは日本語の勉強を始めてから約1年半後に日本語教師となった。教師になったきっかけについては「それまでショッピングモールの設備の仕事をしていたが、その仕事を辞めて次の仕事を探していた。時間の条件も金銭面も悪くなかったので、日本語教師になろうと思った。私の住む町には日本語教師が少ないしこれから日本語が必要になるという考えもあった」と述べている。

　現在、Cさんは地元の大学の公開講座で非常勤講師として働いており、そこではN5レベルの初級学習者を対象としたクラスを担当している。自分の授業の進め方について、改善したいことはあるかと聞いたところ、Cさんは「文法の説明が難しい。学生にもっと上手に説明できるようになりたい」と語り、今後教師研修の機会があれば、どうやったらうまく説明できるのかということについて学びたいと述べていた。

　調査時にはJLPTのN4に合格したばかりであったが、「次回はN3に挑戦したい、そうすればN4レベルの学生を教えることができる」と自分がステップアップすることで、教えられる対象の幅が広がると考えていた。引き続き奥さんに日本語を教えてもらい学習を続けていく予定であると意欲的な姿勢を見せていた。

3. インタビューから見えた日本語教育新興地域の教師の特徴

　これら3人のインド人日本語教師の話から、世界に広がる日本語教育の最前線で、自分たちも日本語を学びながら、何とか日本語を教えようという強い意志を感じた。また今回インタビューを行った日本語教育新興地域での日本語教師に共通する特徴として「学生」と「教師」という二つの属性を持つことがうかがえた。

　日本語教育のための環境がまだ十分ではない日本語教育新興地域のような所では、少しでも日本語学習経験のある学生が教師の役割をするというのは自明の理であり、むしろ、彼らなくして地域の日本語教育は成り立たない。日本語を学びたい人はいつも日本語教育が盛んなところに現れるわけではないという点を考えると、これから日本語教育が始まる、もしくは、始まったばかりという土地において、この3人のような人材がいかに貴重であるかが分かる。また、教師としてはいささか不安の残る3人ではあるが、非母語話者教師としては非常に重要な役割を果たしているといえる。阿部・横山(1991)は、非母語話者教師の長所として、学習者と母語が同じであること、学習者と文化背景が同じであること、学習者としての経験があることの3点を挙げている。また、石井(1996)は学習者の社会文化的背景や学習環境を理解することが、学習者に適切な支援を行うために重要であると述べ、非母語話者教師がその点において大きな利点を有していることを指摘している。

　同じ環境の下で日本語を学んだ経験のある教師が、限られたリソースを駆使して奮闘している姿は、学習者にとって良いロールモデルとなり得るであろう。そしてこのような教師の成長は、次の世代の教師を育てることにもつながっていくと思われる。

4. 日本語教育新興地域での教師支援のための四つの提案

　インドの例に限らず、海外の日本語教育現場はしばしば日本国内の日本語教育とは異なった姿を見せることがあるが、今回インタビューを行ったインドの日本語教育新興地域はこれから日本語教育が始まろうとしている地域であり、学校がない、教材がない、教師がいない、しかし日本語を勉強したい

という学生がいる地域である。このような地域は海外の他の地域にもきっと少なからず存在すると思われる。そのような地域においては、時間をかけて日本語のエキスパートを育てていくことも重要だが、まず、今いる教師が自信を持って明日の授業ができるよう、背中を押してあげることが大切なのではないだろうか。まだ確信を得るまでには至っていないが、今回のインタビューと3年間のインド滞在から、日本語教育新興地域において、次のような四つの支援が可能であるように感じた。

①**教師の日本語学習支援**
　教師になるためには一定の日本語能力が必要ということではなく、自分の日本語力に不安を感じている教師の不安を取り除くことが大きな目的である。日本語教育新興地域には、体系的に日本語を学んだ経験のない教師もいることから、ごく初級の文法項目、漢字といった基本的な内容を含む必要があるだろう。

②**「教師」としての自信と自覚を持ってもらうこと**
　上記のような地域の教師は、確たる裏付けがなく、成り行きで教師となるケースが多く、教師としての自分に不安を感じている場合が多い。自信を持って学習者に向き合い、「学ぶ」だけでなく「教える」という視点を持つことで、教師としての自覚を持ってもらうことが重要である。

③**使いやすく、地域の学習観と対立しない教材**
　日本語教育が存在していなかった地域では、体系的な日本語教授法に基づく授業のやり方は、地域の教師が理解して使いこなせるようになるまでに時間がかかる上、その地域の伝統的な学習観と対立する場合もある。例えば、インドでは学校教育における授業は英語による講義型のものが主流であり、教師も学習者もその形式に慣れているため、インド人日本語教師が積極的に学習者に参加を促す形の授業を行うためには、ある程度の時間が必要な場合が多かった。しかし、日本語教育新興地域の教師は明日からでも授業を行うことが求められるため、まずは当座使用することができる、活動の目的が明確で、簡単に誰でもすぐに使えるような教材を作り、教師としての経験を積んでいってもらうことが重要である。

④孤立している教師をつなげるネットワークづくり

　インドの日本語教育新興地域では、少ない教師が数百キロ離れた地域に分散している場合が見られた。このように新しく日本語教育が始まる地域では教師の数も少なく、教師が孤立し、地域の日本語教育が閉ざされてしまうことが考えられる。そこでIT技術を活用することで距離と時間の問題を解決し、他の地域の教師たちと交流することによって、お互いの活動を常に知ることができるような環境を構築する必要がある。自分以外の教師の活動を知ることは、大きな刺激となり、お互いに良い影響を与え合うことが可能になるだけでなく、日本語教育に関する最新情報にも触れる機会が増加すると思われる。

　今回の報告ではインドの3人の教師の話を紹介するだけにとどまったが、同様の話はインド滞在中、さまざまな教師から聞くことができた。これから日本語教育が始まろうとする地域での非母語話者教師の果たす役割はインドに限らず、他の海外の国や地域でも変わらないであろう。今後も彼らの置かれた状況を理解した上で、教師としての立場を尊重し、効果的な支援ができるよう考えていく必要があるだろう。

▶ 参考文献

阿部洋子・横山紀子（1991）「海外日本語教師長期研修の課題―外国人日本語教師の利点を生かした教授法を求めて」『日本語国際センター紀要』1, pp.53–74.
石井恵理子（1996）「非母語話者教師の役割」『日本語学』15(2), pp.87–94.

パソコンでどこでも日本語教師

阿蘇　豊

1. オンライン日本語教育の現状とその具体例

　2012年10月初めにベトナム、ホーチミンから帰国した。母と妻が故郷の酒田市におり、ベトナム在住時からも控えめな帰国要請があったことから、海外赴任での妻との十数年に及ぶ別居生活に終止符を打ち、90歳の母と過ごすことにした。故郷に帰り、そこで生活を送ることにためらいはなかった。ただ、人口10万ほどの酒田という地方都市に日本語学校などの日本語教育機関はなく、30年続けてきた日本語教師の仕事をあきらめたくないという気持ちを引きずっていた。ある夜、近くとはいえないながらも、山形市、新潟市などに何か仕事の手立てはないかとインターネットの日本語教師求人サイトをのぞいていた。そこで「オンライン日本語教育」という文字を見つけた。よく分からないまま、そのサイトを開くと、パソコンのインターネット機能を使って、外国人に日本語を教える機関による募集案内だった。「へえー」と思いながら何度も読んでいくうちに、「そうか、これなら酒田を離れずに、この仕事を続けていけるのでは」と感じ、胸に希望の灯がともる思いだった。

　さっそく履歴書を送り、しばらくしてからパソコンの画面上で米国人の経営者と日本人の教務担当の方と面接を行い、採用通知のメールをもらったのは、2013年の1月半ばだった。

「オンライン日本語教育」はどれぐらい知られているだろうか。たぶんあまり知られていないと思うので、私が所属する機関の教育方法について具体的に説明する。

①所属する機関の本部は米国にあり、日本人教師数は20人ほどで、米国、日本をはじめ、世界各地に在住している。
②経営者兼システムエンジニアが作成したパソコン上のシステムによって、

レッスン、その他の業務は運営される。
③システム内の業務はマニュアル化されており、それに従って教師はレッスン、その他の業務を行う。
④レッスンにはプライベートレッスンとグループレッスンがある。さらにグループレッスンのコースは二つあり、一つは平仮名から始まり、読む、書く、話す、聞くの四技能の習得を目指し、初級、中級へと進んでいく基礎日本語コース、もう一つは外国人のための日本語テスト、JLPT（日本語能力試験）対策のコースである。
⑤レッスンを担当する教師一人一人にウェブ上のクラスルームが用意され、レッスンはそのクラスルームの中で行われる。
⑥クラスルームにはビデオカメラ、マイク設備が設置され、6人まで同時にレッスンを受けたり、教師間のミーティングを開いたりすることができる。ホワイトボードも設置されてあり、そこに用意した教材を載せてレッスンを進める。音声ファイルも取り込めるようになっていて、聴解の指導に有効である。また、和英の辞書も組み込まれていて、学習者にとって難しい単語をすぐに英訳して示すことができる。チャットもできるから、漢字の読み仮名や学習者からの答えをチェックすることができる。
⑦システム内にはクラスルームのほかに、学習者とのチャットや会議、体験レッスンなどのためのサイトも用意されている。
⑧教師への連絡、また、教師間の連絡はすべてeメールによって行われる。
⑨新任の教師には研修が用意されている。研修の最後に模擬レッスンがあり、それを経て、実際に教えることになる。

　オンラインで教え始めて、まだ1年過ぎたにすぎないが、いろいろな経験をした。そんな個人的体験からも、「オンライン日本語教育」の実際が見えてくる。

　仕事を開始はしたが、パソコンで教えるのは初めてだから、どうすればいいか分からない。しばらくすると研修の案内メールが届いた。そのメールには「講師マニュアル」が添付されてあり、それを印刷すると、2センチ弱の厚さになった。「これを全部読み、理解しなければならないのか」——IT用語にあふれたそれをめくりながら、半ば絶望的な気持ちになった。そ

れでも1カ月の準備期間の間に正式な契約書を交わし、マニュアルも要点を中心に何とか読み終えることができた。そして、先輩講師による3回の研修が始まった。研修の最後に公開模擬レッスンがあるので、それに備えて1コマ50分の教案をスライドで作っていく過程を学ぶのである。そしてこの過程の最後で、つまずいてしまった。マニュアルには日本語で細かく説明してあるのだが、そして私もそれに従って作ったはずなのだが、何度やっても自分のクラスルームのホワイトボードに教案を貼り付けることができない。何をどうすればいいか分からない。"OpenOffice…impress…file を export して、HTML に変換…Javascript を立ち上げ、ドラッグ・アンド・ドロップ…"などの IT 用語が頭の中を飛び交い、数日ゆっくり眠れなかった。できてしまえば、なあんだというほどのことだったのだが、一度こうと思い込むと、にわかに変えられない、オジサンの頭の固さを思い知らされた。

　それでも何とかレッスンを持てるようになって気づいたことがあった。日本での仕事時間、つまり、9時〜5時の感覚は通用しないことである。ここの教師は世界に散らばっている。そのために、さまざまな場面で「時差」が問題になる。日本とヨーロッパでは8時間、米国とは14時間の時差がある。だから、全教師を対象とした模擬レッスンなどは、できるだけ多く参加してほしいので、いきおい日本時間の22時、23時に開催されることが多くなる。模擬レッスンの50分、その後の講評が終わると、夜中の1時を過ぎていることも珍しくない。
　もちろん、レッスンの時間も同様である。学習者との時差を考慮した時間を設定されるわけだから、日本時間で朝6時、7時、午後2時、3時、また夜10時、11時のレッスンもごく普通にあるということになる。この時差の問題には実際に経験するまで気が付かなかった。しかし、グローバルに仕事をするとはこういうことかと思う。初めは慣れなかった体も感覚も、最近ようやく当たり前にできるようになってきた。

　オンライン日本語教育は、パソコンのインターネット機能を全面的に利用した教育方法であるが、そのインターネットがつながらなかったり、レッスン途中で切れたりすることもある。日本のネット環境は世界の中でも最もよいということで安定しているが、国によってはネットが不安定で、レッスン

の途中で音声が切れたり、画像がフリーズしたりすることがある。前述の時差同様、個人レベルでは解決しがたい問題である。今はただ、その国ごとのネット環境の整備を待つしかないのかなと思う。

　次に職場での現在の取り組みについて触れようと思う。
　ネットで検索すると、現在、オンライン日本語教育を行っている機関は、10ぐらいあるようだ。しかし、オンライン専用の教材というのは、まだないのではないだろうか。一般的な市販の教材を使わせてもらいたいところだが、著作権の関係でオンラインの画面上に載せて使ってはいけないことになっている。だから、教師は毎回のレッスンごとに教材を作成してレッスンに臨まなければならない。
　この学校のコースは、前述したように現在二つで、一つは基礎日本語コース、もう一つは、JLPT対策のコースである。
　この、JLPTの方もオンラインで使える教材がないことから、この1月から2月にかけて、全担当教師が協力して、N4、N3、N2の3レベルのオリジナル教材の作成に取り組んだ。主にそれぞれのレベルの文法項目を中心としたものだが、教師たちが手分けして、そのレベルの文法項目を含んだ例文作りを行った。三つのレベルの文法項目の数は430ほどで、各項目五つずつだから、全体では2150ほどの例文を皆で作ったことになる。これは一例にすぎないが、個人的には、新しい形の新しい組織を手探りしながらも協力し合ってつくっていくことに充実感を覚えている。

2. 今後に向けて

　オンライン日本語教育が始まったのは10年ほど前ということだが、まだ、一般の認知度が低いと思える。だが、その一員となって始めて1年、この教育方法は、将来、学習者が急増することはないだろうが、ある程度安定的に推移していくのではないかと感じている。
　これまで、日本語教育は日本に来て、あるいは外国の大都市で、多人数の学習者に対してクラス授業をするというのが主だった。しかし、日本語の学習に興味を覚えながら、経済的理由、家族の中の事情、仕事の関係などで、上記のようなクラス授業に参加できない人も世界に多くいるのではないか。

そういう潜在的な学習者にとって、自国にいて、家族と過ごしながら、あるいは仕事以外の時間を利用して学べるオンライン日本語教育は、手軽で利用しやすい学びの場ではないだろうか。今後、グローバルな規模でIT環境が改善され、インターネットが社会生活により重要になっていく中で、パソコンを介して互いの言語、文化を学び合う形は、安定したある一定の需要を満たしていくのではないかと思われる。

　もう一つ、メリットがある。それは教師側のことだが、日本語教育に携わることを希望しながら、適当な教育機関がない地方に住んでいる、あるいは自宅で空いた時間を利用したい、そんな有資格者に対してもオンラインなら、日本語教育の現場で働くチャンスが提供できるのである。

　私はこれまで、日本語学校や海外の大学などで教えてきたが、そういった機関では出会えないような学習者たちにここで出会った。その一人は米国人の翻訳者だった。近代日本文学を学びたいという。夏目漱石や川端康成なども候補に上がったが、結局、手始めに現代仮名遣いで書かれた向田邦子のエッセーを取り上げた。かなり難しいと思われるそれを彼は苦にすることもなく読み下し、面白がるポイントも適切で、少々驚いた。今まで教えてきた、大学などへの進学を目指すレベルをはるかに超えた超級の受講者だった。

　また、メキシコの、日本企業で通訳をしている学習者は、意欲にあふれていて、さまざまな角度から鋭い質問をし、どんどん例文を作り、その可否を尋ねてくる。

　世界にはこんな人たちが、多分まだまだいるのだ……。

　オンライン日本語教育はまだスタートして日が浅いが、大人が自らの意思で学ぼうとするため、上記のようなレベルが高く、意欲的な学習者が多い。近い将来、日本語教育全体の中で、量より質の部分の一翼を担う存在を目指し、世界に少しずつ根を張り、広がっていってほしいと思う。

最近の日本語教材編集の現場から

岡田英夫

　出版社を退職後、フリーの立場で出版編集に関わる仕事などを数社から受けて続けている。従来の仕事とのつながりから、扱う内容は、日本語教育や韓国語学習、あるいは韓国のニュースに関するものなどが主である。最近は雑誌記事や書籍の編集そのものよりは、校正・校閲の類が多くなっている。

　その出版編集の現場から、日本語テキストを作成する際に注意の必要な近年のトピックを、三つ紹介する。一つは、2007年の「文化審議会答申」を受けた内閣告示で、敬語の分類が、従来の3種類（あるいは「美化語」を加えて4種類）から5種類へと変更されたこと、2番目は、同じく内閣告示で2010年に「常用漢字表」が改定され、現在では常用漢字の数が2136字となったこと、3番目に、上記二つと比べると小さな話題だが、例えば「3時10分」というような場合の「10分」の発音について、従来の「じっぷん」から「じゅっぷん」への移行がますます顕著になっている中で、改訂「常用漢字表」で「十」の読みに「ジュッ」が認められたことの3点である。

1. 敬語の分類が変わった

　日本語非母語話者への日本語教育でも、日本の学校教育でも、従来、敬語は「尊敬語」「謙譲語」「丁寧語」の3種類に分けて説明するのが一般的だった。尊敬語は、目上の人物の動作や物事への敬いの気持ちを表し、謙譲語は、自分の動作や物事についてへりくだりの気持ちを表す。そして、丁寧語は、話し方を丁寧にして聞き手を敬う、などとした。

　日本人のための学校教育では、そのような説明でもあまり問題は起きなかった。日本の国語教育では、「話す」「書く」という産出的な技能より受容的な「読む」の技能が重視されることもあり、また、正確な日本語を発信できるようにする言語教育の側面よりも、文学的な素材の内容を読み取る情操教育的な側面の方を重視していることなどが、この程度の敬語の分類で済んでいたことの大きな理由ではないかと思われる。

しかし、成人の非母語話者の日本語学習者が従来の3分類で敬語を習ったような場合に、問題が出てくる。学習者が自分の動作や物事についてへりくだった気持ちを表すために謙譲語を使おうとする。そして、「これから妹の家にうかがいます」というような発話が出てくる。これは誤りなので「これから妹の家に参ります」と訂正するが、従来の3分類では「うかがう」も「参る」も同じ謙譲語に分類されているため、違いの説明がつかない。そこで、このような問題などを解消するために出てきたのが、謙譲語を2種類に分ける、敬語の5分類の考え方である。

　戦後「現代仮名遣い」や「当用漢字」「常用漢字」などを答申した国語審議会は、2001年に廃止されて文化審議会国語分科会に改組された。2007年に文化審議会が答申し内閣告示されたのが「敬語の指針」である。

　この答申による敬語の5分類と、従来の3分類の対応は表1の通りである。尊敬語の範囲は従来と変わらない。謙譲語は二つに分けられて、「謙譲語Ⅰ」は「自分側から相手側又は第三者に向かう行為・ものごとなどについて、その向かう先の人物を立てて述べるもの」とされ、「謙譲語Ⅱ（丁重語）」は「自分側の行為・ものごとなどを、話や文章の相手に対して丁重に述べるもの」となっている。

表1　敬語の5分類と3分類の対応

5種類		3種類
尊敬語	「いらっしゃる・おっしゃる」型	尊敬語
謙譲語Ⅰ	「伺う・申し上げる」型	謙譲語
謙譲語Ⅱ（丁重語）	「参る・申す」型	
丁寧語	「です・ます」	丁寧語
美化語	「お酒・お料理」	

（文化審議会答申「敬語の指針」(2007)から）

　答申によるこの定義は話を厳密にするために、また「敬う」「へりくだる」という言葉を使って説明することを避けたい意図などもあってか、少し煩雑なものになっている。そこで、前述の「これから妹の家に参ります」のような、自分側の行為・物事について聞き手を敬って言う言い方を「謙譲語Ⅱ（丁重語）」として分離し、それ以外の従来の謙譲語を「謙譲語Ⅰ」として残したと考えると、少しは捉えやすいのではないだろうか。話や文章の相手、つまり聞き手を敬うのが「謙譲語Ⅱ（丁重語）」だと押さえさえすれば、「謙譲

語I」と「謙譲語II（丁重語）」の区別はそれほど難しくないだろう。これに対して、謙譲語Iで敬われるのは、文の目的格など、文中で話題となる人物である。ただし、聞き手と文中の話題の人物が一致する場合には、聞き手を敬う「謙譲語II（丁重語）」を使って、聞き手である先生に対して「明日先生の研究室に参ります」と言うこともできるし、謙譲語Iを使って「明日先生の研究室に伺います」と言うこともできるので注意しなければならない。

なお、「謙譲語II（丁重語）」は、動詞ばかりでなく、「拙著」「弊社」など、名詞にも使われる。

一方、従来の丁寧語から分かれた「（新しい）丁寧語」と「美化語」の区別は、「謙譲語I」と「謙譲語II（丁重語）」の区別ほどには複雑でない。「丁寧語」は「話や文章の相手に対して丁寧に述べるもの」と定義され、「美化語」は「ものごとを、美化して述べるもの」とされる。丁寧に述べるということは、聞き手（話や文章の相手）を必要とする。しかし例えば、「今日は（良い仕事ができたので）お酒を飲んじゃおう」と独り言を言った場合、聞き手はいないのに「お酒」と言っているが、そのような場合を「美化語」として分離したと考えればよいだろう。

日本語学習のテキストを見てみると、『初級日本語げんき（GENKI: An Integrated Course in Elementary Japanese）II』(1999)で「謙譲語I」を「Humble Expressions」、「謙譲語II（丁重語）」を「Extra-modest Expressions」として説明している。Humble Expressions は「謙遜な表現」、Extra-modest Expressions は「特別に謙虚な／謙遜な表現」といった意味である。『げんき』が文化審議会答申より大分早い時期に、謙譲語を二つに分けた説明を取り入れているのが注目される。『みんなの日本語初級II第2版』(2013)では、答申「敬語の指針」にならって「謙譲語I」「謙譲語II」と分けられ、『同・翻訳・文法解説英語版』で、それぞれ「Humble expressions I」「Humble expressions II」として説明されている。これ以外の主要なテキストで、敬語を5分類の考え方で説明しているものは今のところ見当たらないようである。

今後日本語テキストを編集する際には、「謙譲語I」と「謙譲語II（丁重語）」の違いについて、この用語を前面に出すか出さないかは別にして、少なくともどう扱うかの検討は必要だろう。

2. 常用漢字の改定

　戦前は、膨大な数の漢字を何の制限もなく使っていたが、それでは教育上も大変だし、社会生活にも不便だということで、1946年に漢字の数を1850字に制限する「当用漢字表」が国語審議会により答申されて内閣告示された。仮名遣いを歴史的仮名遣いから改める「現代かなづかい」と同時だった。「使用上の注意事項」には、「この表の漢字で書き表せないことばは、別のことばにかえるか、または、かな書きにする」とある。続けて、音訓表や字体表なども内閣告示された。音訓表についてはその後1973年に改訂され、音や訓が追加された。

　当用漢字は社会的に広く受け入れられたが、表外の漢字については別の言葉や仮名に書き換えるように促す当用漢字の制限的な方針には異論もあり、1981年に「常用漢字表」が公布された。漢字数が95字増えて1945字になったが、それだけでなく、一般の社会生活での「漢字使用の目安をしめすもの」と「前書き」にあって、当用漢字に比べて制限色が薄まった。専門分野の表記や個人の表記にまで「及ぼそうとするものではない」とも明記してある。

　以上、戦後の漢字改革の流れを簡略に見たが、当用漢字や常用漢字の漢字数2000字前後というのは、以前の日本語能力試験1級の認定基準の漢字数「2000字程度」に相当する。それぞれ目的が違うので漢字字種の選択には異同があるが、例えば上級の読解のテキストを編集しようという場合、振り仮名（ルビ）を使用したり、あるいは平仮名に書き換えたりするときの基準として、「常用漢字表」は一つの重要な目安となる。

　その「常用漢字表」が2010年に改定されたわけである。改定の答申は、2005年の文部科学大臣による諮問を受けたものだが、その諮問の理由は「情報化時代に対応する漢字政策の在り方について」と題され、パソコンや携帯電話などの普及で、人々の言語生活特に漢字使用に大きな影響を与えている中で常用漢字表が十分機能しているか検討すべきだとする。

　それを受けて2010年に文化審議会が答申し、内閣告示されたのが、改定「常用漢字表」である。文字数については従来に比べて196字追加、5字削除されたので、差し引き191字増加して、計2136字となった。

　追加された漢字の例を見てみると、漢字1字単独で使うことのできる「嵐」

「唄」「俺」「牙」「瓦」「崖」「蓋」「柿」「顎」や、漢字1字に送り仮名を付けて使われる「宛（てる）」「乞（う）」「匂（う）」などがあり、また主として漢字熟語に使われる「挨」「曖」「萎」「椅」「彙」「咽」「鬱」「旺」「臆」などもある。もちろん1字でも使われるし熟語にも使われるものも多い。そして特別なものに、「茨」「媛」「岡」「熊」「埼」などの府県名の漢字も入って、都道府県名は全て常用漢字内で表記することができるようになった。音訓の追加では、「育（はぐくむ）」「応（こたえる）」「関（かかわる）」「私（わたし）」「往（いく）」などがあり、「付表」の当て字・熟字訓には、「尻尾（しっぽ）」「老舗（しにせ）」他が加わった。

　これらの漢字や読みは、現在の社会生活でよく目にするもので、多くの人にとって、手書きで書けなくても、たいていは読めるというレベルだろう。つまり、パソコンや携帯電話のキーボードで仮名入力して変換すれば間違いなく表示できる。これが、今回の改定のそもそものきっかけである文科相の諮問にあった「情報化時代に対応する漢字政策」の言葉に呼応する。常用漢字見直しの過程では、「常用漢字」と「準常用漢字（読めるだけでいい漢字）」に分けることも論点の整理の中で取り上げられていたという事実もある。しかしこれは結局採用されなかった。

　ここで、出版編集の立場から見て非常に重要なのが「字体」の問題である。1948年の「当用漢字字体表」で、従来の複雑な字体（いわゆる康熙字典体、後出）を整理し、簡略な略字体や筆写体、俗字体などを採用して正規のものとした。例えば、「學」は「学」に、「樂」は「楽」に、「氣」は「気」になどと、字体が変わった。それ以来、「当用漢字」「常用漢字」の時代を通じて、書籍や新聞雑誌、あるいは学校教育で使われる教科書など、出版物中の漢字は、表内字については表に示された字体（新字体）を使い、表外字については略字を使わず、従来の字体、つまり旧字、いわゆる「康熙字典体」を使用するというのが原則だった。例えば常用漢字「区」の、以前の字体は「區」である。常用漢字に入っている「駆」（旧字は「驅」）の「つくり」は「区」に変わっているが、常用漢字に採用されていない「鷗」は以前のまま「へん」が「區」となっている文字を、出版編集の世界では一般に使っている。一つの漢字に2種類の字体が混在するのは望ましくなく、「漢字表」に定められていない漢字については従来通りの「正字」すなわち「康熙字典体」を使うべきという考え方である。1981年に「当用漢字」から「常用漢

字」に変わったときにも、新しく採用された文字は「当用漢字表」の漢字字体に合わせた新字体が採用され、「螢」は「蛍」、「棧」は「桟」、「繩」は「縄」などと、字体が改められた。新字旧字や略字正字の別のあるものについては、表内字は新字体、表外字は旧字体（いわゆる康熙字典体）という原則が守られてきたのである。

　ところが、今回 2010 年の改定「常用漢字表」に新規に採用された漢字については、複雑な字体についても多くは今までのように簡略化することはせず、例えば「箋」「溺」「箸」「遡」などの、いわゆる康熙字典体のまま採用された。従来の方式であれば、それぞれの字の大きな部分が、これまでの常用漢字の字体である、「桟」のつくり、「弱（下部の〈冫〉に似た部分が異なる）」、「者（〈日〉の上に点がない）」となり、あるいは、しんにゅうが 1 点のものになっていたはずである。今回字体を簡略化しなかった理由については、調査で最も頻度の高い字体を採用し、また、国語施策としての一貫性を大切にしたなどと説明されている。2000 年に出されていた国語審議会答申「表外漢字字体表」に「印刷標準字体」として示された字体や、「人名用漢字字体」を継承して、字体が「社会的に極めて安定しつつある状況を重視」したというわけである。ただし、「曽」「痩」「麺」は、簡略化された字体を採用したことが「答申」に明記され、そのほか、「亀」「艶」「弥」なども新字体が採用されている。そして「手書き字形に対する手当て等」として、「しんにゅう」「しょくへん」に関して特記し、今回常用漢字に入った「遜」「遡」「謎」「餌」「餅」については、表の漢字欄に正規に掲載されているのはいわゆる「康熙字典体」の「しんにゅう」「しょくへん」だが、点が 2 点でなく 1 点の「しんにゅう」（「道」のしんにゅうの形）と、「食」の最後から 2 番目の画の欠けたような形（「飲」のへんの形）の「しょくへん」の字体も「許容字体」として示されているなど、注意すべき点も多い。

　このあたりについては、漢字の練習などで 1 点 1 画をおろそかにせず指導する学校教育の国語の授業の場面では混乱を生じることもあるのではないかと思われる。日本語教育の場合は、国語の授業に比べて学習者の年齢も高く、手書きではなくキーボードで入力して漢字変換する割合も高いので、大きな混乱を招くという場面は少ないだろう。しかし、同じ常用漢字の範囲内にありながら、へんやつくりなどの部首の形の違うものが混在していることについて、少なくとも問題の所在は把握しておき、質問があれば説明できる

ように準備しておくことは必要だろう。

3.「10分」の発音

　辞書で「十手」や「十戒」を引くと、「じって」「じっかい」として見出しが立ち「じゅって」「じゅっかい」の位置には項目がないものがほとんどである。「十把一絡げ」は「じっぱひとからげ」である。辞書の表記は、今の日本語とは違っていると、奇妙に感じる人もいるだろう。「じゅって」と発音されるものがなぜ「じって」と書いてあるのか。しかしこれは話が逆で、もともと「じって」と発音され表記されていたものが、現在、発音が「じゅって」へと急激なスピードで変化している途中なのである。多くの辞書にはまだ、この発音の変化が反映されていない。

　文化庁の2003年の「国語に関する世論調査」によれば、「十匹」の発音について「ふだんどちらで発音しているか」という問いに対して、「じゅっぴき」と答えた人が75.1％、「じっぴき」が23.3％だった。年齢別の結果は次の通りである。

表2　「じっぴき」か「じゅっぴき」か

		16〜19歳	20〜29歳	30〜39歳	40〜49歳	50〜59歳	60歳以上
十匹	じっぴき	14.2	13.6	12.0	16.0	20.3	38.2
	じゅっぴき	84.0	86.0	86.0	82.9	78.1	59.9

（文化庁「平成15年度「国語に関する世論調査」の結果について」(2004)から）

　表2では「じっぴき」の割合が60歳以上でやや高いが、10年たった現在ではさらに「じゅっぴき」の割合が増加しているだろうと思われる。
　ラジオ・テレビの、音声教育を受けたアナウンサーは、以前は「じっ」の発音が基本だったが、今ではそちらがまれになっているようである。
さて、日本語教育でこの発音が問題になるのはまず「△時10分」といった時刻、あるいは「10個」「10冊」などの発音だろう。幾つかのテキストを確認してみた。調べたのは、『文化初級日本語Ⅰ』(1987)、『新日本語の基礎Ⅰ本冊漢字かなまじり版』(1990)、『みんなの日本語初級Ⅰ本冊』(1998)、『初級日本語げんき（GENKI: An Integrated Course in Elementary Japanese）Ⅱ』(1999)、『日本語初級1大地メインテキスト』(2008)、『できる日本語初級本冊』(2011)、『初

級日本語げんき第2版 (GENKI: An Integrated Course in Elementary Japanese, Second Edition) II』(2011)、『みんなの日本語初級 I 第2版』(2012)、『文化初級日本語 I テキスト改訂版』(2013) である。

　これらのテキストのうち、『文化初級』の1987年の版は「10分」などの「10」の読み方として、「じっ」だけを載せている。『げんき第2版』と『文化初級改訂版』は、「じゅっ」と「じっ」を併記。『げんき』の1999年の版と『大地』『できる日本語』は「じゅっ」だけを載せて「じっ」はない。また『新基礎』『みんなの日本語』『同・第2版』では、例えば「1時10分」に対して漢字の「時」「分」には振り仮名があるが、数字部分には振り仮名がなく、「10」をどう読むべきか指示されていない。

　「2.常用漢字の改定」で述べた通り「常用漢字表」が2010年に改定されたが、変更点の一つに、「十」が「ジュッ」と読めるようになったことがある。具体的には、従来「十」の音訓欄に音として「ジュウ」と「ジッ」が掲げられているが、今回「ジッ」の読みの備考欄に「「ジュッ」とも」と書き加えられたのである。「10分」などの「10」を、現代人の大半が「ジュッ」と発音しているのにほとんどの辞書では「ジッ」の読みしか認めていなかったというネジレが、これで解消に向かうと考えられる。

　もちろんこれで「ジッ」の読みが否定されたわけではなく、また辞書や日本語テキストの改訂はそう頻繁に行われるものでもないので、日本語教育の現場では、両用の発音が認められており歴史的には「ジッ」の発音が本来の形であったことを、押さえておくべきだと考える。

　以上、敬語と常用漢字表に関する公的なルールの変更について、三つのトピックを見てきた。文化審議会答申を受けた内閣告示には必ずしも強制力はないが、常用漢字表は、出版物の表記を統一するに当たって、方針を検討する際の重要なベースとなる。また、敬語の分類は、特に日本語学習のためのテキストの内容に重大な関わりを持つ。今後編集され刊行される出版物については、そのまま従うかどうかは別にして、これらの新しいルールの内容を踏まえた検討が必要となる。

自立した学習者になるための支援
―「天声人語」で日本事情を教える―

今井美登里

1. はじめに

　日本語を教えている現場で、初級を終えた学習者からしばしば、「もっと単語を覚えたい、文法を身に付けたい、そうすれば、日本語が分かるようになる」という声を聞く。そして、中級から上級の段階に進んだ学習者からは「一つ一つの単語の意味は分かっていると思うのに話や文章全体の意味が分からない気がする」「文章を読んでいるとき、なぜこのような流れになるのか分からないことがある」といった不安や悩みを耳にすることがある。このような中級・上級の学習者の問題については研究され、総合的な教材、技能別の教材、語彙や文法に焦点を当てた教材など、多くの教材が開発されている。例えば、読解や聴解についてはストラテジーの習得に焦点を当てた教材、語彙に関しては慣用的な表現や連語的な表現を学ぶことができる教材がある。また、日本事情[1]についても、年中行事や日本の地理・歴史・政治・経済・伝統文化、漫画や歌などのサブカルチャーを扱ったものなどがある。日本事情について学ぶ目的はさまざまであろうが、話や文章を理解するための背景知識として必要であるために学ぶ場合が多いのではないだろうか。

　筆者は、上級者を対象とした日本語クラスで背景知識としての日本事情を扱うことを試みた。中級から上級の学習者の「話し手や書き手の意図がよく分からない」という状態の原因の一つに日本事情についての知識や情報の不足があるのではないかと考えたからである。本稿では日本事情を、今の日本の社会で取り上げられている話題や出来事、問題を深く理解するための前提となる知識とする。

2. 背景知識としての日本事情と教材

　日本事情の教材としては、市販の教材のほかに授業担当者が作成している

ものがある。大学などの教育機関での上級者を対象とした日本事情の授業では、生教材が多く用いられている[2]。授業活動として、テレビドラマや映画などの映像を用いてその中に含まれる日本事情を取り上げているものや、環境・医療・教育など現代の社会問題などをテーマとした読み物・映像などを用いて知識・情報を提供しディスカッションなどの活動を行うものなどがある。市販の教材とこれら教師作成の教材に共通している点は、学習者に「これが日本事情だ」ということを提示しているということである。

筆者が試みた授業活動は、「この言葉や内容、出来事を文脈の中で正確に理解するには何らかの背景知識が必要なのではないか」と学習者自身に気づかせ、その背景知識を自ら得ていく方法を提示するというものである。教師や支援者の役目は、知識や情報を一つ一つ与えることではなく、学習者に方法を示し練習をさせ、その方法が使えるように支援することである。学習者がその方法を身に付け実践できるようになることは自立した学習者となることにつながるだろう。以下は、その授業の報告である。

3. 学習者に気づきを促す日本事情の教材と授業

3.1 授業の概要

授業は、大学で 2011 年度と 12 年度の秋学期に 1 回 90 分で全 15 回、「「天声人語」で学ぶ」と題して行った授業である。教材、目標、学習者は以下のとおりである。教材は『朝日新聞』のコラム「天声人語」を用いた。「天声人語」を用いた理由は、大きく三つある。第一に、それが上級レベルの学習者が教師や支援者の手助けなしに読めるようになりたいというものの一つだということである。第二に、「天声人語」の十全な理解にはさまざまな知識が必要になり、それは上級の学習者のための日本事情の範囲と重なる部分が多いのではないかと判断したためである。第三に、「天声人語」が、学習者が教室の外でもインターネットなどを通して継続的に触れることができる素材だからである。

授業の目標として以下の四つを掲げた。1) 今の社会で起きているさまざまなことをトピックとした新聞のコラムである「天声人語」が読めるようになる、2) 日本語についての知識、日本事情についての知識を深める、3) 文章理解に何が必要なのかを知り自分で情報を得ることができるようになる、

4) 今の社会で起きていることについて、話したり書いたりできるようになる―である。

　学習者は、2011 年度は中国と韓国の留学生がそれぞれ 1 人、計 2 人であった。ボランティアとしてこの授業に参加する日本人学生を「クラスゲスト」として募集し[3]、応募した 1 人を加えて計 3 人の学生で授業を行った。2012 年度は中国の留学生が 4 人であった。

3.2　授業の流れと内容

15 回の授業の流れと内容を表 1 に示す。

表 1　「「天声人語」で学ぶ」の授業の流れと主な内容

流れ	回	主な内容
①	1	・全 15 回の授業のための導入を行う。 ・「天声人語」を分析的に読む準備をする。[※1]
②	2	・教師が選んだ数編の「天声人語」を内容と構造の両面から分析的に読む練習をする。[※2]
	3	
	4	
③	5	・各自が興味を持った日本事情のトピックについて発表する。
④	6・7	・各自「天声人語」を 1 編取り上げ、内容の分析を発表する。[※3]
⑤	8	・「天声人語」のトピックを分類するための項目の作成を行った後、連続した 2 週間程度の「天声人語」を、トピックやキーワードとなるものを取り出し一覧表にまとめながら読む。[※4]
	9	
	10	
	11	
⑥	12	・分類したトピック・キーワードの一覧表を参考にして各自情報収集し「天声人語」を書く。意見交換、推敲（すいこう）を行う。[※5] ・全員のそれを「桜美林版天声人語」として、まとめる。 ・最後に振り返りを行う
	13	
	14	
	15	

（内容のなかの※1～※5 は別に説明する）

「※1」では、「天声人語」を「読んで分かる」には具体的にどのような知識や情報が必要かを 1 編の「天声人語」を例に取って説明した。その際、必要な知識や情報を、1) 語彙、表現、文法についての言語的な知識、2) 内容理解の前提となる背景知識、3) なぜその話題や問題が扱われているかという現実の状況についての知識や情報、の三つに分けた。

「※2」では、まず、内容理解のために上記の 1)～3) の知識のうちどのような知識が必要なのか段落ごとに学習者が気づいたことを述べていくとい

うやり方で読んでいった。気づきを促すための教師からのヒントはパワーポイントで作成したものを学習者とのやりとりの中で提示していった。図1は、学習者に示したヒントの例である。1）～3）の知識の中で、特に太い下線で示した2）の背景知識の部分については、例えば、インターネットの検索エンジンに「大志を抱け」というキーワードを入れれば、直ちに情報が得られることを示した。この「大志を抱け」には背景があることを知ることによって、「大志を抱け、と言うわりには」の意味が分かるのである。以上のような読み方を数編の「天声人語」を用いて行うことで、学習者は背景知識とはどういうものでどうすれば調べられるかをかなり知ることができた。

「天声人語」2012年8月12日

　大志を抱け、と言うわりには「青年の向こう見ず」に世間は寛大ではない。堀江謙一さんがヨットで太平洋単独横断を成したときもそうだった。日本では快挙を讃えるより、無謀だの密航だのと難じる声が目立った。いつの時代も、出る杭は打たれる▼正規の出国に手を尽くしたが、冒険航海にパスポートは出なかった。やむなく夜の港からこっそり出航する。94日の航海ののち、米サンフランシスコに到着して、きょうで50年になる▼米国では密航扱いどころか大歓迎された。つられるように国内の空気も変わる。一躍、時の人になったのは戦後昭和史の伝説だ。冒険や探検を大学などの権威筋が牛耳っていた時代、それとは無縁の一青年の「大志」は、新しい挑戦となって羽ばたいた▼『太平洋ひとりぼっち』を読み直すと、ミッドウェーあたりの記述が印象深い。「夕陽がからだをいっぱいに包む。長い黙祷を捧げました。……多くの海の先輩たちが散っていったところなのだ。……ぼくはいま花束を持っていない。許してください」。戦争の記憶はまだ色濃かった▼振り返るとその年には、国産旅客機YS11が初飛行し、世界最大のタンカー日章丸が進水している。高度成長の矛盾を抱えながらも青年期の勢いがこの国にあった▼73歳になった堀江さんは、4年前にもハワイ―日本を単独で航海した。なお現役の冒険家は、特別なことはせずに記念日を過ごすそうだ。青年の気を忘れぬ人である。懐旧に浸るのはまだ早いらしい。

教師からのヒント
　──：語彙・表現・文法　　──：背景知識　　〜〜：現実の状況
➤（少年よ、）大志を抱け…明治時代、クラーク博士の言葉。
➤出る杭は打たれる…ことわざ
➤冒険航海にパスポートは出なかった／冒険や探検を大学などの権威筋が牛耳っていた時代…1ドルが360円の時代、外貨の持ち出しにも制限があった
➤戦後昭和史…1945～1989
➤ミッドウェー／黙祷／海の先輩たち／花束／戦争の記憶…太平洋戦争の戦場
➤高度成長の矛盾…高度経済成長（1955～1973）、公害問題など

図1　「天声人語」を読む際の教師からのヒントの例

次に、6段落で構成されている「天声人語」の構造に着目し、それぞれの段落のキーワードを選び出し表に記入するという作業を行うことで、段落間の関係を見ていった。表2はその例である。

表2 「天声人語」の構造の分析の例

段落	キーワード	背景の知識・現実の状況など
1	堀江謙一さん　日本　無謀　密航	大志を抱け 出る杭は打たれる
2	94日の航海　きょうで50年 米サンフランシスコ	きょうで50年（きょう＝8月12日、50年前＝1962年）
3	米国　大歓迎　時の人　戦後昭和史の伝説 一青年の「大志」	戦後の昭和（1945〜1989）
4	『太平洋ひとりぼっち』　ミッドウェー　海の先輩 戦争の記憶	太平洋戦争（1942〜1945） 終戦記念日＝8月15日
5	その年　国産旅客機YS11 世界最大のタンカー日章丸　高度成長の矛盾	高度経済成長（1955〜1973） 公害
8	堀江さん　記念日　青年の気	

　「※3」では、①〜③の活動で身に付けた方法を実際に用いた。
　「※4」の活動は、学習者が日本事情についてそのおおよその範囲を知り概観をつかむためのものである。分類するための項目作りでは、国際交流基金の『日本事情・日本文化を教える』[4]にある「日本事情・日本文化のトピック」の図（p.6）[5]を配布し、この図の項目を参考にして「天声人語」のトピックやキーワードを分類するのに適した項目を皆で案を出し合いながら作っていった。その結果、図2のように、大項目として1）出来事・今の社会で起きていること、2）文章を理解するために必要な知識・情報、の二つを作り、その下にそれぞれ七つの小項目を立てた。2）の下の人物という項目には、夏目漱石、手塚治虫、よしもとばなな、佐藤栄作、映画『男はつらいよ』の寅さん、法然などのさまざまな人物名を分類し、言葉・表現という項目には、人口に膾炙したことわざや引用された俳句、「ちゃぶ台返し」「鶴の一声」のような表現、図1で挙げた「大志を抱け」のような言葉を分類した。
　「※5」では、①〜⑤の活動のまとめとして、自分たちの「天声人語」を書いた。条件は、内容では1）最近の出来事やニュースを取り入れること、2）日本事情のトピックに分類されるような内容を入れること、構成では3）文

図2 「天声人語」のトピック・キーワードの分類のための項目

	出来事 今の社会で起きていること						
分野	社会	生活	教育・文化・科学	経済	政治	スポーツ・芸能	国際

文章を理解するために必要な知識・情報							
社会・人文科学	自然科学		自然環境	伝統・芸能・娯楽・スポーツなど	文芸・文学	人物	言葉・表現
社会・政治・経済・教育・歴史・宗教	物理・化学・生物・医学		地理・気候・気象				

字数は600字程度、段落はできれば六つにすることとした。文章作成の過程では教師やクラスメートからのフィードバックを参考にして推敲を重ね、それぞれ深い内容のものが書けた。

3.3 学習者の気づき

学習者は授業全体については「今の社会のさまざまな出来事を知り、専門の勉強に役に立ったと思う」「文章の内容の背景となっている日本や世界の歴史や文化、過去と現在の社会の出来事など、いろんな分野についての知識を実践的に身に付けた」という振り返りがあった。書く活動については「この桜美林版天声人語を真剣に考えているうちに、自分の能力が伸びているのに気が付いた」「いい桜美林版天声人語が書けたことを誇らしく思う」という声があった。今後のことについては「国に帰った後も、この授業でみんなで分析したように、一人でも頑張っていきたいと思う」と述べられていた。これらの振り返りから、この授業の目標はかなり達成できたと考えられる。

4. 終わりに

教師や支援者の役割は、学習者が自分の力で日本事情に関する知識や情報が得られるような方法を学習者に提示することである。このような方法を身に付けた学習者は教室を出ても自立した学習者として学び続けることができるのではないだろうか。

▶ 注

[1]「日本事情」という言葉は、大学設置基準（昭和31（1956）年文部省令第28号）を一部改正した昭和37（1962）年の文部省令第21号の、外国人留学生の一般教養等の履修について設けられた特例と四年制大学長宛ての通知に見ることができる。それによると、外国人留学生の履修科目として、「日本語科目および日本事情に関する科目を置」くこととある。「日本事情に関する科目としては、一般日本事情、日本の歴史および文化、日本の政治、経済、日本の自然、日本の科学技術といったものが考えられる」と説明されている。

[2] 以下のような事例がある。
①中河和子・深澤のぞみ・濱田美和（2003）「留学生の現代日本事情理解のツールとしての映像と「映像読解教育」の試み」『富山大学留学生センター紀要』2, pp.33–44. 富山大学留学生センター
②桑本裕二・伊藤美樹子・宮本律子（2008）「「日本事情」への映像教材使用のありかた」『秋田大学教育文化学部教育実践研究紀要』30号, pp.171–179. 秋田大学教育文化学部附属教育実践総合センター

[3] 筆者の勤務する大学では留学生を対象とした科目にボランティアの日本人学生が参加することを授業担当者が選べるシステムがある。

[4] 国際交流基金（2010）『国際交流基金日本語教授法シリーズ11「日本事情・日本文化を教える」』ひつじ書房

[5] この図では、日本事情・日本文化のトピックは大きく二つに分類されている。一つは「社会生活を知る上で必要な情報」で、下位項目に「対人関係、生活、社会システム、習慣・慣習」の四つが挙げられており、その下に挨拶（あいさつ）、住居、職業、交通システム、年中行事などが置かれている。もう一つは「日本を深く理解するために必要な情報」で、下位項目に「伝統・芸能など、社会・人文科学、自然環境」の三つがあり、その下に「茶道、柔道、祭、アニメ、政治、経済、地理、気候」などがある。

column

短期留学高校生の日本の高校体験での気づき
松田香織

　ヨーロッパから東北地方にあるS高等学校に短期留学生として高校生がやって来た。来日したのは、スロベニア出身のザラさん17歳、イタリア出身のダミ君17歳、イギリス出身のヘレンさん16歳の3人である。3人は、欧州各国の高校生が日本の一般家庭にホームステイしながら約3週間高校に体験入学し、交流を深めながら日本文化に触れることで、日欧間の国際理解と友好親善を促進しようというプログラムで日本を訪れた。

　S高等学校の2年生のHR（ホームルーム）クラスに一人ずつ分かれて入り、日本人高校生たちと1日3コマの教科の授業とともに、清掃、部活動に取り組んだ。授業以外の時間は、図書館で各自の課題に取り組んだ。S高校での生活が始まりしばらくしてから、「自分の国での高校生活と同じところと違うところ」について作文してもらい話し合った。

　まず、3人が共通して話題にしたのは、制服だった。ヘレンさんは「私の学校にも制服があります。風紀検査があります」と校則に従うことに抵抗を示さなかった。ザラさんは「私の学校には制服がありません。毎日、自分の好きな服を着ます」と、制服を「かわいい」が「アレンジできないのがちょっと……」と話していた。ダミ君は「多くの日本の学校には制服がありますが、イタリアの学校には制服がありません」と、制服に興味を持っていたようだが「男子生徒の制服はシンプル。ちょっと窮屈」と述べていた。

　次に、授業時間についての話が出た。

　ヘレンさんは「私の学校では、1コマ1時間半です。日本の授業は短いです」と不足気味と言う。ダミ君は「イタリアの学校は13時半に終わります。部活などもありません」「日本の生徒は、朝から夜まで学校にいます。イタリアの生徒には、趣味のためにたくさんの自由時間があります」と拘束時間が長いS高校の生活に疲れている様子だった。一方で「イタリアでは13時半に終わりますから、昼食は家で食べます。日本では弁当。弁当にいろいろな食べ物がありますから、私は弁当が大好きです」と楽しみもある様子だった。お土産に弁当ボックス（箱）を買って帰ったほどである。ザラさんは

「スロベニアの学校は7時15分に始まって、午後1時に終わります。クラブはありません」と言い、S高校は「始まるのが遅くていいです」と言っていた。しかし、スロベニアでは「学生は昼、休みます」と、実際には30分ほどしか取れないS高校の昼休みが、短くて大変そうだった。また、「スロベニアの学校では食べたり飲んだりしてもいいです。日本の学校では食べたり飲んだりしてはいけません」と自由に飲食できない環境も厳しかったようである。

　日本で生活をしてみて、3人はどのような気づきがあったのだろうか。

　ヘレンさんは、男女の言葉の使い分けや待遇表現の難しさを実感していた。「ずっと日本語で話すことは大好きです」と言っていたが、「ヨーロッパ人は、こんなことはちょっと変だと思うことがありますし、そのときにまた「文化ショック」がありましたし……」と述べ、帰国後の日本語学習の課題を見つけた。

　ダミ君は、日本人の生活スタイルについて、イタリアと日本の考え方の違いに着目していた。彼は「どうして日本人はよく働くのか」「どうして自殺が多いのか」などと考えていたこともあり「3週間ほどの滞在では、はっきり違うところしか知ることができなかったので、理解できていないことがたくさんあることを知った」と言っていた。

　ザラさんは、イギリスやイタリアと違い、スロベニアという、S高校の生徒は出会ったことがない国からの留学生だったため、スロベニアについてさまざまな質問を受けたという。しかし、「自分でも自分の国についてよく分かっていなかったということが分かった。他の国のことを知ることも大切だが、その前に、自分の国のことが分からなければならない」と気づいたようである。最後に、「自分の国のことが上手に伝えられなくて残念だった」と話していた。

　「文化体験」というと、食、ファッション、フェスティバルに注目する傾向にある。3人も、日本に来る前、日本に来た直後は、食やファッションに興

味を示していた。しかし、滞在経験をすることによって気づいたことは、伝え合うことの難しさ、お互いの理解の難しさであった。そして、それを克服するために必要なことは何かと考えさせられた日本滞在であったようだ。

初級文法を教える前に
―「やり・もらい」を例として―

菊池都

1. 教室の日本語と実際の日本語

　いつものように講師室で無駄話をしていたときである。同僚が、ある文法項目が厄介だと話し始めた。「「くれる」は、学習者の母語によっては該当する表現がないため理解させるのが難しい。授業の最後にはなんとかなるが、その過程が大変だ」ということだった。別の同僚は、ある日本語学校の専任講師職に応募して、「くれる」の導入という課題で模擬授業をすることになった。比較のために既習の「あげる／もらう」を提示したとき、主語に「わたし」を用いたことがその学校の指導方針と合わなかったようで、学習者を混乱させるという注意を受けたという。

　授受動詞の研究は古くから盛んに行われているが、決して新人とはいえない日本語教師が導入に困ってしまうくらい、その成果はあまり現場に反映されていないように思う。それはおそらく、いわゆる「教室の日本語」と「実際の日本語」が懸け離れているせいではないだろうか。

　例えば、ある日本語話者のAさんが「父は高橋さんに本を貸してくれた」とBさんが話すのを聞いたとき、すぐ、「高橋さん」は話し手のBさんにとって「お父さん」より近い人だと感じるだろう。「この人の日本語は文法的に間違っている」などとは考えないはずだ。ところが、もし、これが教室内での発話なら、多くの場合、「高橋さん」が誰かという確認は行われないまま「間違っている」と指摘され、訂正されるに違いない。なぜなら、「父は高橋さんに本を貸してくれた」は正しくない日本語だと指導するからである。

2. 教科書の練習

　現場で広く使用されているある日本語の初級教科書では、全50課のうち、

第7課で本動詞の「あげる」「もらう」が、第24課で「くれる」と補助動詞的用法の「〜てあげる」「〜てもらう」「〜てくれる」が導入される。そして、第41課で待遇表現の「やる」「くださる」「いただく」の本動詞と補助動詞的用法が扱われている。
　この教科書には、各国語に翻訳された文法の解説書があり、第7課では、次のような例文が挙げられている。

　　a. 山田さんは木村さんに花をあげました。
　　b. 木村さんは山田さんに花をもらいました。

　実は、このような第三者同士のやりとりは、例文として紹介されているだけである。教科書での練習は「木村さんに花をあげました」「山田さんに花をもらいました」のように、主語を省略した形で行われる。もちろん、省略された主語には特定の文脈がない限り「わたし」が想定される。教師用指導書にも、「わたし」を主語とした文で練習するように留意されている。「わたしに花をあげた」「わたしに花をもらった」のような誤用を避けるためであろう。
　次は第24課の「くれる」の例文である。第三者と「わたしの身内」、第三者と「わたし」との間でのやりとりが紹介されている。

　　c. 佐藤さんは妹にお菓子をくれました。
　　d. 佐藤さんはわたしにクリスマスカードをくれました。

　教科書の練習は、「わたしは佐藤さんにクリスマスカードをもらいました」という文を、例文d.のような「くれる」の文に言い換えるものである。練習は「わたし」を主語にした「もらう」の文からの言い換えのみであるから、「くれる」の文で受け取る人も、当然「わたし」だけである。教師用指導書にも、受け手に身内を置くことも可能としながらも「話し手を中心にした練習にしてある」と明記されている。
　確かに、このように制限された指導を受ければ、「間違った日本語」を身に付けてしまうことは、まずない。授業の到達度を測るためのテストはもちろん、JLPT（日本語能力試験）やEJU（日本留学試験）といった公的機関が実施

する認定テストでも満足できる結果が得られるかもしれない。しかし、前述の日本語話者Aさんのような解釈ができるようになるまでには至らないであろう。

3. 教師用指導手引きの解説

　たとえ教科書の説明や練習が足りなくても、指導者の裁量でいかようにも補うことができるはずである。学習者に分かりやすく、かつ、効率的な授業をするためには、指導する側がその文法をよく理解しておく必要がある。その助けとなるのは、研究や成果をまとめた文法解説書や指導手引きなどである。そこで、一般的によく使われている『初級日本語文法と教え方のポイント』（以下、『ポイント』）、『どんな時どう使う日本語表現文型辞典』（以下、『文型辞典』）、『日本語文法整理読本』（以下、『整理読本』）における授受の本動詞の用法を中心に要点を整理・分類してみた。

(1) 主語／主格

◆ 『ポイント』：「あげる」「もらう」は、話し手（私）、または、第三者を主語とする。「くれる」は話し手（私）以外の人を主語とする。
◆ 『文型辞典』：「あげる」「くれる」はものを与える人、「もらう」はものを受ける人を主語にする。
◆ 『整理読本』：《図解》（図1）

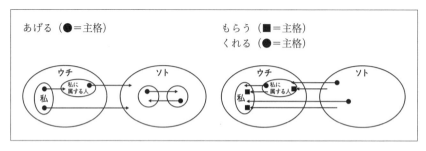

図1　『日本語文法整理読本』（p.128）

(2) 移動／方向
- 『ポイント』：あげる（くれる）人から、もらう人に物事が移る。
- 『文型辞典』：《図解》（図2）
- 『整理読本』：「あげる」は「ウチ→ソト」、「もらう」「くれる」は「ウチ←ソト」と方向が決まっている。

図2 『どんな時どう使う日本語表現文型辞典』（p.24, p.387, p.76）

(3) 助詞
- 『ポイント』：「～が／は～に～を」という助詞が用いられる。「くれる」では、主語を選択する「が」が使われやすい。
- 『文型辞典』：「もらう」は、与える人を表す助詞は「に」でも「から」でもよいが、与える側が人ではない場合（会社・学校・団体など）には、「から」を使う。
- 『整理読本』：「XガYニZヲ アゲル／クレル」「YガXニZヲ モラウ」

(4) 人の関係性
- 『ポイント』：「あげる／もらう」では、「＿＿＿＿に～をあげる／もらう」の下線部に話し手（私）を置くことはできない。「くれる」では、ものを受け取る人は、常に話し手（私）か、話し手（私）のグループの者（ウチの者、家族・会社のメンバーなど）である。
- 『文型辞典』：「あげる」でものを与える人は、「わたし」、または受ける人より心理的に「わたし」に近い関係の人である。「もらう」でものを受ける人は、「わたし」、または与える人より心理

的に「わたし」に近い人である。「くれる」でものを受ける人は、普通「わたし」か「わたし」の親族・仲間だけである。
- ◆『整理読本』:《図解》(図1)

(5) 視点
- ◆『整理読本』:「あげる」は与え手、もしくは、中立に視点があり、「もらう」「くれる」は受け手に視点がある。

　指導書によって言い回しに違いはあるものの、本動詞としての用法では、「主語／主格」「移動／方向」「助詞」「人の関係性」の4点が指導の上で押さえられるべきポイントとして考えられていることが分かる。『整理読本』では、さらに「視点」についても言及されている。便宜上、「〈人1〉は、〈人2〉に〈もの〉をあげる／もらう／くれる」という構文を使うと、(1)〜(5)は、以下のようにまとめることができる。

① 主語／主格:「あげる」「くれる」は「ものを与える人」、「もらう」は「ものを受ける人」が〈人1〉に入る。
② 移動／方向:「あげる」「くれる」は「〈人1〉→〈人2〉」、「もらう」は「〈人2〉→〈人1〉」の方向にものや事柄が移動する。
③ 助詞:「〈人1〉は／が、〈人2〉に〈もの〉をあげる／もらう／くれる」「〈人1〉は／が、〈組織〉から〈もの〉をもらう」のように用いられる。
④ 人の関係性:「あげる」「もらう」では〈人1〉に、第三者、もしくは、「わたし」、または〈人2〉より心理的に「わたし」に近い関係の人、「くれる」では〈人2〉に「わたし」、または〈人1〉より心理的に「わたし」に近い関係の人が置かれる。
⑤ 視点:「あげる」は〈人1〉もしくは「中立」、「もらう」は〈人1〉、「くれる」は〈人2〉に視点が置かれる。

　おそらく導入や練習に①〜④を盛り込み、作文や会話などの活動に表れた学習者の表現に対し、必要があれば⑤に関するフィードバックが行われるの

が標準的な指導方法であろう。しかし、「2.」で見たように、教科書では部分的な「人の関係性」しか練習しないため、「視点」に意識が向けられることはまれである。そのため、「教室の日本語」と「実際の日本語」の間に溝が生まれるのである。このような偶然に産出された学習者の誤用を訂正する以外に、授受表現の「視点」を指導する方法はないのだろうか。

4.「ウチ」と「ソト」

視点とは何か。それは、話し手の立場表明のようなものである。例えば、e.「先生は学生を怒った」と、f.「学生は先生に怒られた」は、どちらも「怒った人＝先生」「怒られた人＝学生」という同じ事象を表しているが、e. はただ事実を語っているのに対し、f. は学生側に立って事実が語られている。e. の視点は中立だが、f. は話し手の視点が学生側に置かれているのである。学生側に置かれた視点は、話し手が意図する・しないにかかわらず、話し手の学生に対する共感が聞き手に伝わることになる。

下の表は、『整理読本』（図1）の「私に属する人」を「母」、「ソト」を「隣人」と仮定して構文化したものである。「方向／視点」列には、ものの移動の方向を矢印で示し、四角で視点を囲んだ式を記した（表1）。

表1 「構文と式」

	主格／助詞／人の関係性	方向／視点
あげる	〈隣人1〉は、〈隣人2〉に　土産をあげる 〈隣人2〉は、〈隣人1〉に　土産をあげる	ソト → ソト 中立
	〈私〉は、〈母〉に　土産をあげる 〈私〉は、〈隣人〉に　土産をあげる 〈母〉は、〈隣人〉に　土産をあげる	私 → 私に属する人 私 → ソト 私に属する人 → ソト
もらう	〈私〉は、〈母〉に　土産をもらう 〈私〉は、〈隣人〉に　土産をもらう 〈母〉は、〈隣人〉に　土産をもらう	私 ← 私に属する人 私 ← ソト 私に属する人 ← ソト
くれる	〈母〉は、〈私〉に　土産をくれる 〈隣人〉は、〈私〉に　土産をくれる 〈隣人〉は、〈母〉に　土産をくれる	私に属する人 → 私 ソト → 私 ソト → 私に属する人

式の左側の項は主格である。矢印の方向によって「あげる」「くれる」は主格から、「もらう」は主格へとものが移動することが分かる。また、「ソ

ト」には視点を置かない、つまり、共感を示せないことも分かった。

この式に従って「父は高橋さんに本を貸してくれた」という文を検証してみる。「くれる」の式は「私に属する人→私」「ソト→私」「ソト→私に属する人」の3パターンであるから、「父→高橋さん」の関係がいずれかに当てはまるはずである。まず、「父」は「私に属する人」であるが、「高橋さん」は「私」ではない。ならば、「高橋さん」を「私に属する人」と仮定すると、「父」は「ソト」ということになってしまう。これは、どういうことだろうか。

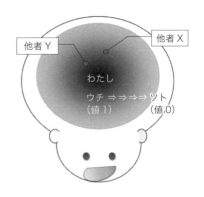

図3 「ウチとソトの概念図」

久野（1978）は、共感の度合いである「共感度」を「値0（客観描写）から値1（完全な同一視化）迄の連続体」であると考えた。図1を見ると、ウチとソトには、はっきりとした境界線がある。しかし、人が認識できるソトとは、本来、久野が指摘するような「共感を示しうる連続体の一部」にすぎない。「わたし」は、常に中心に位置して世界を認識する主体、すなわち、最もウチにある存在であり、「ソト」とは、「わたし」の周辺に存在している全ての他者である。つまり、ソトがウチになることも、ウチがソトになることも可能なのである（図3）。

他者同士の関係性は、絶対的なものではなく、話者の心理状態によって変化する。例えば、図3では、「他者X」が外側で、「他者Y」が内側に位置しているが、一方が自分の親で、他方が配偶者であるとしたら、内側にいるのはどちらだと考えるだろうか。もちろん、正しい答えなどない。答えは、人によって、また、同じ人であってもその時の心情によって変わるのではないだろうか。どちらがより自分に近い存在であるかは、主観的で直感的な判断なのである。

心理的、主観的、直感的に「わたし」に近い方を「ウチ」、遠い方を「ソト」と呼ぶこと、「わたし」は最も「ウチ」であるということを確認した。これを踏まえて表1の式を捉え直すと、次のようになる。（表2）

表2 「式（方向／視点）の比較」

	表1の式	新しい式
あげる	ソト → ソト 中立 私 → 私に属する人 私 → ソト 私に属する人 → ソト	ソト → ソト 中立 ウチ → ソト ウチ → ソト ウチ → ソト
もらう	私 ← 私に属する人 私 ← ソト 私に属する人 ← ソト	ウチ ← ソト ウチ ← ソト ウチ ← ソト
くれる	私に属する人 → 私 ソト → 私 ソト → 私に属する人	ソト → ウチ ソト → ウチ ソト → ウチ

　新しい式では、表1の本質を抽出することにより、式が単純化されて明確な方向性が示せている。「あげる」は両親や第三者同士など共感度が等分である場合に中立の視点を持てるが「もらう」「くれる」はどちらかに共感を示さなければならないこと、また、共感はウチに対して抱くものである、ということも再認識できた。

　再び、「父は高橋さんに本を貸してくれた」という文を検証してみよう。「くれる」という動詞が使われているので、「父→高橋さん」という式が成り立つ。「父」はソトで、「高橋さん」はウチである。つまり、日本語話者Bさんは、発話時に「父」ではなく「高橋さん」に視点を置いた。これにより、Bさんが共感を示すのは「高橋さん」であることが、Aさんに伝わることになったのである。

　牧野（1996）は、相手によって変化する待遇表現性の高い日本語の人称を表すために、話し手が発話時に心理的に自分のウチの人だと認知するかソトの人だと認知するかによって決まる「ウチ人称」「ソト人称」という文法用語を採用すべきだと述べている。この用語が一般化すれば、「〈ソト〉は、〈ソト〉に〈もの〉をあげる」「〈ウチ〉は、〈ソト〉に〈もの〉をあげる」「〈ウチ〉は、〈ソト〉に〈もの〉をもらう」「〈ソト〉は、〈ウチ〉に〈もの〉をくれる」という構文で表すことも可能となろう。

5.「やり・もらい」の準備活動

　日本語の授受動詞は、単なるものや事柄の移動のみだけでなく、話し手が

与え手と受け手のどちらを自分に近い存在であると思っているかまでもが聞き手に伝わる表現である。「初級の段階だから」といって、教科書の練習に終始していたのでは、「教室」と「実際」の壁を越えることはできない。

　授受動詞を、単なる文法理解にとどまらせないために、「導入→練習→活動」という通常の流れを少し変えて、「準備活動→導入→練習→活動」という授業の組み立てを提案したい。例えば、準備活動とは「ウチとソトの概念図」（図3）を理解してもらうための活動である。「日本語を話す人の脳」のような奇抜な設定で、二人の人間のどちらを「ウチ」と見なすか、各自の心理が可視化できるような遊び心のある活動がいい。活動を通して、日本語学習に対する意識が「形と意味」の理解から、言葉を話す「人」へと向けられるようになることが期待される。

　あるクラスに、たまたま出身国が同じで、年齢も近い同性の留学生がいた。「他者Xと他者Y」の質問をしたとき、一人は「親！」、もう一人は「夫！」と同時に叫んだ。二人は驚いたように顔を見合わせ、クラスメートを巻き込んで、日本語を学んでいなければきっと一生気づくことのなかった「違い」について話し合う機会を得た。言葉を話す「人」とは、案外、すぐ隣にいるのかもしれない。

　以上、わたしの初級授業における準備活動のための思考過程の一端を記した。

▶ **引用文献**

『みんなの日本語 初級Ⅰ翻訳・文法解説』スリーエーネットワーク

▶ **参考文献**

市川保子（2005）『初級日本語文法と教え方のポイント』スリーエーネットワーク
久野暲（1978）『談話の文法』「第2章―視点」大修館書店
友松悦子・宮本淳・和栗雅子（2007）『どんな時どう使う日本語表現文型辞典』アルク
名柄迪（監修）（1994）『日本語文法整理読本』バベル・プレス
牧野成一（1996）『ウチとソトの言語文化学』「第7章―共感ヒエラルキーのシンタックス」アルク

column

ロシア語話者の日本語発音
池田亜季子

　母語との違いにより、外国語学習においては、習得面に影響が表れてしまうという事実がある。ロシア語話者の場合、やはりロシア語の影響による日本語発音が見られる。

　一般的な傾向として、ロシア語話者の日本語発話における母音の特徴は、日本語の「う」の音は非円唇音（口を丸くとがらせず、横長になっている状態）だが、ロシア語話者の場合は円唇音化（口が丸くとがっている状態）されてしまい、やや強い音に聞こえる。子音では、ら行が巻き舌になってしまうという問題がある。長音「おばあさん」の「ばあ」は短くなり「おばあさん」が「おばさん」、撥音「ん」がはっきりと発音されず「本（ほん）を」というべきところが、「ほの」と聞こえる。促音「っ」を、単語の最初の拍の後に入れてしまう傾向もある。例えば、「じしゅう」（自習）が「じっしゅう」（実習）となる。

　これらの特徴に加え、ロシア語の影響が日本語発話において、最も表れていると思われるのは、アクセントである。日本語とロシア語のアクセントの類型は異なる。日本語は、音の高低から成るピッチアクセント言語、ロシア語は音の強弱から成るストレスアクセント言語に属する。

　ロシア語話者の場合、全ての単語、全てのロシア語話者に当てはまるわけではないが、平板型アクセントが起伏型（頭高型あるいは中高型）になってしまうという傾向がある。また、文末や助詞のところで下がる傾向がある。そして、単語レベルでは、正しい高低アクセントを発話することができるが、長い節、あるいは文レベルの発話では、正しいアクセントで発音できなくなることがある。以下に、一例を挙げる。

（共通語アクセント）　　あの　おんなの　ひとは、どなたですか。
（ロシア人による発話）　あの　おんなの　ひとは、どなたですか。

　ロシア語話者による日本語発音の研究は少なく、明らかになっていない点が多々ある。今後、対照言語学、第二言語習得などの観点から、ロシア語話者の日本語発音の研究が進み、教育現場での発音指導に応用されることが期待される。

多文化共生時代に必要な日本語学習の環境

丸山伊津紀

1. はじめに

　多文化共生という言葉は当たり前のように日本社会に浸透しているように思えるが、美しい理想というイメージで、現実との差があるのも事実である。2012年3月発行の「横浜市・地域日本語教室事例発表会報告書」にある石井理恵子氏の基調講演「多文化共生社会作りを目指す日本語教室を考えよう」の内容にあるように、多文化共生社会の実現には「摩擦や衝突というものがたびたび起こる。それを何度も経験して、その経験の中からいろいろな方法を学び、解決の努力を重ねていく」必要があるといえる。お互いを理解するための話し合いに必要なのが共通の言語であり、日本社会では日本語力ということになる。

　ここでは、ある地域で活動するNPOの日本語教室を紹介し、多文化共生時代に必要な日本語学習の環境について考えてみる。

2. あるNPOの日本語教室〜ボランティアでも有料のレッスン

　ここで取り上げるNPOの特徴はボランティアの日本語教室は"無料"という常識を破り、ボランティア精神で"有料"のレッスンを実施していることである。一般的な日本語学校とも違い、無料のボランティア教室とも違う、第3の道を自分たちの手で、というのが設立時からのスローガンとなっている。プロの日本語教師のレッスンを低価格で受講できるという魅力を武器に、時間的、経済的に日本語学校に通うのは無理というビジネスパーソンや、自分に合ったスタイルや内容で勉強したいという多様な人々に、10年以上支持されている。

　2000年からボランティア団体として活動を始め、2001年にNPO法人を取得し、2013年には認定NPO法人となった。法人を取得した理由を一言で

いえば、信用を得て継続的に運営できる体制を整えるためである。自分たちのような存在の日本語教室を必要としてくれる学習者がいる限り、存在し続けることが責務だからである。

NPOというと、「非営利」という言葉からもうけてはいけないと勘違いされがちだが、それは大きな誤解である。もうけたお金を一部の人間で山分けするのは営利目的になるが、人件費も含めた事業に還元することは非営利である。逆に言えば、どんどんもうけて事業を発展させることはNPOという組織継続のためにも重要なミッションとなる。

3. 多種多様な学習者

過去の学習者は累計700人以上になるが、ここでは最近6年間（2008年度から2013年度2月現在）、計193人の新規日本語学習登録者の情報から分かる学習者の傾向を記す。

まず、男女の割合で見ると、男性が111人、女性が82人と、大きな偏りはない。年代別では、10代が10人、20代が94人、30代が74人、40代が13人、50代が2人と、働き盛りが中心である。

次に、資料1の職業別の割合から分かるのは、エンジニアと会社員で5割を超えること、学習者全体のうちビジネスパーソンが7割強を占めることである。また、3位の主婦や5位の学生の場合も、ニーズの多くは就職を目的

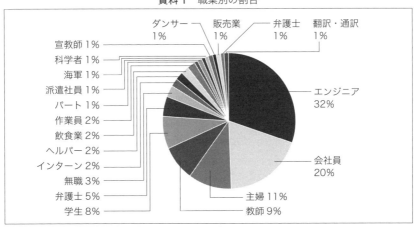

資料1　職業別の割合

としたものであることも特徴的である。

　資料2から分かることは、中国や韓国などのいわゆる漢字圏の学習者より、非漢字圏の学習者の割合が多く7割を超えることである。特に2012年からはインド国籍の学習者の増加が著しく、非漢字圏のうち36％がインド国籍である。その後には、英語教師が多い米国籍が16％、介護士・ヘルパーが多いフィリピン国籍が11％と続く。学習者の国籍の変遷は、その時代の日本社会、経済動向に大きく左右されることも確かにあるが、学習者同士の口コミによる影響も大きい。日本でのインド人コミュニティーの強さが数字に表れているといえる。

資料2　国籍別ベスト10と漢字圏・非漢字圏の割合

　資料3は、登録時の学習者の希望レッスン内容の割合である。希望する内容は複数あることが多いため、希望1と希望2をデータとした。
　ここでは、このデータを基に特徴的な学習者の例を紹介する。

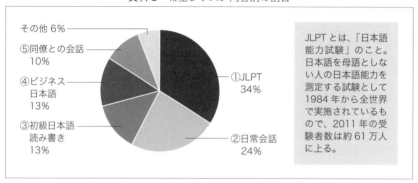

資料3　希望レッスン内容別の割合

JLPTとは、「日本語能力試験」のこと。日本語を母語としない人の日本語能力を測定する試験として1984年から全世界で実施されているもので、2011年の受験者数は約61万人に上る。

Aさん【日本企業で働くインド出身者】①・②
まずは会社や生活場面で、日本人と日本語で会話ができるようになりたい！ それと同時に、JLPTをN5レベルから順番に受けて合格して、スキルアップしていきたい！

Bさん【翻訳業の英国出身者】①
JLPTのN1レベルに合格すれば就職にも有利！
でも、語彙（ごい）や文法は独学でできるし点数も取れるけど、読解問題で点数が取れなくて足切りになったんだ……

Cさん【介護施設で働くフィリピン出身者】③
日本の生活は10年ぐらい。もう生活するには困らないけど、仕事のときには日本語の読み書きが必要になるし、文法がちゃんと分かっているわけじゃないから、一から勉強し直したい……

Dさん【日本企業で働く中国出身者】④⑤
会社で思うように自分の日本語が伝わらなくてもどかしい……プレゼンにも自信がないし、お昼ご飯のときの日本人との会話は特に苦手。話についていけないけど、どうしたらいいの……

4. ライフステージにより変化する日本語学習ニーズ

　資料3から分かることはもう一つある。それは学習者の日本語ニーズが多種多様なのは、人によって異なるからだけでなく、同じ人であっても日本での生活が長くなることでニーズが変化するためである。

　来日直後の時期は、Aさんのように日本での生活のために必要な初級会話を希望することが多いが、生活日本語に困らなくなるとBさんのように日本語能力試験（JLPT）に合格することで仕事のステップアップにつなげようとする傾向がある。そして日本人と対等に仕事ができる状況においては、Dさんのようにさらに自分の日本語力に磨きをかけることを望み、または会社から求められてやってくるのである。一方で、日本人と結婚するなどして日本の生活が長いCさんのように主に耳から日本語を習得した人は、いざ働こうとしたときに読み書きが必要になり困っているケースが多い。いわば「やり直しの日本語」といった種類のニーズである。

5. 自分たちの日本語教室の特質と役割

　日本語を学ぼうと考える学習者にとって大切な環境は何だろうか。筆者は選択肢が複数あることだと実感している。

　Aさんのように来日直後に必要な日本語は、お金と時間に余裕があるなら日本語学校を選ぶだろうし、お金はないが時間はあるなら無料のボランティア教室を選ぶ。そのどちらでもないケースの学習者が、自分の可能な時間に割安な料金の日本語教室の存在を必要としているのである。

　また、日本語レッスンの内容面での役割としては、個別に特化した日本語学習に対応できることであろう。Bさんの場合なら非漢字圏の読解問題対策、Cさんの場合なら抜けている部分を見極めたり化石化した癖を意識したりしながら根気強く読み書きする日本語、Dさんの場合なら仕事に直結するビジネスセンスや日本語を鍛えるといったことである。

　これらの日本語学習ニーズは学習者にとって切実なものであり、時には人生を左右することもある。レッスン料をいただくということは、甘えの許されない状況に日本語教師を追い込むことにもなるが、それは、学習者と対等に向き合える関係でもある。

6. 現場の日本語教師に求められる姿勢

　多文化共生時代に求められる日本語力は多種多様であるが、日本語教師にも得手不得手、好き嫌いがあり、一人の人間は万能ではない。「初級レベルの読み書きを指導するのは得意だけれど、会話レッスンは苦手で何をどうすればいいのか分からない……」「ビジネス日本語といっても、敬語や電話の応対、メールのやりとりなら何とか対応できそうだけれど、プレゼンは無理！」など、これらは実際によく耳にする現場の日本語教師の生の声である。では、どうすればいいのだろうか。

　一つは、自分の得意な分野をさらに磨き上げる方向性であり、もう一つは自分の得意分野の引き出しを増やすために新しい分野を開拓する方向性であろう。いずれの場合も、成長し続ける姿勢が欠かせない。そして、一人で実践するよりも同じ課題を持つ仲間とディスカッションしながら取り組むことにこそ意義があると経験から実感している。そのため、2013年度に次の三

つのプロジェクトを立ち上げた。

「初級会話」「ビジネス会話」「JLPT 読解」の三つである。この三つに絞ったのは、ビジネスパーソンからの要望が多い内容であり、かつ現場の日本語教師が苦手意識を持つことが多い内容だからである。

7. 三つのプロジェクトチームの結成

【活動内容】
1. チームごとの課題を明確にして共有する。
2. 共有できる教材を作成する。レッスンを企画する。
3. 教師間の交流を深め、学び合い成長できる場とする。

1. 初級会話	入門レベルの会話レッスンを希望する人向け ・イラストや写真や例文を学習者対応にするとは？ ・レッスン目標を "CAN-DO" にするとは？
2. ビジネス会話	中上級レベルのビジネスパーソン向け ・日本の企業で求められる日本語運用力とは？ ・学習者から信頼されるビジネス対話講師とは？
3. JLPT 読解	非漢字圏の受験者向け ・試験で求められる読解力とは？ ・第二言語としての日本語の読解と指導法とは？

　各チーム、平均月1回のミーティングを重ねることで、レッスンやカリキュラム、教材などが形になりつつあり、成果は当初の想像以上である。もちろん、途中で頓挫しそうになった場面や、方向性を見失いそうになった場面など紆余曲折もあったが、それもまた必要な体験であったと実感している。これらの過程で実際に起きた実例を基に考察する。

8. 日本語教師の学びのプロセス

[実例1]：初級会話プロジェクトチームの展開
〈メンバー8人／計18回〉
【理解期】1～7回目（4～7月）
　時にはプロジェクトのミーティングは1時間で切り上げ、各自のレッスンを紹介したり意見交換をしたりする場面もあったようだ。教師相互の学び合

いが自然に起こったことが何より意義あることだと考える。

【転換期】8〜16回目（9〜2月）

あるきっかけから日本への赴任者の家族が日本語や日本文化に触れる機会を提供できる場を企画することに話が進んだという。"ENJOY JAPANESE 鎌倉"という、観光と日本語レッスンをセットにした2日間の企画である。事前にメンバーで鎌倉へ下見に行き、コース・場面を設定した上で必要な日本語会話のレッスンを計画した。1日目：教室でサロン形式の会話レッスン⇒2日目：いざ鎌倉へ日本語実践の観光、といった流れで実践された。

【展開期】17〜18回目（3月）

2日間の実践レッスンの振り返りから、今後の展開として「サロン形式で自由に会話できる場所」の必要性を感じたという。なぜなら学習者が一番楽しそうに盛り上がったからだとのことである。仕事の場面では日本語を積極的に話す機会がないのも理由だろう。観光とは切り離し、自由に日本語で話せるサロンを定期的に開催することを企画している。

〈考察と今後の展開〉

当初の目的は、通常の初級レッスンにおいて会話力を鍛える方法を検討することにあったが、結果的に異なる方向への展開となった。しかし、プロジェクトメンバーの実践からつかんだ学習者の自由会話ができる場面設定のニーズは意義あるものだと考えられる。

今後は、この方向性を継続するとともに、当初の目的だったレッスン内での初級会話力についての検討も進めていきたい。

実例2：ビジネス会話プロジェクトチームが共通理解に至るまで
〈メンバー5人／計13回〉

前半は「ビジネス会話」という言葉からイメージするレッスン内容がメンバーによって異なるため、レッスンの対象者や目的を共有するための作業に時間がかかったようだったが、この時間は重要だった。

第1段階は対象となるレベルの検討である。ある人は初級文型をビジネス場面で使うイメージであり、ある人は日本人社員と対等に渡り合うレベルで求められるビジネス日本語のイメージであった。どちらも存在するが、今回のプロジェクトチームの目的はテキストが存在しないために対応が難しい後

者への対応を考えるということで合意を得た。

第2段階で検討されたのは、レッスンを企画する際、ビジネス場面で大切な文法が先にあるのか付随的に発生するものなのかという点である。後者のイメージでスタートしたが、文法中心の日本語レッスンの経験が長いと、考えを切り替えるのは難しいことが分かった。

第3段階で検討されたのは、会話なのか対話なのかという点である。ビジネス場面特有の対外交渉をイメージすると対話の方が適切だが、それに限定しない同僚との会話も入るのであえてビジネス会話とした点を共有した。また、ビジネス日本語とすると日本の商習慣や敬語のイメージが強くなる上、書き言葉も入るが、それよりも口頭表現のスキルアップを中心に考える機会にすることも重ねて確認した。

〈考察と今後の展開〉

ビジネス場面で必要とされる日本語のイメージは個人差が大きいので、対象とする学習者や目的とする方向性を共有することに時間をかけることは大切なことである。いわゆるビジネス日本語も初期段階では必要かもしれないが、企業により異なることも多いものなので、同僚や上司と上手にコミュニケーションできるようにすることも今後の課題である。

9. 終わりに

各プロジェクトは2014年度も継続中である。また、プロジェクト間の移動や複数の参加も自由である。各日本語教師が自分の得意分野に自信をつけ、さらなる得意分野を開拓することで引き出しを増やす努力を続けていけたら、多様な学習者の希望に適切に応えられるに違いない。

多文化共生時代に必要な日本語学習の環境は、学習者が自分の時間やお金と相談しつつ、自分の目的に応じた日本語が学べる場所を複数の選択肢から選べることである。そのためには、地域の日本語教室は自分たちの特質を見極めることが重要であり、日本語教師には成長し続ける姿勢が求められている。

column

外国につながる子どもの母語支援教室
尹チョジャ

　筆者は公立小学校で日本語国際教室の担任となり、7年間外国から来た子どもたちに出会ってきた。そしていろいろな課題があることに気が付いた。滞在年数が長いほど学校の成績が悪くなる傾向が見られることや、日本語を学ぶことを無意識に拒否する子どもがいることなどである。母語と母文化が役に立たないと感じたり、アイデンティティーが傷つけられたりする子どもたちがいた。自分の意思ではなく親に連れられて来日しているケースが多いので、いきなり日本に来て、母国の文化習慣、食事から引き離され自己喪失感を感じているのではないかと推測された。母語（日本生まれの場合は第一言語が日本語となるので、親から受け継ぐ言葉を含む）の停滞→喪失は、家族の意思疎通を失い、親子間に精神的な隔たりを生んで社会的事件に発展することさえあるのではないか。

　学力を支える母語の土台が弱いため、抽象的思考や教科学習に支障を来しているケースに幾度か直面した。また、母語の喪失によって母語しか話せない家族との意思疎通が困難になったり、学校生活や教科学習で生じた質問を相談できないまま学力不振になったりする。その結果学校の友だちとの会話能力が不足して、排除されたり差別的な言動を受けたりする場合もある。さらに怠学傾向や不登校になるケースもあった。日本語しかできなくなることは問題で、不幸なことではないかと考えた。

　私が「子どもの中国語教室」を開設したのは2009年のことである。6年生となった中国から来た子どもたちが卒業を控えて、将来「中国と日本をつなぐ人になりたい。交流を助ける仕事をしたい」という希望を述べるのを聞いたのがきっかけだった。そこで「そのために中国語の力を落とさないようにするにはどうしたらいいか」と話し合った。

　中国語の能力を調査したところ、日本語の習得と反比例して母語を忘れてしまっている子どもが多かった。母語能力の停滞を防ぎ、少しでも向上する場が必要だと考えた。日本生まれの子や小さい時に来日して中国語がほとんどできない子たちを、6年生たちが声を掛けて集めると、卒業生や他校の

子も含め 15 人の児童が集まり、月に 2 回、土曜日の「子どもの中国語教室」が発足した。ボランティアで中国語を教えてくれる先生を探し、中国の学校で使われている教科書をかき集めて教材とし、他校の日本語教師や友人に頼んで運営と学習サポートに当たった。
　開設後、最初の授業では「なぜ中国語が話せなくなったか」「それはどんなことで困るか」、また中国語を維持して「日本語と両方ができるとどんな良いことがあるか」について話し合った。実際に通訳や旅行ガイドなどの仕事に就いて、中国と日本の間を行き来したり友好のために働いたりしている先輩を紹介した。
　その時自分が中国語を忘れたために、中国の大切な親戚と電話で話すこともできず、悲しい思いをしたと語ってくれた子どももいた。また 2007 ～ 08 年の冷凍ギョーザ事件で、クラスで「中国に帰れ」と言われた経験など、困っていることなどをみんなで共有し、話し合って解決する場が持てるようになった。自由で親しい仲間作りが広がっていった。また、絵本や紙芝居を使った活動で中国文化を学び、中国の遊びを伝承し合うなど、文化への興味も深まった。結果として、母国中国とのつながりが大きく増したと考えられる。一時里帰りやインターネットによる中国の友だちや親戚との交信などがその例である。
　外国から来た子どもたちのアイデンティティーはいつも大きく揺さぶられている。養父が日本人の家庭の子どもやダブルの子は「日本人になりたいから中国語は要らない」と言った。中国名をからかわれた負の経験から中国人であることを隠そうとする子どももいた。日本社会で差別や同化圧力に抵抗する必要もあった。差別体験を共有し一緒に考えを語る中で、自信を持ち活発になっていった。例えば高校入試の際「将来の夢」を中国人としての自覚をもって描いた M の例がある。M は「日本語がうまくできず、学校での勉強は面白くなかった。これからはしっかり勉強して、将来は中国と日本の交流のために働きたい」という力強い抱負を後輩たちの前で語り、面接でそれ

を語って専門学校に合格した。
　母語教育は、移動する子どもの権利とは考えられないだろうか。教育行政に位置付けて積極的に支援してもらいたい。また日本語教育における母語の活用は、子どものアイデンティティーに関わることとして、積極的に進めるべきだと考える。

目が不自由な留学生の日本語学習

浅野有里

「目が不自由な外国人の学習者に、日本語を教えるとしたら」と考えてみたことがあるだろうか。授業の中で、黒板やホワイトボードへの板書、言葉の絵カードや文字カードなどの使用はかなり制限される。また、学習者は真っ白な厚い紙に、ぼつぼつと点が並んでいる点字の教科書を使っている。目の不自由な学習者が日本語を学ぶのに、教師は何に留意し、どのように指導すればよいのだろうか。現在日本で学んでいる留学生がどのように日本語を学び、習得しているのか、来日間もない留学生の日本語研修の様子と、研修を終え、日本で進学している留学生へのインタビューの声とを併せて考えていきたい。

1. 視覚障害と点字

　日本国内の視覚障害者に関する統計は、厚生労働省「身体障害児・者実態調査」、内閣府「障害者白書」や医師会による調査があり、視覚障害者のおよそ2割から3割が盲、7割から8割が弱視といわれている。視覚障害は、光も感じない状態（盲）と見えにくい状態（弱視）に大きく分けられるが、その程度は人によってさまざまである。その定義は医学、教育・福祉など分野によっても異なり、青柳・鳥山（2012）は教育領域において「点字を使って学習・生活する人や状態を盲、普通の文字を使って学習・生活する人や状態を弱視とすることが妥当である」としている。点字に対し、紙に書かれた文字や印刷された文字を「墨字」というが、弱視者は一般の検定教科書の文字、図、イラストなどを拡大して複製した「拡大教科書」や、拡大鏡や拡大ソフトなどを利用しながら、墨字を使って学ぶのである。また、視覚障害者に対し、一般に視覚に障害のない人のことを晴眼者という。

　現在、日本に滞在している視覚障害を持つ留学生は盲または強度の弱視で、点字を使って学んでいる。点字は六つの点の組み合わせで文字や数字を表す視覚障害者の文字である。六つの点を使うのは世界共通であるが、各

国の言語が違うように点字も言語によって異なる。日本語の点字は五十音の仮名で表す表音文字であり、墨字と違い、平仮名、片仮名の区別がない。また、表記法や升の空け方など、墨字とは少し異なるルールを持つ。例えば、助詞の「は」「へ」は「ワ」「エ」と書き、「う」などで表す長音は「ー」で表す。「私は日本語を勉強する」を点字で書くと「ワタシワ　ニホンゴヲ　ベンキョー　スル」となる。

2. 社会福祉法人　国際視覚障害者援護協会
（IAVI: International Association for the Visually Impaired）

　1971年、視覚障害を持つ4人の留学生によって、国際視覚障害者援護協会（以下、IAVI）の母体となる国際盲人クラブ（ICB: International Club of the Blind）が設立された。留学生は、自分たちが得た日本での学びの機会を、教育環境、就労機会に恵まれない国々の若い視覚障害者にも提供したいという思いから、1981年、奨学制度を創設した。この制度で、これまでにアジア、アフリカなど19の発展途上の国・地域から、約80人の奨学生を受け入れている。現在は毎年2人の奨学生の受け入れと、視覚障害者の国際交流に関する支援活動を行っている。

　奨学生は来日後、IAVIで6カ月の日本語・日本点字研修と生活訓練を受け、各地の特別支援学校の職業課程理療科などに進学して理療（あん摩・マッサージ・指圧、はり、きゅう）を学んでいる。そして、帰国後はその技術を生かし、経済的に自立するとともに、自国の視覚障害者の自立支援の指導者として活躍することが期待されている。奨学生は書類審査と日本語・日本点字の習熟度などから選抜される。母国での日本語学習は、現地の日本語教室に通うこともあるが、多くはIAVIの元奨学生である同国の先輩が、日本留学の助言なども含め、日本語や点字の学習をサポートしている。また、現地に滞在している日本人ボランティアやマッサージ講師などから学ぶこともある。よって、多くの奨学生は日本語能力試験N5からN4程度の初級の日本語レベルで来日することが多い。

　奨学生は毎年9月末または10月初頭に来日し、翌年の3月まで、IAVIの事務所兼研修施設（板橋区）に滞在し、日本語・日本点字研修と歩行訓練、生活訓練を受ける。この期間に進学先となる特別支援学校の受け入れ相談や

入学試験が行われるため、日本語でのやりとりが必須となる。また、半年後には日本人と共に理療に関する専門科目を学ぶことになるため、この半年間で、できるだけ日本語の語彙(ごい)や表現を増やしておかなければならない。そのために初級の語彙や文型はもちろん、点字の読解や書き方の正確さや速度も上げなければならず、日々の授業はかなりのスピードで進んでいる。すでに進学した留学生も日本語研修は「速くて大変だった」と振り返っているが、進学先では日々の授業が忙しく、日本語学習にまとまった時間が取れないため、「貴重な時間であった」とも述べている。

　日本語および日本点字の授業は毎日午前と午後、日本人講師が交代で行っている。授業は直接法、つまり日本語で行われているが、必要に応じて、語彙や文法の対訳音声教材が協会関係者の協力で作成される。教材は『みんなの日本語』が使われ、留学生はその点字版で学習しており、その他に聴解練習などが自習課題として取り入れられている。また、授業で学んだ語彙や文型を使っての日本語点字の作文や読解の授業もあり、日本語点字の講師が担当している。

　週末には白杖(はくじょう)を使い、点字ブロックを頼りに街を歩いたり、交通機関を利用して移動したり、身の回りのことが自力でできるよう、専門家による歩行訓練、日常生活訓練がマンツーマンで行われている。また、研修期間中には地域や社会福祉団体のイベントなどにも積極的に参加し、交流や日本理解を深めている。

3. 特別支援学校での学び

　現在、約10人のIAVI奨学生が、都内を中心に各地の特別支援学校で学んでいる。しかし、留学生枠の特別入学試験を設けている学校は1校で、その他は個別相談後に受験の可否が決まる。試験内容も判定基準も学校によって異なるので、その対策も難しい。2007（平成19）年度学校教育法に「特別支援教育」が位置付けられ、以前の「盲学校」「聾(ろう)学校」「養護学校」といった一つの障害種に対応した学校の枠組みから、「特別支援学校」として、地域のニーズに応じて複数の障害種に対応できる学校制度に移行した。言い換えれば教員にも多様な対応が求められるようになり、現場では「留学生にまで手が回らない」という現状もある。また、（視覚）特別支援学校のほとんど

には寄宿舎があり、留学生もそこで生活しながら学ぶことになる。しかし、学校によっては、週末や長期休暇に寄宿舎が閉舎となる所もあるので、留学生にとってはホームステイ先の確保も必要となる。こういった状況は年々厳しくなっており、近年、奨学生の進学先決定も困難となってきている。

　来日後半年で、日本人と机を並べて専門科目を学ぶのであるから、勉強の難しさやその苦労は容易に想像できるだろう。それでもなんとか進級し、実習にも参加し、3年次には日本人の学生と同様に国家試験に臨み、合格者も出ているというのは、留学生本人の並大抵ではない努力と周囲のサポートの成果であるといえるだろう。

　その中で、留学生が口をそろえて「一番難しい」というのが「生理学」や「解剖学」の授業である。人体各部の名称や骨、神経の名称など、専門用語が並ぶ科目が特に難しいという。例えば、「シコツ」と聞いても、または点字を読んでも、何を指すのか見当がつかないが、晴眼者は「指骨」とあれば、手足の指の骨だと想像できる。さらに「趾骨」であれば足の（指の）骨であると分かる。しかし、留学生は、「シコツ」という音と意味をそのままインプットしなければならず、なかなか覚えられないという。どのような漢字が使われているか、授業でも説明があるそうだが、母国での日本語学習でも6カ月の日本語研修でも漢字の学習経験がないので、漢字そのものの知識や、数の多い同音異義語も同時に学ばなければならない。学校側も留学生のための補講を行ったり、少しずつ漢字の音と意味を増やしていったりと、さまざまな対応をしてはいるが、留学生はほぼ丸暗記で乗り越えているそうである。

　漢字についてはもう一つ問題がある。以前は目が不自由な人と晴眼者の間で、点字を仮名や漢字の墨字に訳さなければ文章が共有できなかったが、コンピューターの普及により、視覚障害者も音声読み上げソフトを使って、晴眼者と同じ墨字の文章が作成できるようになった。つまり、点字使用者でも、コンピューターの音声を聞き、その文章に適切な漢字を選ぶための漢字の知識が必要となったのである。留学生も例外ではなく、理療の実習に伴い、「カルテ」をコンピューターで作成しなければならない。来日4年目のある留学生は「1年次に漢字の言葉を覚えることも大変だったが、漢字を自分で選んで文章を書くのは、想像以上に難しい」と述べている。

4. 目が不自由な人のコミュニケーション

　目が不自由な留学生も、テレビや映画を鑑賞し、スポーツやおしゃれを楽しんでいる。読書や写真撮影が趣味だという留学生もいる。また、都内の駅では券売機だけではなく、階段の手すりやホームドアにも行き先が点字で示してあり、車内ではアナウンスが何度も流れて行き先や駅が確認できるので、何度か練習すれば、移動も一人でこなすことができるという。このような日々の生活は、駅では駅員や周囲の人に声を掛けたり、近くにいる人にカメラのシャッターを押してもらったり、友だちにその日の服のコーディネートを確認してもらえるからこそ可能である。これは留学生に限ったことではないが、積極的に周囲に話し掛けることによって、情報が得られ、生活を楽しみ、快適にすることができるのである。言い換えれば、音声言語、つまり、日本語によってそれが可能となる。日常の言語によるコミュニケーションがどれほど重要かを物語っているといえるだろう。

　一方、高橋（2005）は視覚障害者にとってのコミュニケーション障害の一つに非言語コミュニケーションがあり、対人距離と声の大きさ、表情やジェスチャーの乏しさなどが相手に誤解を与えてしまうことがあると述べている。留学生となると、国で受けてきた教育や環境の影響も大きく、個人差、文化差もあり、一概に目の不自由な留学生の非言語コミュニケーションの傾向について述べることはできない。しかし、目の不自由な留学生とのやりとりの中で、うなずきなどの反応が見られなかったり、体や顔の向きや姿勢などを見ていたりすると、通じているのかどうか不安を覚えることがある。高橋（2005）は小児や中途視覚障害者（病気やけがなどで、人生の途中で視覚障害を持つようになった人）も訓練や経験を積むことによって、非言語コミュニケーションが獲得できることを示唆している。留学生に対しても、より円滑なコミュニケーションを図るために、言語と共に非言語コミュニケーションについての情報や知識を意識して伝えていく必要があるのではないだろうか。

5. これからの課題

5.1　教材と教授内容

　初級の日本語教材は、日常の生活場面で使われる日本語を学ぶ目的のものが多いが、目が不自由な人の日常生活場面と必ずしも一致するわけではな

い。必要な語彙や文型の使用頻度や使い方には違いがあるのではないだろうか。例えば、一般の日本語クラスで「これは何ですか」を導入するとき、教師はその使用場面に頭を悩ませる。なぜなら、目の前にあるノートを指して、「これは何ですか」と質問する状況がなかなか思い浮かばないからである。目の前にあるものを初めて見たり、その用途や実態が分からなかったりする場合に「これは何ですか」を使ったやりとりが初めて成立するのである。しかし、目の不自由な学習者が、まず目の前にある物に触り、手で観察し、「これは何ですか」という発話に至ることは多々あり、晴眼者よりもずっと使用頻度が高いといえる。また、初級の学習項目である「位置」についても、その使用場面は少し異なる。毎回の食事のテーブル上の食事や飲み物の器の位置、うっかり物を落としてしまったときに、人から教えてもらうその物が落ちた位置、自分がいる現在地はもちろん、どちらの方向を向いているのかなど、さまざまな場面で正確に位置を聞き取る必要がある。

　現在、目が不自由な留学生のための日本語教科書は作られていない。学習者の数からみても、ごくわずかであり、教科書の作成が急務だとは言い難い。しかし、どの教材を使うとしても、目が不自由な学生にとって使用頻度が高いと思われる語彙や文型の分析は可能である。特に歩行訓練や生活訓練といった日常に直結した訓練と結び付け、体験とともに言語を習得していくことで、より効果的な学習や学習意欲の向上につながるのではないだろうか。また、4. で述べたように、目が不自由だからといって視覚を使った行動が全て関心の対象外であるとは限らない。学習者の興味や趣味を実現可能にするためにどのような日本語が必要となるか、単に使用頻度だけではなくその必要性にも注目し、学習者の自己実現を助ける日本語教育を考えるべきであろう。

5.2　教員養成

　また、日本語の点字の読み書きができる日本語教員の養成も必要だと思われる。現在 IAVI では日本語点字の教員が点字の指導に当たっているが、研修中の奨学生が書いた作文やディクテーションの点字（墨字訳）を見ると、晴眼の学習者と同様、特殊拍、すなわち「長音」（とうきょう）、「促音」（きって）、「撥音」（にほんご）、そして「濁点の有無」などの点字の表記ミスが多く見られる。そして、進学している留学生も同様の指摘をよく学校の教員から

受けているそうである。さらにはコンピューターで正しく仮名入力ができないために漢字変換ができず、非常に時間がかかるという話もあった。点字では「う長音」を「ー」と書くルールがあるが（「とうきょう」の点字は「トーキョー」）、コンピューター上では「う」と入力することは認識していることから、ここでの表記の問題は点字の特徴が原因ではなく、晴眼者の留学生と同様、発音と表記の問題であると考えられる。そのため、初級レベルから、学習者の母語の影響も含め、日本語の発音指導と日本語の点字の指導ができ、即時に点字も直すことができる教員が必要であるといえる。

5.3 漢字

最後に、漢字は最も難しい課題である。視覚障害者の漢字教育については長い間、点字そのものが表音文字であるため、意味を表す表意文字の漢字は視覚障害者には必要ないと見なされてきた。実際には6点、または8点で漢字を表す「漢点字」もあるが、一般に普及しているとはいえず、特別支援学校でも積極的に指導はされていない。視覚障害者の漢字学習が必要とされるようになったのは、コンピューターが普及してからであるが、その必要性とは反対に、教育現場での指導はあまり進んでいない。澤田（2008）が行った特別支援学校での漢字指導に関する調査によると、教員は漢字教育の必要性は感じながらも、具体的な指導法や系統だった学習プログラムや教材がないため、苦慮しているケースが多かった。

そして澤田（2008）、道村（2010）は、そのような現状を踏まえ、それぞれ漢字の構成要素に注目した教材とその指導案を報告している。まず、墨字の片仮名を漢字の構成要素として捉え、片仮名の触察、書き方を学ぶ。次に片仮名と片仮名の組み合わせで作られた漢字（例：右＝「ナ」＋「ロ」）や基本の構成要素となる漢字（漢数字など）を学び、さらにその組み合わせの漢字を学ぶ（例：古＝「十」＋「ロ」）。このように徐々に漢字を増やしつつ、漢字の部首や成り立ちの理解とそのグループ化などを行いながら、体系的に学べる学習法である。しかし盲学校から特別支援学校へと移行して、学習者が多様化したことにより、その体系的な指導法の開発も実践も難しいのが現状である。そして、この特別支援学校の初等科、中等科の9年間で網羅する常用漢字を、初級の留学生が短期間で習得することは不可能に近い。しかし、進学先での必要性を考えると、進学する前に漢字の基礎知識や基本的な構成要素

は学んでおく必要があると思われ、今後、何をどこまで指導することが可能であるかを検討する必要がある。

6. 終わりに

　以上、目が不自由な留学生の日本語学習についての現状と課題を述べてきたが、私自身はまだまだ研究の途上にあり、今後もIAVIの奨学生や関係者、また、特別支援学校の関係者の声を聞き、現状の把握と支援の方法を模索していかなければならない。現在滞日中の留学生は、すでに留学を終え、国で視覚障害者支援に関わっている先輩を理想のモデルとして、後に続こうと絶え間ない努力を続けている。彼らの努力が実り、またそれが後輩にも引き継がれるよう、日本語教育分野だけでなく他分野との連携を図りながら、実現可能な支援に取り組んでいきたい。それと同時に、周囲の理解と協力が得られ、支援の輪が広がるよう働き掛けていきたいと考えている。

▶ **参考文献**

青柳まゆみ・鳥山由子（2012）『視覚障害教育入門』ジアース教育新社
金治憲（2008）『盲留学生』毎日新聞社
澤田真弓（2008）研究成果報告書「点字使用者のための漢字学習プログラム及び教材の開発」独立行政法人国立特別支援教育総合研究所
高橋広（2005）「視覚障害者と非言語コミュニケーション」『総合リハビリテーション』33(9), pp.809–814.
道村静江（2010）『口で言えれば漢字は書ける！盲学校から発信した漢字学習法』小学館

▶ **参考URL**（最終検索 2014/4/30）

国際視覚障害者援護協会　http://www.iavi.jp/

明晴学園の6年―ろう児の日本語習得―

長谷部倫子

1. 明晴学園というろう学校

　明晴学園という日本で初めての日本手話と書記日本語によるバイリンガルろう学校が開校したのは2008年4月のことである。

　現在、教頭として勤務する私は校舎の修繕、保護者の相談、進路指導、文科省や所轄官庁からの調査の回答などの雑務に追われて思うように日本語習得の研究ができないジレンマを抱えている。ろう児が自分らしく生きていける学校、楽しくて意味のある日本語を学べる場所であってほしいと願って作った学校であったが、理想と現実はやはり遠い。しかしそんな日常でも教頭をしながら幼稚部、小学部、中学部の日本語の指導も担当してきた。開校して6年たった今、子どもたちが手話や日本語とどのように向き合い学ぼうとしているのか、明晴学園での日本語習得の現在と明晴学園がどのような意義を持つ学校として機能しているのかを報告したいと思う。

　これまでのろう学校では、聞こえない子どもに「言葉」を習得させることが最大の教育目標であった。ろう児の話す言葉は一般の人には聞き取りがたく、書く文章の助詞は間違いだらけで内容も9歳児のレベルを超えることがなかなか難しいといわれてきた。ろう児に「言葉」を獲得させることは、特殊教育の内であり、彼らが言葉を自由に使いこなせるようにならないのは、聴覚に障害があるために起こるコミュニケーションの障害故だとされてきた。そこにはろう児が手話という母語を持っていることや日本語が彼らにとって第二言語であるという認識はない。つまり聞こえない子どもは日本語という一つの言語の習得が難しいのではなく、言葉そのものを持つことが難しいと考えられてきたのである。

　ろう学校の教師をしていたときに高等部の生徒たちがよく口にしたのは、「口話が上手な子はインテ（インテグレーション：一般校に通うこと）していった。ろう学校に残っている子はばかばっかり」「〇〇さんは日本語ができるから

頭がいい」という言葉だ。ろう教育は、その人の能力や価値さえも日本語が話せ書けるかどうかを基準にしているようだった。その後ろう学校を辞め、龍の子学園というろう児のためのフリースクールで活動していた私は、ろう者の書く日本語が日本語学習者の文章とよく似ていることに興味を持った。ろう児の日本語を第二言語として日本語を習得する日本語教育の視点で捉えることこそ、排他的だったろう教育の課題に応えられるのではないかと考え、大学院はろう教育ではなく日本語教育を専攻することにしたのだ。ろう児の日本語を言語力が足りない日本語だと捉えるのか、第二言語として習得中の日本語として読むのかによって、ろう児の見方、教育の方法は大きく変わってくる。これまでの障害児教育の殻を破って、バイリンガル教育を始めたい、その思いでフリースクールやNPO法人の設立、人権救済の申し立て、特区申請などを経て、バイリンガル・バイカルチュラルろう教育の学校法人を設立することになった。

明晴学園は、幼稚部（0歳児から2歳児までの乳児クラスを含む）と小学部、中学部の三つの学部からなり、各学年10人の定員で1クラスずつの編成である。2014年度現在は全校生徒64人で定員の約半分の規模である。

明晴学園の教育課程は特例校指定を受け、従来のろう学校のカリキュラムとは違う独自のものを採用している。幼稚部では、言葉、健康、人間関係、環境、表現の5領域のうち、言葉を「手話」と読み替え、幼児期に母語を十分に獲得できるようにろう者教員を多く配置している。小学部、中学部では国語と音楽、自立活動の時間を「日本語」「手話」の教科とし、二つの言語を学ぶ。道徳、学級会活動、総合的な学習の時間はこれらを合わせて「市民科」という領域でろう文化と聴文化を学ぶ時間としている。

明晴学園の特徴である日本語と手話の教育実践の中から、今回は桜美林大学大学院の佐々木倫子先生たちとの共同研究により作成した『ハルミブック』を用いた指導実践を紹介しながら、明晴学園の6年間で日本初のバイリンガルろう教育の指導の実際を振り返ってみたい。

2. 手話と日本語を学ぶ『ハルミブック』を使った実践より

2.1 ハルミブックとは

ハルミブックは明晴学園の母体となるBBED（NPO法人バイリンガル・バイ

カルチュラルろう教育センター）と桜美林大学の佐々木先生をはじめとする日本語チームとの合同で制作された。

当時バイリンガルろう教育の先駆的実践を行っていたスウェーデンでろう児のために開発された教材『ADAMS BOOK』を参考に日本版の『ハルミブック』を作成することになった。『ハルミブック』は手話版のDVDと日本語版のテキスト、手話、日本語それぞれの指導書からなる。ユニークなのはまず主人公がろう児であるということ。ろう者がこれまでろう学校や家庭で体験した実話を基にエピソードがまず手話で語られ、次に日本手話通訳者が日本語に直訳し、さらに意訳し、それを日本語チームが日本語教育の視点から文法項目、表記などを精選していくという段階を経て日本語版のテキストと指導書を作成した。

表1 「構文と式」

1 自己紹介（小1）					
下訳	直訳	意訳	語彙（ごい）	文型	表現
こんにちは。	こんにちは。	こんにちは。	こんにちは		
私のサインネームは「ハル」です。	私の名前は、サインネームは何かというと、「ハル」です。	わたしのサインネームは ハルです。	ハル サインネーム	NのN NはNです。	
よろしくね。	よろしくお願いします。	よろしくおねがいします。			よろしくおねがいします
私は、今8歳。	私の歳は何歳かというと8歳。	わたしは8さいです。	わたし 8さい		
小学3年生です。	小学3年生です。	3ねんせいです。	3ねんせい		

ろう児がこれまで日本語にしろ算数にしろ、何かを学ぶとき、また読書をするときそれはいつでも聴者が作った教材であり、ろう者の姿が描かれていたとしても聴者から見たろう者像であった。

また国語教科書も日本語を話す子どもを対象に作られている。光村図書の

小学1年国語教科書「かざぐるま」の14ページの題材「うたにあわせてあいうえお」は母音の口の形に注意して大きな声でリズムをつけて歌いながら五十音を覚える単元となっている。ほかの単元でも随所に擬音語や音を表現する内容が多く、当然ながら登場人物は皆聴者であり、物語の内容もろう児には遠いものとなっている。

ハルミブックは、こうした聴者主体のテキストではなく、自分と同じろう児とそのろう児の普段の暮らしの中から物語が作られ、子どもたちにとって身近な世界が手話と日本語で読めるテキストになった。

現在、ハルミブックは小学部1・2年生の間に手話 DVD を見て、内容などについて話し合ったり、ろう文化を学んだりする教材に使われる。3年生になると、手話と日本語の語彙、文法、文型などを学ぶテキストとして使用される。クラスによって子どもたちの手話や日本語の力などに差があることから、学校としての規定やマニュアルがあるわけではなく、指導の内容や時間も各教科の担任の裁量に任されており、小学部の間にハルミブックを使った学習を体験できるようにしている。

2.2 ハルミブックで学ぶ手話

ろう児にとっての手話の学習は聴児の国語の学習と同じである。国語の学習指導要領のうち「聞く」「話す」に相当する領域を、明晴学園の教育課程では手話の時間に学ぶこととしている。しかし、手話の何をどのように教えればよいのか、それより以前にろう児はどのような順序で手話を習得していくのかさえも研

ハルミブック DVD の動画

究があるわけではなく、ハルミブックの手話版指導書が唯一のろう児向けの手話教育の指導書である。小学部の子どもたちは授業や日常の生活では手話での会話には困らないし、通じないということはない。しかし開校当初は彼らの手話の力がどの程度あり、思考力や学力に結び付いているかは教員の主観的な感想でしか判断できない状況にあった。ハルミブックも物語の内容は容易に理解できるので、手話の学習というより日本語につなげるために使用されることが多かった。そこで開校して5年目からハルミブックの手話版指

導書を基に語彙や文法を丁寧に教えるように手話の学習内容の見直しを行った。また同時に手話ゲームを作成し、手話の音韻、語彙、文法などの理解度を見ることができるようにした。

現在、手話の時間はろう者教員が担当し、日本語の時間は主に聴者教員が担当している。お互いに指導内容や進度を確認しながら、効果的な指導ができるように工夫している。

第1課「わたしのかぞく」では、まず手話DVDを見て内容を読み取り、読み取った事柄について話し合ったり、みんなの前で話すときの話し方を身に付けたりすることを目的としている。

この題材は、ちょうど小学3年生の国語教科書（上）「いつも気をつけよう」の内容（話し方に注意して発表する）にも合致している。

この課の目標は所有格の表現、人称代名詞的機能を持った指さしを使って自分や自分の家族の紹介ができることである。中でも例文1のような分裂文は、公式な場での手話独特の語りの特徴であり、手話の学習言語を意識させる文型の練習になる。

　　（例文1）「私の名前は、ハルミです。」
　　手話ラベル「/PT1-名前/手話/何？/ハル/」（PTは人称代名詞）

上記のような手話ラベル（手話の単語に日本語のラベルを付けたもの）を使って、自分で話した内容を書き表すことによって、消えてしまう手話を書き留め再生できるようにしたり、手話の語を手型、位置、動きの三つの要素に分解、分析したりすることで一つ一つの単語や語順に注意して正確に表現できるようになりつつある。

2.3　ハルミブックで学ぶ日本語

一方、同じ1課を日本語で学習する場合は、手話で内容をつかんだ後、日本語の文章から内容を読み取り「〇〇は、□□です。」という名詞文を練習する。自分の家族構成や家族の紹介を文章にして「自分ブック」を作成した。

　　・家族の写真を撮り、画用紙を使って本を作る。

- 家族名称を知る。
- 自分のことを紹介する文章を練習する。「わたし（ぼく）は〜です。」
- 本に家族の写真を貼り、文章を書く。
- みんなの前で手話に翻訳し発表する。

小3日本語の授業風景

　手話で一つ一つの単語を意識できるようになったことで、日本語の語彙も定着しやすくなったようで、テキストを自分から読むようになった。主人公ハルミの紹介文を自分に当てはめて文章を書くことも比較的容易にできる。手話では「こんにちは」は一つの動きで表されるが、文字にすると5文字もあること、「よろしくお願いします。」を手話で表すと「よい」「お願い」の2単語が音韻変化して一つの動作になる。しかし日本語では11文字もあることを発見して、その違いについて発表したり、話し合ったりもした。

　1文が2語か3語で書ける文章については、すぐに文型を覚え、書くことができたが、実際に紙に書くときに多くの壁があった。小学部低学年では、ノートや原稿用紙に文章を書くときのルールが幾つかある。例えば文頭は1マス空けて書き始める、句読点も1マス空ける。文節の区切りには読点「、」文の終わりには「。」を書くことなど、日本語を書くためのルールが必要であることを学ぶ。この文章を書くためのルールを習得するのが想像以上に難しかった。マスのついたノートや原稿用紙を用意しても、マスを意識せず1マスに複数の文字を書いてしまう、句読点を打たない、改行ができない、逆に改行しないところで改行してしまうなど、手本を見て写し書くことも最初のうちはままならない子どもが多く見受けられた。ろう児の視覚がどのように用紙のマスと文字の関係を捉えているのか分からないが、私たちは必要だと思う以上に文章を書く量を増やし、分かち書きをさせることによって、根気よく書記日本語のルールを習得させるように努めた。

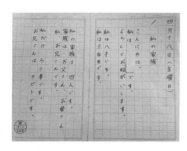

　小学部4年生で実践した第16課「家の間取り」では、手話動画は使用せず日本語

のテキストを読んでイラストの間取りと照らし合わせながら読み解くようにした。内容を理解した後、今度は将来の自分が住みたい家を考え、間取り図を書いてみる。その上でその間取りを説明する文章を作成する。

　ここで使用した文型は「○○があります。」であったが、最初の文章では「へやあります。」「自転車おき場あります。」といったように助詞が抜けてしまう文章になった。主語に「が」を付ける表現はそれ以前の課でも何度も書く機会はあったのだが、「あります」に注意がいってしまい助詞が抜けてしまったのではないかと考えられる。また部屋の名称も数多くあり「カブトムシなど育場」などの造語が多く見られた。書きたい表現があってもそれに該当する語彙を知らないため、知っている漢字を組み合わせ独自の語を作ったと思われる。そこで、もう一度「○○があります。」の文型を練習し、最初の文章を書き直すようにした。

　正しい文型で書くことにはまだ小さなステップを踏まなければならなかったが、身近なテーマを取り上げて、もし自分だったらこんなふうな家を作りたいと考えることで文章を書くことへの抵抗が少なくなり、進んで多くの文型を使って文章を書こうとする意欲を養うことができた。

　ハルミブックは子どもたちにとって身近なテキストであり、最初に自分で読む物語としては適当であると考えられる。例えば8課の「おべんとうじけん」は、手話で話していてお弁当をひっくり返してしまう話だが、手話の学校ならではのエピソードであり、実際に明晴学園の昼食時にもしばしば起こる出来事である。8課の学習の後、お弁当をひっくり返すようなことがあると「ハルミブックと同じだね」「みんなのお弁当をあげよう」などと普段の生活に物語の内容が浸透している光景が見られることもある。

　しかし日本語の授業は国語教科書、漢字練習など一般の聴児の学校の国語科の内容に加えてハルミブックを使用するための時間の確保が必要になる。どの程度日本語教育の指導方法を取り入れて文法や読解をさせ、国語教科書をどこまで指導するかという授業計画や授業の組み立て方などは担当する教員や児童の能力によって幅があり、ハルミブックも十分に使いこなせているとは言い難い。さらに教材研究を深め、内容を楽しむだけでなく、自分で読

み、内容を理解し、文型を習得できる工夫が必要である。

3. 終わりに

　2011年11月のある日の記録にはこんな会話が残っている。
「先生、私、前は日本語が苦手だった。手話だとよくわかるんだけど日本語だと何だかわからなかったの」「今はね「〜ました」と「を」が難しいの。「は」とか「と」はわかるんだけど」。手話と日本語が違う言語であり、何が分かって何が分からないのか、そのことを彼女は二つの言語を比較しながら語ったのである。ただ日本語が読める、書けることではなくて、明晴学園の子どもたちはなぜ手話が大事なのか、なぜ日本語を学ぶのか、そしてその二つの言語はどのように違うのかについて考えるようになる。

　ろう児の母語である手話を共通言語にしたからといって、彼らにとって第二言語である日本語の形が簡単に正しくなるわけではない。日本語を母語としない日本語学習者と同じようにその習得に一つの答えはないのかもしれない。しかしハルミブックなど学習者自身の立場で作られた教材を使うことにより、自分の母語が尊重され、それにプラスして日本語も学ぼうという加算的バイリンガルの環境はこれまでのろう教育になかったものであり、明晴学園全体のこういった姿勢が第二言語習得のハードルを低くし、楽しくて意味のある日本語習得に少なからずつながっていると自負している。

▶ **参考文献**

佐々木倫子・古石篤子（監修）（2009）『ハルミブック指導書　手話版・日本語版』
明晴学園（編集）（2011）『子どもが学校を作る〜しかあり〜』
光村図書　小学校国語教科書　『国語　三上　わかば』
光村図書　小学校国語教科書　『国語　一上　かざぐるま』

column

ろう児の言葉育て
中山慎一郎

1. 手話

　手話は、耳の聞こえない重度の聴覚障害者（児）、つまり、ろう者（児）にとって、視覚的に身体的に機能的に最も合う使いやすい自然言語である。聞こえる幼児が複雑な文法体系を持った音声日本語を自然にいともたやすく覚えてしまうように、二人以上のろう児が出会えば自然に手話を創り出し、自然にいともたやすく覚えてしまう。もちろん、手話も音声日本語と同じように複雑な文法体系を持っており、その文法体系は、音声日本語のとは全く違ったものである。

　そして、音声日本語と違うところがまた一つある。それは、手話には書き言葉が無いという点である。世界中を見ると、言語の数は幾千あれど、書き言葉が無い言語の方が圧倒的に多い。そのことからも分かるように、書き言葉が無いからといってその言語が劣っているというわけではないことに留意する必要がある。

2. 聴覚障害教育現場における手話の位置付け

　読者の皆さんは意外に思うかもしれないが、日本の一般的な公立ろう学校における教育言語は手話ではなく、音声日本語をベースとしたコミュニケーション手段である聴覚口話法（読話・発話）、キュードスピーチ（顔面近くで8種類の手型を使うことで、話すとき口の動きが持つ情報を補うシステム）などが中心となっている。手話はあくまでも聴覚口話法などの補助手段という位置付けである。その手話も幼稚部（3歳〜5歳）ではほとんど使われず、小学部高学年あたりから生徒同士のホームサイン的なレベルで使われ始め、中学部からやっと文法体系を伴った本格的な手話が使われ始めてくるというのが日本の公立ろう学校におけるろう児の平均的な姿である。

　乳幼児、小学低学年期は、言葉の獲得をするのにとても大切な時期である。その大切な時期に、ろう児にとって聞こえないのに、最も理解しがたい音声日本語をベースにした聴覚口話法を使うことで、言葉の力（思考、認識

力) が聞こえる子ども並みに伸びるのだろうか。答えは否である。その学力の停滞を、ろう教育関係者は「9歳の壁」と言っている。

3. ろう者(児)から見た書記日本語

　ろう者が日本で生きていくためには、手話はもちろんだが、書記日本語が必要不可欠である。読者の皆さんは、書記日本語なら音声日本語と違って目で見る言葉だから覚えやすいのではと思ってしまうかもしれない。答えは否である。

　書記日本語は、音声日本語をベースに2次的に作られたものであるが、単に音声日本語をそのまま表記したものではない。そして、音声日本語にはあったイントネーション、アクセントなどの韻律的要素が失われてしまっている。聞こえる者なら、その書記日本語の文に包含されているはずの韻律情報を想起しながら読むことができるが、ろう者はできない。いわば、書記日本語は、ろう者にとって最も遠い、なじむことのできない言葉なのである。

　英語を学習した時の様子を思い出してみてほしい。まずは、発音、聞き取り、そして、書く、読むということを繰り返して覚えていったと思う。書記英語を覚えるには、音声英語をベースにした学習がなければならないということである。書記日本語もしかり。音声日本語を聞き取ることのできないろう者(児)は、どのように覚えればよいのであろう。

4. ろう児の言葉育て

　まず、手話で言葉の力をきっちりつくっておくことが大事である。何事も思考、認識力なしには進まないからである。そして、同時に書記日本語を強制的に、ある程度自律学習ができるようになるまで反復学習などで覚えさせる。それしかないのである。もちろん、書記日本語を覚えさせるときに、本を好きにさせる、書記日本語に興味を持たせるという事前準備は必要であるということは言うまでもない。

それらの教育を実現するためには、手話をベースにした書記日本語教育という考え方が必要である。そして、ろう学校で行われている聴覚口話法による国語教育ではなく、日本語教育の考え方に基づいた手話による日本語教育という新しい指導法をしかるべき機関で構築していくことが必要である。

第3部

言葉の現場を掘り下げる

多言語使用者の目に映った
オーストラリア多文化主義

中川康弘

1. はじめに

　ディンゴ（Dingo）という動物をご存じだろうか。有史以前、先住民族アボリジニの移動に伴い旧大陸からオーストラリアにやって来たイヌ科の外来種である。家畜を襲う野生犬であるために農場主にとって駆除すべき対象となり、オーストラリア南東部には家畜保護のためのディンゴフェンスなる柵が5,614km（！）にわたって張り巡らされている。しかし近年の調査で、ディンゴの駆除によってキツネや野生ネコが増加し、固有の小型有袋動物の減少や牛の餌となる水辺の草が他の草食動物に無秩序に食い荒らされるなどの問題も明らかになり、ディンゴが生態系の中で果たす役割を見直す動きも出てきているそうだ。

　これから述べる人間世界の出来事に、ディンゴの問題を絡めるのは強引かもしれない。だがディンゴと人間の共生に思いを巡らすことは、この多文化主義国家を読み解く何らかのヒントになるものと考える。

2. オーストラリア多文化主義

　オーストラリアといえばコアラやカンガルーなどの有袋類、あるいはオペラハウスやウルル（エアーズロック）などの世界遺産を思い浮かべる人が多いだろう。また文化背景の異なる者同士が共存し、それをアイデンティティーとして公定する多文化主義国家であることもよく知られている[1]。

　イギリスからの移民によって国家の体を成していったこの国は、1901年に本国から独立してオーストラリア連邦となった。以来、非ヨーロッパ系移民も多く受け入れ、一時はその反動としてアジア人排斥の動きも生じたが、1970年代の白豪主義撤廃と先住民族の権利回復を経て、現在は民族、文化の多様性を是とする多文化主義国家の道を歩んでいる。

2011年度国勢調査によると、国民が家庭で話す言語の80.7％は英語だが、他に中国語1.7％、イタリア語1.5％、アラビア語1.4％、ギリシャ語並びに広東語が1.3％、そしてベトナム語が1.2％と続く。つまり国民の約20％、5人に1人が家庭で英語以外の言語を使用しているのである。また同調査では2001年に人口の約52％を占めていたヨーロッパ系移民の割合が10年間で約40％に減少したのに対し、東南アジア系移民の割合は約24％から約33％に増加していることが確認された点も注目に値する[2]。

　アジア系移民の増加は地理、経済的事情によるところもあるが、教育政策にも影響を与え、2013年作成の全州統一カリキュラム（ナショナルカリキュラム）にも継承されている[3]。移民子弟の母語保持教育についても、政策の産物として1980年代にエスニックスクールが設立されていった。南オーストラリア州アデレードでのベトナム系エスニックスクールを調査した青木麻衣子は、多文化主義に基づく母語保持教育と統合政策理念に基づく英語習得がセットになりカリキュラムが組まれていることを報告している。ベトナム語教材は祖国のものではなくオーストラリアの文脈に合ったものが独自に作成され、州の大学入学資格試験（South Australian Certificate of Education）も視野に入れて構成されているという（青木2008: 203-229）。母語、母文化を尊重しつつオーストラリア社会での成功を目指すこの取り組みは、英語／非英語という二分法ではないハイブリッドな人材の育成に向かっている点で興味深い。

　一方、政治については、1990年代以降、政府主導で国民に手厚い支援を行う福祉国家政策から個人主体で自助努力を奨励する経済重視政策へと移行した。国内の多文化主義に対しては構築主義を採用することで本質主義から成る民族的カテゴリーを解体し、同時に個人の多様性を競争原理に流用する、いわゆる新自由主義を打ち出したのである。○○主義というと仰々しくなるが、分かりやすく言えば、本質主義とは集団内部にある個人の多様性を見ずに、文化的特徴や社会的地位などを一くくりに固定化する考え方で、構築主義とは集団内の成員は一人一人異なり、また変容していく存在だとする考え方のことである。そして新自由主義とは政府が個人を尊重することで自己責任と自助努力を課し、競争原理によって社会の成長を促す考え方を指す。オーストラリアの多文化主義は本質主義の欠陥克服のために個を尊重する構築主義政策が展開されたにもかかわらず、新自由主義政策により社会的に力の弱い文化背景を持つ者に格差や貧困といった問題を生じさせた。社会学者の塩

原良和（2005）はこの状況を政府が招いた「意図せざる帰結」だとし、移民当事者が学校や職場などの日常場面で民族的カテゴリーと個人を巧みに使い分ける戦略的本質主義という考え方や、介護サービスなどの福祉に代表される、どの階層にも共通のニーズに着目し、その政策構築に向けた連帯の可能性を示している（pp.171-204, pp.205-234）。だが新自由主義の流れは正当化され、現在は移民のみならず先住民族政策にも成果重視目標が徹底されているようである[4]。

　そして、この潮流は言語政策にも及んでいく。オーストラリア政府は2012年10月に「アジアの世紀の中の豪州」、いわゆるアジア白書を公表し、日本、中国、インドネシア、ヒンディーの4言語を重視することを打ち出した[5]。これら4カ国は経済関係で結ばれ国益を生み出す言語という点で共通する。言語政策はこれまでも各政権の財政事情や外交方針に左右されてきたが、経済のグローバル化を背景に実利性の高い言語を選択したことから、この白書は国内に数多く存在する言語[6]のうち4言語を特権化させ、その学習を暗に奨励する意味を持つだろう。経済成長の下、有用性という尺度で言語的多様性を合理化、序列化に導く新自由主義が、ハイブリッドな人材の育成を目指す言語政策にも根強く浸透していることがうかがえる。

　以上、教育、政治および言語を中心に、オーストラリア多文化主義の大まかなスケッチを試みた。こうした中、日本からやってきた多言語使用者には、揺れ動くこの国の多文化状況がどう映るだろうか。

3. 研究の枠組みと目的

3.1　多言語使用者

　多言語使用者とは、主に1990年代以降、ヒト、モノ、カネ、情報が国境を越えて頻繁に行き来するグローバル化の進展を背景に、一つの国籍、文化、言語に収まり切らない人々をいう（村岡ほか2007: 317-328）。例えば米国生まれだが祖父母は日本人で、幼児期を英国で過ごしたような人や、生まれは中国だがカナダ国籍を持ち、日本に留学し日本人と結婚後シンガポールで仕事をしているといった人々が該当する。そして多言語使用者は何語をどの程度使えるのかという「能力」だけでは測らずに、あくまでどのような場面でどのように使うのかという「目的」や「機能」からその人の言語使用を捉える立

場を取る。よって本稿では、国際結婚や就労などを背景に移住し、言語のみならずその国の慣習について理解、または生活経験を通じて身に付けている人々も多言語使用者と広く定義して考えることとする。

3.2 接触場面、規範と調整行動

接触場面とは、言語と文化を異にする個人と個人がコミュニケーションを行う場面である（日本語教育学会2005）。例えばローマを訪れた日本人旅行者がマーケットで現地の人と値段交渉をするとき、あるいは北京駐在の日本人ビジネスパーソンが現地スタッフのパーティーに参加するときなどが挙げられる。そのプロセスを観察し言語問題を捉え直す枠組みを言語管理理論という[7]。

接触場面では、あるコミュニティーや文化集団における振る舞い、言葉の使い方を軸に研究がなされ、これらを「言語規範」と呼ぶ。言語規範は母語、相手言語、接触規範など多様性に富み、実際には使用者が意識するか否かにかかわらず規範の変動性も見られる（ファン2010）。そして規範は接触場面の参加者に評価され、それを受け入れる、回避するなどの「調整行動」が取られる。

4. 調査概要

4.1 調査対象者

今回調査の対象としたのは、ベトナム人多言語使用者A（女性）である。

表1　Aの背景

年齢	30代前半
出身	ベトナム・ハノイ
職業	日本では公的機関での通訳、翻訳業務（シドニー在住時はメールを介した翻訳業務のみを行う）
使用言語	ベトナム語（母語）、日本語、英語
シドニー在住期間	2011年11月〜13年7月（1年8カ月）
来豪前の滞日年数	約8年
シドニーでの主なネットワーク	・娘のPreschool（現地幼稚園の母親たちとの交流） ・日本人牧師主催のカトリック教会での料理教室（主に日本人駐在員の奥さまたちとの交流） ・フェイスブックやSkypeを通じた家族、友人

日本人配偶者との結婚を契機に来日し、日本では公的機関で通訳業務に携わっている。配偶者の呼び寄せにより2011年11月に当時3歳の娘を連れて来豪、2013年7月までシドニーに滞在していた。インタビューは2013年2月にシドニーで行った。

4.2 調査方法

調査は半構造化インタビューを用い、2011年11月から13年2月中旬までの約1年3カ月で印象に残っている接触場面上の出来事について、どう評価し、行動したか、約1時間半メモを取りながら聞き取っていった。2月中旬までとしたのは、その直前がベトナムの旧正月に当たり、市内で多くの行事が催され、Aにとってこの国の多文化状況を体感できる時期だと考えたからである。

なお、Aは来豪以前から日、英、ベトナム語の3言語で定期的にフェイスブックに出来事をつづっている。今回はAがつづったページを参考資料としながらも、フェイスブック上の相手からの返信コメントはデータの対象として扱わず、あくまで直接会った時のやりとりに着目した。

5. 調査結果

日本人とオーストラリア人との接触場面に関するインタビューでは、相手の言語によるコミュニケーションや社会文化に合わせる相手規範とその変動性が多く語られた。そこで本稿では相手規範に対するAの調整行動に着目し、その事例の一部をトピックごとに記したい。Aが語ったデータ部分は「　」で表す。

5.1　日本人との人間関係を重視する相手規範に向かう調整行動
(1) シドニーで迎えた旧正月の印象

シドニーにはベトナム人が多く暮らしているが、Aの住んでいたシドニー北部は日本人が多く住み、情報交換や交流の相手は主に日本人であったことから、滞在中はベトナム人とのネットワークを築くことがなかった。だが中心部から車で西へ1時間程行った所に、1975年のベトナム戦争終結後に南ベトナムより渡ってきた難民層とその家族が集住するカブラマッタ

(Cabramatta）という地区がある[8]。もともと戦後世代で政治や思想上のこだわりもなく、久しぶりにベトナムの雰囲気を味わいたいと思っていたAは、2013年の旧正月行事を見るために家族で訪れた。そこで最も印象に残ったのは町の印象だったという。カブラマッタでは、ベトナム本国では1995年に禁止された爆竹が鳴らされ、Aは「昔の雰囲気がパッケージされている懐かしい感じ」を持ったそうだ。そして町全体について「ベトナムの雰囲気がなくもないけど、今のベトナムというよりは、たぶん私が生まれる前はこんな感じだったかも」と自分が想像していたイメージと異なっていたことを振り返っている。

翌日、料理教室で親しくしている日本人にカブラマッタに行ったことを話した。エスニック料理が大好きなその日本人に「ベトナムに興味あるけどまだ行ったことないから、カブラマッタにぜひ行ってみたい」と言われたという。Aは、家族やベトナム人の友人には、Skypeを通じて自分が持った違和感を率直に伝えている。その日本人にも同じような感想を伝えようと思ったが、シドニーでの日本人との人間関係を重視し、「そうですねって一応答えた（笑）」そうだ。

(2) オーストラリアのベトナム＝南部文化ということへの対応

ベトナムは首都ハノイのある北部とホーチミン市に代表される南部では料理の味付けや単語、発音などの言語に違いが見られ、人の気質も異なるといわれる。北部ハノイ出身のAは、日本にいる時に比べて日常でベトナム語に触れる機会が多い分、オーストラリアにはベトナム南部の文化が多いことにもあらためて気づいたという。これはベトナム系移民の背景がベトナム戦争後に南ベトナムから来た難民であることに起因するが、それはHSC（ニューサウスウェールズ州大学入学統一試験）のベトナム語に南部の語彙が幾つか使用されていること、公共施設に南部方言を含むベトナム語案内が見られることや、フォー（Phở）と呼ばれるベトナム料理を代表する麺も南部風の味付けであることからうかがえるという。ちなみにフォーの具は一般的に牛肉か鶏肉だが、オーストラリアのフォーには牛肉が大量に入っている。そのことについて、Aは「オージー・ビーフ。フォーにはオージー（Aussie）とベトナムがブレンドされている」ものだと思っている。

日本語の流ちょうなAは、外見も日本人とそう変わらない。だが料理教

室でベトナム人であることを告げると、初対面の人に「シドニーは本場のベトナム料理が食べられるからいいよね」とあいさつ代わりによく言われるという。「自分にとって本場のベトナム料理かどうかは微妙」であり、「その人がイメージしているベトナム料理が、私のイメージしているベトナム料理と同じかどうか戸惑う」こともあるが、5.1（1）同様にシドニーでの日本人との人間関係に配慮した返事をするそうだ。

(3) 日本人牧師からのプレゼントへの対応

コミュニティーセンターで運営されている料理教室は、日本人牧師のいるカトリック教会が併設されている。教室の後には日本人牧師が必ず日本語で聖書の話をするという。A以外は全員日本人の集まりなのだが、ある日、Aは牧師からベトナム語で書かれた聖書をプレゼントされ、「普段日本人の中にいるのでベトナム人であることを唐突に意識させられた気持ち」を持ったという。Aは、いつか仕事で使う機会があるかもしれないと考え、わざわざ入手してくれた牧師の善意に感謝して受け取ったそうだ。

5.2 オーストラリア人との人間関係を重視する相手規範に向かう調整行動

Aにとって、娘が通う近所のPreschoolでの母親同士の交流が、最も多い英語使用場面である。ここでは、英語を通じたオーストラリア人との接触場面で現れた調整行動を記したい。

(1) "褒め"の慣習を体感

オーストラリアは国土面積が日本の約20倍であり、シドニー市内にも公園やビーチが多いことから、子育てには最適な環境である。ある日、Aと娘は住まい近くの公園で同じ年代の男の子とその母親に出会った。子ども同士親しくなり、遊び終えた後、公園の隣でオープンカフェを経営しているという家に招待された。Aは振る舞われたケーキを食べながらカフェに飾ってある絵を褒めると、その母親は中学生になる長男が描いたものだと言い終えるや否や、絵が飾ってある2階の部屋に案内され、その長男がいかに素晴らしく、絵の才能があるかを語り始めたという。わが子を屈託なく褒めるその母親の話を聞きながら、Aは「これがうわさに聞く英語圏の人のコミュニケーションパターンか」と思いつつ、娘が褒められてもつい欠点を言ってしまう

自分を振り返り「ベトナム人のパターンなのか日本人のそれが身に付いてしまったのか分からない」と述べている。A自身、公共の場で娘を見た人に "She is gorgeous." "She's lovely." と声を掛けられることがあるが、以来、褒められたときは「素直に喜んで一緒に褒める」ことを受け入れるようになったという。

自然に囲まれた広場や公園（シドニー北部のAの住まい近くにて撮影）

(2) 電話通訳サービスの実体験から感じた英語の必要性

　Aの家族はシドニーに来て数カ月後、同じ地域内で引っ越しをしている。引っ越し直後でも電気とガスは使える状態なのだが、数日後に電力会社から支払い方法を促すダイレクトメールが届き、そこにはベトナム語での通訳サービスもあることが書かれていた。契約手続きに関する電話口での英語対応には自信がなかったので、支払いプランの説明を聞くために、Aは通訳サービスの番号に電話をした。だがその通訳はマニュアル通りの対応にとどまり、後日案内を送るのでそれに返信すればいいと言われたという。1カ月近くになっても案内が来ないので再度電話したが、案内が来ることはなく、その後、通訳を使わずに電話し、問題は解決した。Aは「日本だったら信じられない。ここも一応先進国でしょ？　ベトナムと変わらない（笑）」と冗談交じりに語り、サービスに関する日本との違いを強調した。だが一方で、「通訳があるといっても、公共機関では誰もが英語ができることを前提にしているから、通訳の質を考えていないんだと思う。やっぱ英語もっとうまくならなきゃ駄目」と述べていた。

(3) オージーイチオシのベトナム料理は……"Crispy chicken noodle"

　オーストラリアでは、会社員や家族連れが日常的にベトナム料理を食べている風景をよく見掛ける。Preschool の母親たちとの会話の中で、A はベトナム料理についての話題を持ち出すことがあるが、好きなベトナム料理は何かと聞くと、口をそろえて "Crispy chicken noodle" と答えるそうだ。鶏ガラスープにエッグヌードルを入れてフライドチキンを添えた料理だが、現在のベトナムで一般的な料理ではない[9]。この料理の名前を出されてもなじみがないので戸惑うが、それは A の配偶者に伝えるにとどめ、オージーの母親たちとの人間関係を重視し受け入れているという。

(4) "あなたはナニジンですか？" というナンセンスな問い

　娘の Preschool は白人系を中心に多文化を背景にした人で構成されている。来豪したばかりでオージーの母親たちとの交流に慣れていなかった頃、アジア系の子どもが入学してきた。A は何気なくその母親に出身を尋ねたところ、即座にクイーンズランド州ケアンズから来たという答えが返ってきた。国名が返ってくると思い込んでいた A は、その返事を聞き「思えば自分もオージーにナニジンかっていう質問をされたことがないし、多文化のこの国の人たちにはナンセンスな質問だ」と感じたという。以来、A は「相手がナニジンだと聞くのをやめた。考えれば自分もその方が気楽だから」と思うようになったそうだ。

6. 考察

　まず 5.1（1）から 5.1（2）にあるように、A が感じたオーストラリアのベトナムは「パッケージ化されている懐かしい感じ」(5.1（1）)や南部文化 (5.1（2）) であった。そのずれについて、Skype を通じた友人に代表されるように、親密度によっては本音を述べるが、シドニーで知り合った母親たちとは、彼女たちの持つベトナムの印象を受け入れ、関係性を重視する規範の変動性（ファン 2010）が見られた。このベトナムの印象をめぐるずれは、5.2（3）でクリスピー・チキン・ヌードルがベトナム料理の中で一番好きだと答えるオージーとのやりとりでもうかがえる。5.1（3）のベトナム人であることを A に意識させた牧師とのやりとりも含めると、A は自分のアイデンティティーと

してのベトナムと、日本人、オージーが持つベトナムの印象にずれを感じつつ、相手を受け入れ、関係性を維持しようとする相手規範に向かう調整行動を取っていることが分かる。

　次に、このＡの事例を参考に、オーストラリアの多文化主義を日常の目線で捉えてみたい。確かに町ではベトナム料理が手軽に食べられ、公共施設でもベトナム語サービスが充実している。この点からもこの国の多文化環境を察することができるが、フォーの味付けが南部風であることやクリスピー・チキン・ヌードルが代表的なベトナム料理でないことなどは、Ａの周辺にいる日本人やオージーには知られていなかった。これはオーストラリア社会でベトナムに多様な側面が潜んでいることが話題にならないからであり、オーストラリアの中のベトナム内部にある多様性は見過ごされていることの表れではないだろうか。2. で触れたアデレードのベトナム系エスニックスクールでは、ベトナムとオーストラリアのハイブリッドな人材の育成を掲げていた。ハイブリッドとは二つ以上の異質なものを複雑に絡み合わせ一つにしたものだと定義すると、Ａの見たそれは、オージー・ビーフをふんだんに入れた牛肉のフォーやクリスピー・チキン・ヌードルなど「オーストラリアのベトナム料理」に限られるだろう。いや、それらの料理がハイブリッドな料理と呼べるかどうか疑問である。ベトナムとオーストラリアが複雑に絡み合ったものではなく、本国のベトナム料理そのものとしてＡの周囲の人々は認識していたからである。そう考えると、オーストラリアの多文化主義は、文化に対する人々の認識が一定のイメージのレベルで完結された、本質主義的な見方で成り立っているものなのかもしれない。逆に言えば、Ａと同じような視点を持つ個人がおのおののネットワークを通じて広がっていくことで、この国の多文化主義は本来的な意味での多様性を維持していくことができると思われる。

　その他、ベトナムに関わる事例以外のデータに着目すると、オージーとのやりとりで触れた身内を褒める行動の事例（5.2（1））からは、自身を相対化しつつ、相手規範を肯定的に評価し受け入れようとする調整行動が確認できる。Ａのオーストラリアに対する肯定的感情は、5.2（2）での電力会社の電話対応のまずさに憤慨する以上に「英語もっとうまくならなきゃ駄目だ」と自身の英語力を振り返る語りからもうかがえるが、ここで目を引くのは、サービスの質を許容する際、「日本だったら信じられない。ここも一応先進国で

しょ？　ベトナムと変わらない（笑）」と 3 カ国を比較する多言語使用者としての思考プロセスが確認できる点である。だが一方で、A が来豪して間もない頃、Preschool でのアジア系オージーとのやりとりから、相手の出身国を聞く無意味さと、国籍で括られない身軽さを再確認していたことも 5.2（4）で分かった。日常の何気ない接触場面で、人を国でくくろうとする自らの本質主義的な見方を省みた経験は、A の多言語使用者としての感覚を磨いていくものと思われる。そして、これら A の事例から、今後この国が多文化主義を一層豊かにしていくためには、人々による、文化やアイデンティティーというものを問い続ける日常空間の形成が極めて重要だということが導き出されるだろう。

7. 終わりに

　冒頭に述べたディンゴ駆除の動きは、家畜や固有動物保護という観点から一方的に行われたことにより、生物多様性を必要とする生態系に新たな問題を生じさせた。翻って、人間世界を考えると、有用性を重視する新自由主義の潮流は、考察でも述べたように文化内部にある多様性を「多文化」という名目に静止させ、固定化させてしまうように思われる。単にナショナルなレベルの文化が陳列された空間ではなく、パーソナルなレベルで文化を捉え、その同質性をずらす多言語使用者の感覚を持った者同士のコミュニケーション空間の形成こそが、多文化主義国家としてのオーストラリアの将来的な可能性であり、その姿勢は多文化共生が叫ばれて久しい日本も学ぶところが少なくないと考える。

　読者には、ぜひオーストラリアを訪れることをお勧めしたい。大自然や動物との触れ合いもさることながら、現地の人々との接触場面に遭遇し、内省する機会が得られれば、それは今後のグローバル社会を生きていく上での貴重な財産になるに違いないだろう。

▶ 注

[1] 多文化主義について、本稿では主に梶田（1996）による「1つの社会の内部において複数の文化の共存を是とし、文化の共存がもたらすプラス面を積極的に評価しようとする主張ないし運動」（p.235）という定義を参照している。

［2］Australian Bureau of Statistics: Cultural Diversity in Australia
http://www.abs.gov.au/ausstats/abs@.nsf/mf/2071.0/ 2013.1.9 閲覧
［3］Australian Curriculum, Assessment and Reporting Authority（ACARA）
http://www.acara.edu.au/curriculum/cross_curriculum_priorities.html 2013.9.6 閲覧
［4］塩原（2013: 189-201）を参照。
［5］http://asiancentury.dpmc.gov.au/white-paper 2013.3.5 閲覧。なお、このニュースは 2012 年 10 月 28 日付日本経済新聞にも掲載された。
［6］一例を挙げると、ニューサウスウェールズ州大学入学統一試験（HSC）では、試験科目として実に 30 以上の言語が用意されている。
http://www.boardofstudies.nsw.edu.au/syllabus_hsc/languages.html 2013.6.30 閲覧
［7］接触場面概念を正式に取り上げたのは J・V・ネウストプニーである。ネウストプニーは接触場面研究の視点から言語管理理論を発表するに至った。この概念を知る入門書としてネウストプニー（1982）を挙げたい。
［8］ちなみに、カブラマッタの町並みについては、ビッグコミックス『美味（おい）しんぼ』59 集（作・雁屋哲、画・花咲アキラ 1997）でも触れられている。
［9］筆者が「ベトナム料理　クリスピー・チキン・ヌードル」で Google 検索すると、確かに「シドニーのベトナム料理レストラン」をはじめオーストラリアに関連する件名が次々にヒットした。

▶ 参考文献

青木麻衣子（2008）『オーストラリアの言語教育政策―多文化主義における「多様性」と「統一性」の揺らぎと共存』東信堂
梶田孝道（1996）『国際社会学のパースペクティヴ』東京大学出版会
雁屋哲（作）・花咲アキラ（画）（1997）ビッグコミックス『美味（おい）しんぼ』59 集　小学館
塩原良和（2005）『ネオ・リベラリズムの時代の多文化主義―オーストラリアン・マルチカルチュラリズムの変容』三元社
塩原良和（2013）「先住民族の自己決定とグローバリズム」市民外交センター（監修）上村英明・木村真希子・塩原良和（編著）『市民の外交―先住民族と歩んだ 30 年』法政大学出版局
日本語教育学会（編）（2005）『新版日本語教育事典』大修館書店
ネウストプニー，J.V.（1982）『外国人とのコミュニケーション』岩波新書
ファン，サウクエン（2010）「異文化接触―接触場面と言語」西原鈴子（編）『シリーズ朝倉「言語の可能性」』8　言語と社会・教育』朝倉書店
村岡英裕・ファン，サウクエン・髙民定・石田由美子（2007）「日本における多言語使用者の言語管理と日本語教育―「多言語社会」から「多言語使用者の社会へ」」2007 年度日本語教育学会春季大会予稿集

駐日大使館員の言葉の使い分け
行田悦子

　外務省によると、2014年現在153カ国の駐日大使館がある。大使館員というと、外国語が堪能だというイメージを持つ人が多いだろう。ただ、多くの場合日本語は、母国ではあまりなじみのない言語である。言語レパートリーに「日本語」と書かれていても、日本語で業務を行えるレベルとは限らない。

　欧州のある国の駐日大使館に勤務するAさんは、大使館では本国とのやりとりも多く、第一言語（L1）を話す。業務では国籍を問わずさまざまな人と会うが、通訳を入れて話すのは、母国の立場を表すためだと言う。L1は民族アイデンティティーを示す記号として機能している。一方、外部との会議では、効率よく協働作業をするため、英語を使う。日本語が話せる場合でも、日本語の不使用を選ぶのは、日本語が分からない同国人への配慮、敬語を避ける、本音を探るという意味もある。また、外国人コミュニティーの共通語という側面もある。

　ただ、中南米の大使館員Bさんはスペイン語、旧ソ連地域の大使館員Cさんはロシア語と、地域共通語を選ぶこともある。同郷の人と方言を使うように、瞬時にその言語を話す相手との距離が狭まり、その社会特有の何かを共有できる。異なる文化圏・勢力を示せるわけである。

　グローバル化が叫ばれているが、日本社会では一部のコミュニティーを除き、日本語が最も有効な共通語である。政治家や年長者と話す場合は、片言の日本語でも、直接話した方が「敬意」「尊重」「関心」を示すことができ、交渉を円滑にするための「信頼関係」につながるという。完璧な通訳でも、間に人が入ることでその場の空気は変わる。通訳のデメリットは少ない。だが、相手の得意な言葉で、直接話す方が緊張をほぐし、親近感を与え、相手の心をつかみ、思いがけない結果につながることもある。

　このように駐日大使館員は、主にL1、高度な英語、日本語の3言語を使い分けている。その選択は、その場に応じ、さまざまな要因を考慮して行われる。まさに複言語使用者ならではの使い分けである。

米国人学生 3 人の戸惑い
―新しい教育観に基づく現場から―

小島祐子

1. はじめに

1.1　新しい教育観に基づく実践の背景

　伝統的な教育観に基づく授業において、教師はいつも主体となり、知識を一方的に伝達してきた。漢字の時間には教師が漢字を黒板に書き、読み方や意味を教え、文法の時間には教師が導入、説明、練習を繰り返した。また、読解の時間には、難しい部分や新しい語彙や文法が含まれる部分を教師が解説するという方法がよく取られた。しかし、世の中が工業社会から情報社会へと変革するに伴って、教育に対する価値観も大きく変わった（久保田 2000）。

　新しい教育観（構成主義的教育観）では知識は外から与えられるものではなく、学習者の中にある既存の知識を使って自ら構成するものであり、学習は他者との相互作用を通じて行われるものであると考えられている（久保田 2000）。日本語教育でも、協働学習、自律学習といったキーワードを基に、学習者がお互いに助け合いながら学習を進めるピア・ラーニング（池田・舘岡 2007）や、学習者が自律して何を学ぶか計画し実行するチュートリアル（桜美林大学日本語プログラム「グループさくら」2007）といった学習者を主体とした教育実践が行われるようになった。しかし、一斉授業に代表される客観主義的教育観で教育を受けてきた教師と学習者にとって、この新たな教育観に対する受け入れ態勢（レディネス）が整っていないことも少なくない（佐々木 2006）。

1.2　本稿の研究課題

　筆者は前述した構成主義的教育観に基づいて授業実践を行っている。しかし、このような授業形態を受け入れ、大きな学習効果が見られる学習者がいる一方で、「こういうやり方が嫌いだ」と言う学習者や、何をやっているのか分からないというような戸惑いや不安の目に触れる機会もしばしばある。

本稿では、この戸惑いを「新しい場面や不慣れな場面に遭遇して、何をすればいいか分からない状態」と定義し、新しい教育観に基づく授業活動のプロセスの中で何が起きているのか、特に「学習者の戸惑い」に着目しながら、教師と学習者のレディネスの実態を明らかにすることを目的とする。

伝統的教育観ではより効率的に知識を増やすことが目的であったのに対して、新しい教育観では得た知識ではなく知識を得る過程こそが学習だ（久保田2000）と定義されている。つまり、教育関係者の研究目的も学習方法の効果ではなく、その過程が重要視されるべきである。従って、本稿でも、成果ではなくその過程を記述することに重きを置くこととする。

2. 授業の概要

2.1　コースについて

筆者は米国中西部にある州立大学で、3年目の日本語クラスを担当している。授業は1学期に1コマ50分の授業が週に4回、15週行われる。日本語プログラムには主専攻と副専攻があり、どちらにおいても当コースが必須科目となっており、毎年受講者の7割程度の学生が主専攻もしくは副専攻を目指している。コース開始時のレベルは250時間修了程度で、当コースより初級向け教科書から中級向けのものへと変わり、授業の重点が話し言葉から書き言葉へ移行する時期であるため、多くの学生にとって大きなチャレンジの時期となる。

教科書は『上級へのとびら』（岡他2009）を用いている。日本の地理やテクノロジーといったトピックを中心に学べる工夫がされたもので、各課にそれぞれのトピックに沿った読み物と会話文がある。当コースでは1課につき約3週間かけて、1学期に四つのトピックを扱っている。それぞれの課は漢字、文法学習に始まり、読み物、会話文へと移行する。そして最後に、トピックの理解を深める目的で、プロジェクトを行っている。

2.2　新しい教育観に基づく授業への変遷

筆者は「教育観」を教師がコース運営をする上で根底に持つ理念と捉え、例えば特別なプロジェクトや活動を行うときだけに適用されるというものではなく、プログラム、もしくはコース全体に影響を及ぼすものであると考え

ている。しかし、教師・学習者共に伝統的教育観を持ち、レディネスが整っていないこともある状況で（佐々木2006）、完全に新しい教育観に沿ったコース運営をすることは現実的ではない。そこで、筆者は今の状況を過渡期と考え、教師主体の活動を少しずつ減らし、新しい教育観のキーワードである協働、自律、学習者主体といった要素を増やす努力を行ってきた。以下に漢字学習とプロジェクトの時間を例に取り、その変遷と新しい教育観に基づいた授業の流れを記述する。

〈漢字学習〉

以前は教師が漢字の読み方や意味を説明し、学生はノートを取る形であった。各課の新出漢字について、その漢字を使った語彙を知っているか尋ねるなど、学生と対話しながら進めるよう心掛けたが、非漢字圏にいる学生にとっては、その漢字を使った語彙を思い付くのは難しく、一方的な説明で終わってしまうことが多くあった。そこで、学習者が既存の知識を使い、かつ他者との相互作用と通じて学習ができるように、次のように活動内容を変更した。

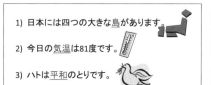

図1　新出漢字の例文提示の例　　図2　ワークシートの例

まず、学習項目の新出漢字が含まれる例文を提示し（図1）、前後の文脈や絵を基に漢字の読み方や意味を推測する活動をグループで行った。例えば、「島」という新出漢字に日本地図の絵を入れ、「日本には四つの大きな島があります。」という例文を提示すれば、「島」という漢字が読めなくても、「しま」という読み方、もしくは「island」という意味が推測できるわけである。例文を作る際は学生が意味や読み方を推測できるように、学生になじみのある語彙を用いるようにした。また、それぞれの例文はできるだけ統一した文脈を持たせるよう心掛けたが、そのような文は長くなりがちで、一つの漢字

が分からないと他の漢字も理解できなくなる恐れがあったため、簡潔で短い文にすることを優先し、絵で文脈を補うようにした。

以上の活動をした後、その推測を基に音読み、訓読み、意味や部首といった情報を分かる範囲でワークシート（図2）に記入してもらい、最後にグループの代表者が割り当てられた漢字の情報を板書し、全体で確認を行った。以上のプロセスを踏むことで、学生が将来新しい漢字に遭遇した際に文脈から意味を推測したり、知っている知識を基に学習を進めたりすることができるようになることを期待した。

〈プロジェクト〉

各課で学んだ知識を使い、より自分との関連性を見いだし、創造的で意味のある学習が行えるように、各課の最後にプロジェクトを行っている。例えば、日本のテクノロジーについて学んだ課では、クラスメートに紹介したい便利な学習ツールの発表を行った。以前は個人作業が中心で、それぞれが発表の下書きを書き、教師がそれを直した上で、クラス発表を行った。発表時には質疑応答の時間があり、一部積極的な意見も交わされたが、発言する学生は限られていた。

その後、試行錯誤を経て、学生が教室内にとどまらず、地域コミュニティーに関わる機会を作れるよう、教室外から人を招いたり、教室外に学生が作成したものを発表したりするなど活動内容を変更した。例えば、上述した日本のテクノロジーについて学んだ課では、主にロボット産業について書かれてあるため、自分たちがロボット技術者であると仮定し、グループでロボット開発の企画書を作成した。プロジェクトの流れは以下の通りである。

表1　Aの背景

1コマ目	・グループで大学の問題点を話し合う ・その問題点を解決するためのロボットを考案する
2コマ目	・ポスターの作成（図3） （ロボットの名前、形、動き、機能などの説明を書く）
3コマ目	・ポスター発表 （日本人ボランティアとの質疑応答を含む）

ポスター発表は1コマをグループの人数分に区切り、それぞれの時間に必ず一人の発表者がポスターの前で質疑応答を行うようにし、全員がポスター

発表の機会を得た。日本人ボランティアはスポンサー役となり、それぞれのポスターを見て、学生に質問をした上で、どのグループにいくら出資したいかを投票してもらった。また、学生も他のグループのポスターを見て、質問をするよう課題を与え、出資したい額を投票してもらった。

図3　ロボットプロジェクトのポスターの一例

　以上のように、新しい教育観を基に、少しずつ授業案を変更した結果、学期を通して、グループワークを中心として行うようになった。グループのメンバーは課ごとに変わり、その課の学習期間中（およそ3週間）は基本的に同じグループで漢字、文法、読解学習のグループワークを行った。ある一定の期間を共にすることで、よりいい人間関係が築け、学習環境が整うことを期待したからである。グループは3人から4人で構成され、くじまたは学習者同士で決めてもらう形を取った。教師の権限を少しでも減らせるようにと考え、教師が意図的にグループを決めることはしなかった。

3. 調査方法

　2013年秋学期に日本語3年生を履修した学生の中から3人（男性2人、女性1人）にインタビュー調査を行った。今回は「戸惑い」という話しにくいことをテーマとしているため、教室活動の仕方に戸惑っていたり、意見を持っていたりする様子を見せた学生の中から、自分の感じたことを話す能力のある学生を選んだ。質問内容はある程度決めていたが、発話によって追加した質問なども多く、それぞれのインタビューでは異なる質問も多くあった。全てのインタビューは1対1で、学期が終わった直後に30分から40分程度行い、1学期間を振り返ってもらった。インタビューは一部を除き英語で行い、録音、文字化し、必要な部分を筆者が翻訳した。

表2　調査対象者のプロフィール（人物名は全て仮名とする）

名前	シンディ	ジョン	カイ
性別	女	男	男
専攻／副専攻	化学と日本語	言語学	ビジネス
第一言語 (学習言語) ＊学んだ順に記載。下線は一番深く学んだ外国語を示す。	英語 （スペイン語、ドイツ語、ラテン語、<u>日本語</u>、中期エジプト語）	英語 （<u>スペイン語</u>、日本語、イタリア語）	英語 （<u>日本語・スペイン語</u>） ＊アジア系の移民で、母国語はアジアの言語。就学前に移民したため、教育は全て英語で受けている。
日本語学習の動機と態度	専門分野の翻訳に携わりたいと考え、日本語主専攻を取るために、大学に戻ってきた。	日本語の勉強を始めてまだ1年しか経っていないが、夏の間に独学で初級を終わらせ、このクラスに入った。当学期中に日本語能力試験N3合格を目指して、勉強していた。	一学期間の留学経験あり。日本で就職して、また日本に戻りたいと考えている。将来的には日本語を生かして国際ビジネスに携わりたいと考えている。
性格・情緒	予習復習をしっかりし、積極的に参加。発言も多い。	好奇心旺盛で、授業外のことでも熱心に日本語を学んでいる。授業前後にクラスメートに日本語で話しかける場面がよく見られた。	物静かな学生であるが、オフィスアワーを利用して、会話の練習をしに来るなど積極的な一面もある。

4. 調査結果と考察

　インタビュー調査を基に、教室活動の仕方や協働学習がどのように受け取られているのか、また、学生が何に戸惑っているのか分析を行った。インタビューでは共通して考えるプロセスを重視した活動とグループワークについての発言が目立ったため、この2点について記述することとする。

4.1　考えるプロセスについて
〈シンディの場合〉

　シンディが専攻していた理系学部では教師による講義の後、教師不在の教室で実験や観察をすることが多く、課題遂行型の授業に慣れていた。また、宿題を好み、自分には何かを調べたり、人に聞いたりして、学習を進める能力があると自分を分析しており、自律した学習者といえる。実際に日本語の授業で使う教科書以外に、自己学習のために文法の辞書を購入している。シンディは、辞書などに頼るのではなく、すでにある知識を基に考えながら、

新しい知識を構成していく進め方を最も楽しんでいるように見えた学生の一人であった。
　以下に漢字の時間についてのシンディの発話をまとめる。

[シンディ：漢字学習についての発言]

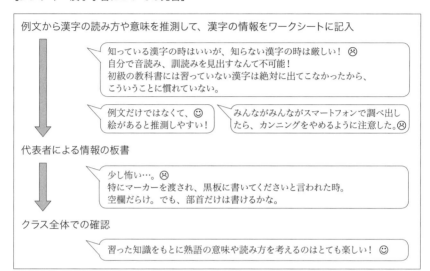

　筆者は学期を通して、すぐに教科書や辞書に頼らずに、自分の頭で考えることも勉強であると伝えてきたが、この漢字の時間に多くの学生が考えることを放棄し、手持ちのスマートフォンで漢字を調べ出した。しかし、シンディはそれをやめるようにクラスを感化する存在であり、授業中「考えるプロセスはアドベンチャー！」とクラスメートに発言したこともあった。
　シンディはこの漢字学習の教室活動について「「これが今日の漢字です。覚えてください」というより役に立つと思う。活動をしているときに、あーそうか！という瞬間があって、それを覚えているから」「私は記憶力がいい。でも、1週間たったら忘れてしまう。長期記憶をよくするための方法は自分で考えること」とも発言しており、なぜ、教師がこのような回りくどいやり方で漢字を教えているのかを理解し、それを肯定的に評価していることが分かる。
　しかし、それでも戸惑いが全くなかったわけではない。筆者は既習語を駆

使して、学生がすでに持っている知識を使って、新しい知識が学べるよう工夫したつもりであったが、シンディのような予習復習をしっかりし、着実に言語知識を身に付けている学生にとっても、難しい活動であったようである。教師は既習項目が必ずしも学習者の理解可能な知識ではないことを心に留めておかなければならないだろう。また、「分からない」という感覚が「怖い」という表現によって表されたことも、注目すべき点である。分からなければ、グループやクラスの助けを受けて、知識を増やすことを目標としていたが、シンディにとっては不安な場面であったようである。

〈カイの場合〉

　カイは学期始めに、全ての新出漢字の意味や例などを調べてくるなど、予習をして授業に臨んでいた。しかし、それは最初だけで学期の途中からはその予習をやめてしまった。予習をしてきたときは授業でやったことと、自習してきたことがうまく頭の中で関連づけられ、学習効果も高かったようである。しかし、自分で考えながら、新しい知識を見いだす活動については「見たことがない漢字＝分からない漢字」という固定観念があったようで、あきらめの態度で授業を受けていた。また、シンディが分かったという瞬間を楽しんで学習しているのに対して、カイは「それほど興奮するものでもない」と述べており、これらの発言からカイは知識は外にあり、教師から与えられるものであると考えていることが分かり、新しい教育観に基づく活動のレディネスが整っていたとは言い難い。

　過去に受けた好きな教師について聞くと、留学中の日本語教師の名を挙げ、「A先生はとても厳しかったです。毎日必ず宿題を終わらせていなければいけませんでした。週に1度1対1で会話の時間がありました。学生にとってはプレッシャーだったけど、その方法で多くを学んだと思う」と述べている。この発言からカイは教師の厳しい態度やプレッシャーが学習につながると考えており、結果的にカイが率先して行っていた自律学習を阻んだ形になってしまった。

[カイ：漢字学習についての発言]

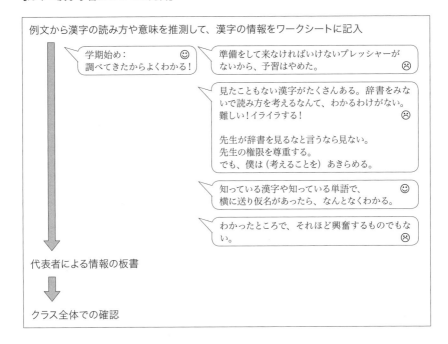

〈ジョンの場合〉

　ジョンはこの学期中に行われた日本語能力試験 N3 の合格を目指していたため、授業外でも多くの漢字や文法を率先して学んでいた。そのため、授業では新しい知識を学ぶというより、復習の時間となっていた。少し余裕があったためか、答えをすぐにもらわず、自分で考える活動が肯定的に受け入れられていたようである。

[ジョン：漢字学習についての発言]

　―（教材を指しながら）この文を読んで、意味を理解するのは簡単でしたか。
　はい、こういうことは楽しいです。パズルみたい。先生が答えをすぐに出さないで、考えさせるのが好きです。

　―この課についてですか。それとも、一般的にこういうことを考えるのが好きですか。
　はい。私が最初にした「で」と「から」についての最初の質問で、先生は答えを与えず、考えるようにいいました。それはとてもいい方法だと思いました。

> ―自分で学ぶことができましたか。
> 自分はそのほうが勉強になりました。誰かに確認する必要はありますが、誰かに答えを教えてもらうよりずっといいです。

　実はジョンは学期の初めに「～でできている」と「～からできている」の違いについて筆者の研究室に質問をしに来たが、自分で考えるように促した。ジョンがその時少し驚いた表情をしていたことから、あまり教師にそのようなことを言われた経験はなかったことが予測できるが、それを肯定的に受け入れるレディネスがあったと考えられる。

4.2　グループワークについて
〈シンディの場合〉

　シンディは動機の強さと積極的な性格故に、グループワークで苦しむことになった。多くの学生がどうすればいいか分からない、やりたくないと吐露する中、主導権を握って、グループのために多くのことをしなければならなかったと言う。

[シンディ：グループワークでの葛藤]

	グループのメンバー	シンディ
学期の前半	クラスが始まったばかりで、新しいパターンやシラバスに慣れるところ。みんな同じぐらい混乱。	負担が一番少なかった。
		日本人ボランティアにする質問を全て用意した。
	シンディは頭がいいから、いろいろやってくれるだろうと期待するようになる。	グループのメンバーが一人やめてしまったため、その学生の担当部分を自ら引き受けた。
学期の後半		ロボットプロジェクトのポスターをほとんど一人で作成する。
		外の学生にも機会をあげようとしたが、誰もしなかった。

当然のことながら、クラスには高い動機を持って履修している学生もいれば、そうでない学生もいる。最初のグループはまだ学期が始まったばかりで、皆やる気があり、グループワークもうまくいったが、次第にやる気の薄れる学生も出始め、グループの中でいつもシンディが課題をする役となったのである。そうすると、クラスメートは「シンディは全部やってくれる人」ということが分かり、グループのメンバーを変えても、また頼られてしまうという悪循環に陥ってしまった。このような状況について、シンディは「グループがもっと協力してくれたらいいのに」という不満と、「グループのメンバーの学ぶ機会を奪って悪い」という罪悪感を同時に感じていたそうだ。この発言から、自分一人で課題を終わらせるべきか否かという戸惑いが見られる。
　しかし、シンディが以下のようにグループがうまくいかなかったのは自分のせいでもあると分析している点は非常に興味深い。

［シンディ：グループワークの経験］

> 他の授業でもグループワークで悪い経験をしています。何かをする時に、たぶん自分だけを頼りにする傾向があるからだと思います。私はそうすることをやめたほうがいいかもしれません。「これをやってください。私はこれをします。そして、後でみんなで一緒にまとめましょう。」とやってみます。

　シンディはグループワークにおいて、他のクラスメートが何もしてくれない状況に戸惑いを感じつつも、自分にも非があったことを認め、もっと他者を信頼するべきではないかと内省している。

〈ジョンの場合〉

　ジョンはグループワークについておおむね肯定的な意見を述べている。好奇心旺盛なジョンは特に日本語の知識が豊富なBと作業することを好んだ。教師からだけでなく、クラスメートからも学べることを理解していることが分かる。

[ジョン：Bとのグループワーク]

> Bさんは日本語をたくさん知っているし、一緒に作業をするのが楽しいです。Bさんは面白い人だから。上手に早く作業ができるだけでなくて、楽しいです。<u>Bさんと一緒のグループの時はたいてい何か少し学ぶことがあります。</u>

　考えるプロセスを楽しみ、グループワークを好み、新しい教育観に基づく授業活動に対するレディネスが整っているように見えるジョンでも、他者とやりとりをする上で多少の戸惑いが見られた。

[ジョン：グループワークに対する戸惑い]

> ―音読み、訓読みをグループで協力して解明できましたか。
> いつもとても静かになります。〈中略〉<u>活動の最中、グループに参加したくないと思うことや、他のメンバーが参加したくなさそうだと感じることがあります。とても個別（の活動）なんです。</u>よくわかりませんが、<u>人は自分がどのくらいわかっているかとかわかっていないかということを見せたくないのではないでしょうか。</u>

　ここではジョンが「この活動においてグループワークが適当であるかどうかという戸惑いが表れている。一斉授業でクラスメートの前で間違えることが恥ずかしいと感じるように、たとえグループになっても、学生によっては自分の間違えをさらしたくないと感じる人がいてもおかしくない。また、その逆もあり、自分の知識をあまり見せたくない学生もいるのではないだろうか。同じレベルのクラスに在籍していても、学習者間にレベル差があるのは当然で、教師はそのレベル差がうまく機能することを期待してグループワークを行うが、レベルが高い学生にとっても低い学生にとっても、心理的に厳しい立場に立たされることもあるようである。
　また、他者とのやりとりを通して学ぶことを期待して行っていたグループワークであるが、実際にはそれほど複雑な意味交渉が行われていないことも分かった。

[ジョン：グループワークでの意味交渉]

> ―グループに質問をするのをためらいましたか。
> はい、何度か。でも、時々一つの答えをもらって、それで…。

> ―では、ディスカッションという感じではなかったんですか。
> ええ、ただ、これは何？これは何？という感じです。

　この発話から考えると、単純な答え合わせ程度しか行われておらず、他者の意見を聞き、自分の持っている答えを考え直し、変容する（池田・舘岡 2007）というようなことは起きなかった模様である。
　また、他のメンバーとの学力の差ではなく、動機の差にも悩まされたようである。

［ジョン：グループワークでの悪い経験］

> どれも（どのグループも）うまく行きました。パートナーがポスターを忘れた時以外は。あれは最悪でした。「どうして時間通りに来なかったのか」と聞いたら、「私は時間に間に合ったことがないもの」という感じで。高校ではそういうことは格好いいけど、ここではそうではありません。

　ジョンは他の授業でグループワークの経験があり、グループ作業はそれぞれの長所を生かせば、うまくいくと言っている。このグループワークでも、日本語を使うことに消極的なＣの特技に目をつけ、ポスターの絵を描く役目を与えた。それまで、退屈そうに授業に参加していたＣが、ペンを取り、ポスターの絵を熱心に描き始めた時は、教師としては胸をなで下ろす場面であったが、結局ポスター発表の日にポスターを持ち帰っていたＣが、遅刻するというハプニングが起きた。Ｃの日頃の授業態度から、ある程度そのようなことが予想できたため、ジョンは代替案を用意しており、大事を免れた。
　ジョンはグループワークを肯定的に捉えているという点でレディネスが整っていると考えられるが、それでも、クラスメートの動機が低いといった、本人の力の及ばない場所で、問題が起きていることが分かる。

〈カイの場合〉
　グループワーク中、カイは積極的に日本語で話す姿が見られた一方、事前に宿題をきちんとして、グループで話す内容が分かっていながら、静かにしていたり、不快な表情を見せたりする一面もあった。

[カイ：グループワークに対する意見①]

<u>僕は講義のほうが少し好きです。グループよりも多くのことを学べますから。</u>グループでお互いのインターアクションの機会を得て、日本語を使ってみることができるのはわかりますけれど、たいてい学生は実はあまりお互いに助け合っていません。いつも一人グループをリードしすぎる人がいて、あまりグループをリードしない人がいて、そういう人はあまり内容を理解していないから、消極的になります。これはいいバランスとはいえません。言語のクラスでは、私たちはみんな違うレベルで、<u>他の学生より言語ができる学生がすごく強くなります。</u>そういう学生はいいけれど、他の学生は助けをあまり得られません。

カイはグループワークの有効性を認めてはいるものの、主導権を握る学生や言語レベルの高い学生に対して、嫌悪感を抱いていることが分かる。また、助け合うべきであることも分かっているが、言語のクラスでは能力の差があるため、助け合うことはできないと考えていることも分かる。

[カイのグループワークに対する意見②]

自分はある人がグループを支配しようとしていると、嫌な感じがします。<u>私は彼らがやりたいようにさせます。私は私の利益のために、自分の勉強をします。</u>でも、それは自分についてです。他の人にとっては大変だと思う。他の人は簡単にリードしている人についていく。そういう人は学習していない。ただその人がやるように言ったことをやっているだけなんです。

また、この発言からグループワークの最中、グループ作業は他のメンバーに任せ、一人で学習している様子がうかがえる。「自分の利益のために」と言っていることから、グループに貢献する意向はなく、グループから距離を置いている。また、グループワークでは自分の意見を曲げない人もいるから、他の人の意見を受け入れ、グループをリードしないように心掛けているとも述べており、グループの中で受け身的な存在になるよう努めていることが分かる。

[カイ：グループワークに対する戸惑い]

―何か教えることにためらいがありますか。
だれも僕に聞かないから。

―なるほど。聞かれる前に助けることはできないのですね。
やってみることはできるけど、強くなりすぎます。そうしたら、もっと怖がらせて

しまうし。難しいです。みんなを助けたいけど、聞かれなかったら、どう助けたらいいかわかりません。

カイはクラスメートに対して強い力を持つことを嫌い、自分がそうならないように気を使っていることがよく分かる。過去にグループワークをした経験があるかどうか今回のインタビューで聞くことはできなかったが、あまり慣れている様子ではなく、他のメンバーに対して威圧的にならずに、どう助けたらいいのか戸惑っているようである。

5. まとめ（分析から見えてきたこと）

5.1 学習者のレディネス

この調査から、同じ国、同じ地域で教育を受けてきた学習者でも、新しい教育観に基づく授業活動に対する態度はさまざまであることが分かった。また、肯定的に受け入れられた場合でも、幾つかの戸惑いが見られた。

まず、考えるプロセスを重視した教室活動では、「習っていないこと」＝「理解不可能」という固定観念があり、学習者に大きな不安や戸惑いを与えた。伝統的な教育観に基づく授業では知識が一方的に伝達され、教師の説明が分かったか分からないかが問題となるが、新しい教育観では、「分からない」ことがスタート地点となる。学習者にはまず分からない感覚に耐える態度を培う必要があるだろう。

また、グループ活動では、自分は自分のために学習している、聞かれなかったから助けなかった、といった声があった。知識は教師から学ぶものだという根強い信念があり、学習者がお互いに助け合って学ぶ環境を阻んでいる。

そして、能力の差というより、動機の温度差がグループワークを左右していることが分かった。グループワークは全ての人に学習の機会が与えられるやり方ではあるが、全ての学生が勉強したいと思っていない状況では、難しかった。長きにわたって教師は同じ学習者グループ内での個人差に悩んできたが（林他2006）、今、新しい教育観に基づく現場で学習者同士の活動が増えたことで、その悩みを学習者も抱えることになってしまった。動機の差のような学習者自身では解決できない問題をいかに解決できるか、教師と学習者が共に悩み、よりよい学習の場をつくり上げていく必要があるのかもしれない。

5.2 教師のレディネス

学習者の戸惑いを分析することで、教師のレディネスの実態も浮き彫りになった。まず、考えるプロセスを重視した活動では、学習者を「分からない」「難しい」という気持ちにさせてしまった。考えるプロセスを重視する活動を行う際、学習者が達成可能だと感じられる活動にする工夫が必要であるだろう。

また、欧米の学習者は討論型の授業に慣れている（池田・舘岡2007, 佐々木2006）といわれており、筆者も学習者の教育経験を頼りにしていた部分があったが、実際にはそれほどなじみがあるわけではないことが分かった。説明を怠らず、学習者が新しい教育観に沿った授業で、戸惑いなく学習が行えるように、授業開始時やコースの中盤で、オリエンテーションや学習者が自分の学習背景を振り返る導入セッション、そして、デモンストレーションビデオによる参加態度の指導（池田・舘岡2007）といった時間をつくり、丁寧な指導をしていく必要があるだろう。

6. 今後の課題

本調査は、自分の気持ちを表現できるコミュニケーション能力を持った学生に限って行った。教室にはその声を上げることのできない学習者も多くいる。そのような学習者に耳を傾けていく研究も行われるべきである。また、今回はあくまでもインタビュー調査であったため、実際に考えるプロセスにおいて、またグループワークにおいて何が起きているかは未解明のままである。本調査を基に、実際に教室活動でどのような「戸惑い」が起きているのかを研究していくことを今後の課題としたい。

▶ 参考文献

池田玲子・舘岡洋子（2007）『ピア・ラーニング入門―創造的な学びのデザインのために』ひつじ書房

桜美林大学日本語プログラム「グループさくら」（2007）『自律を目指すことばの学習―さくら先生のチュートリアル』凡人社

岡まゆみ他（2009）『コンテンツとマルチメディアで学ぶ上級へのとびら』くろしお出版

久保田賢一（2000）『構成主義パラダイムと学習環境デザイン』関西大学出版部

佐々木倫子（2006）「パラダイムシフト再考」『日本語教育の新たな文脈―学習環境、接触場面、コミュニケーションの多様性』アルク

林さと子他（2006）『第二言語学習と個別性―ことばを学ぶ一人ひとりを理解する』春風社

column

インター出身者のアイデンティティー
熊本愛子

　インターナショナルスクール（以下、インター）は民族、人種、国籍などに偏らず、さまざまな国の子どもたちが通う学校である。よく、英語を身に付けさせるために子どもをインターに入れたいという意見を聞くが、インターは語学学校ではない。インターでは欧米などのカリキュラムに沿い、全教科を英語で勉強する。英語を学ぶのではなく、英語で学ぶのだ。

　言葉はその国の文化を表し、人のアイデンティティーと密接に関係する。では、インターに通い英語で学校生活を過ごした日本人は、言語をどう感じ、どのようなアイデンティティーを持つのか。一例として幼稚園から高校までインターに通った28歳の日本人女性Aを紹介したい。

　日本語と英語のバイリンガルであるAの母語は日本語で、仕事を支障なくできる高い日本語力を有している。英語力も高く、2007年12月に受けたTOEICで満点の990点を取得している。Aは、日本語は「話さずには生きていけない人たちと話すために必要な言語」だという。しかし、英語力の方が高いと感じており、英語の方が自分を表現しやすく、楽な言語だという。またAは英語と日本語を交ぜて話すことが多い。これはインターの生徒によく見られる言語使用でもあるが、日本語と英語のバランスを取っているのがこの交ぜた話し方なのだ。

　Aは、国籍はもちろん、性格も日本人だと話す。しかし、日本の学校で教育を受けた日本人とは多少の異なりを感じており、従って自分のアイデンティティーを「インターで育った日本人らしい日本人」と表現し、自分にはインターらしさと日本人らしさがあると話す。インターらしさは、英語の方が強く、自己主張ができるところであり、日本人らしさは、遠慮や気遣いなどができることである。

　Aの感じる「日本人」との異なりから、インターで教育を受けることは、ただ英語が身に付くだけでなく、言葉やさまざまな国の人々と関わることを通し、個人のアイデンティティーに深く関わってくることが分かる。インターに子どもを通わせる前に、この点もよく検討すべきだろう。

生きた文脈を通した言葉の学び
—1分間の映像を用いた実践—

ローズ（平田）昌子・岩下智彦

1. はじめに

　近年、メディアを活用した学びが注目を浴びている。特に、視覚的に理解を促す「映像」を用いた実践などが多く行われるようになってきた。「映像」を使用した授業と聞いて、どんなことを思い浮かべるだろうか。そもそも、語学の授業に「映像」を取り入れるとは、どんな意義があるのだろうか。

　筆者は、映像作品を内容理解や聞き取りの教材として使用することに疑問を抱いてきた。なぜなら、内容理解や聞き取りを中心とするならば、わざわざ映像を用いるのではなく、聴解テープだけでも可能なのではないだろうかと考えたからである。また、教室内で作品を鑑賞するだけで終わってしまっては、家でテレビを視聴しているのと何ら変わりがない。あえて、教室内で映像を教材として用いるならば、そこでしかできない活動を行うべきではないかと考えるようになった。

　このような視点から、いま一度、言葉を学ぶ場に映像を用いる意義を再考したい。これまでの映像の使われ方は、映像を視聴し、その後、受容能力ばかりに目が向けられてきたきらいがある。しかし、通常、私たち人間は、テレビを見たり、映画を鑑賞したりした後、「あの場面はこうだった」「あの主人公の表情が良かった」など、感想を言い合ったり、評価をしたりするのではないだろうか。たとえ、それを人と共有しなくとも、個人の内側で映像作品を振り返り、考えを巡らすだろう。つまり、「正確に内容理解ができたか」「せりふが聞き取れたか」ではなく、その映像から何を感じ、どう解釈したのかに目が向けられる。そこで、本実践では、映像を内容理解の対象とするのではなく、映像を産出活動のための「刺激」と「きっかけ」として活用することを目指した。

2. 先行研究

「分かっている」と思ったが、実際は「分かっていない」。「分からない」と思ったけれども、後から点と点が線でつながるように「分かった」という経験は誰にでもあるのではないだろうか。佐伯（2004: 12）は、「わかろうとしている」というのは、「わかっている」でもなければ、「わからない」でもなく、まさにその中間にあることを指すとした。そして、人間は、この「わかろうとする」営みを続けていくものだと述べている。このような「わかろうとする」状態を持続させるためには、「①文化の中で（社会にとって）わかるべきこととされていることの取り組み」と「②自らの認識活動の中で、（自分にとって）わかるべきことの自然なわき起こり」が必要だと述べている。さらに、その「わかろうとする」過程では、「その人の認識の中での「自然なわき起こり」を触発し、より有効に自己吟味を達成させ、わかるべきことが自らの自発的選択として文化の中から選びとられて、取り込まれる」と主張している。本実践においても、教師による一方的な授業ではなく、学習者の中に生じる「自然なわき起こり」を重視している。

牛窪（2005: 93）は、「学習者の主体性」という言葉を「①教室－学習者間での主体性」「②日本語－学習者間での主体性」に分け、定義づけを行っている。まず、前者は学習者を授業に参加する主体と考え、学習者がどのように授業に参加するかを意味し、後者は学習者を言語を発話する主体と捉え、いかに創造的に言語を使用するかというものである。本実践では、この牛窪（2005）が定義する「学習者の主体性」の①②を実現させた環境を生きた文脈における学びとする。

3. 実践概要

3.1 目的

前述のとおり、本実践では、映像を内容理解の対象とするのではなく、映像を産出活動のための「刺激」と「きっかけ」として活用することを目指した。なぜ映像作品が「刺激」および「きっかけ」として機能するのかというと、流れ移る映像のどの部分に着目するかは個人により異なるからである。また、その映像の解釈も三者三様であり、必然的にズレが生じる。このズレが「刺

激」となり、そのズレを解消するためにやりとりが行われる。つまり、ズレを解消する行為が「きっかけ」となり、教室内という学習の文脈に、生きた文脈が生まれるからである。本実践では、このような生きた文脈の中で言葉を学ぶことの重要性を明らかにすることを目的とする。

3.2 使用した映像作品

映像作品を授業の素材として扱う場合、鑑賞時間の長さ、ジャンル、言語レベル、著作権の問題など、さまざまな壁が立ちはだかる。本実践では、以下の点に留意し、映像作品の選定を行った。

・著作権の問題をクリアできるもの
・視聴後の産出活動に重点を置くため、視聴時間の短いもの
・日本語のマルチレベルに対応できるもの
・誰もが感想や意見を持てるようなメッセージ性のあるもの

本実践で使用した映像は、(公財) 日本ユニセフ協会企画による「One Minute Video」(http://www.unicef.or.jp/oneminute/index.html) である。これは言語を介さず1分間でメッセージを伝える映像作品である。言語を介していないため、言語依存度が低く、マルチレベルに対応可能な点、また、ユニセフの趣旨にのっとり、ユニバーサルなメッセージが込められている点からも、多様な文化背景を持つ学習者が集まる日本語教育の場に最適だと思われる。

これまで「One Minute Video」全6作品を用いて、実践を行ってきたが、本書では、そのうち「Global shoes」を例に、実践手順の説明、および、成果を報告する。以下に、本作品の主要場面を抽出する。

3.3 実践内容

本実践には、表1で示した通り、国籍、日本語能力、年齢などが異なる多様な背景を有する者が参加している。

表1　Aの背景

実践参加者		実施時期	活動時間
大学院生 日本語教育専攻	4人（米国、中国、台湾、ベトナム各1人）	2012年3月	90分×1回
生活者[1]	6人（韓国5人、ロシア1人）	2012年4月	90分×3回
大学生 情報電子 システム工学 専攻	20人（中国14人、ベトナム2人、ミャンマー2人、ネパール、タイ各1人）	2013年7月	90分×1回
	19人（中国8人、ベトナム9人、ネパール1人、ミャンマー1人）	2013年 10月～12月	90分×5回

参加者がそれぞれ異なる意見・価値観を持つことで、同じ映像作品を視聴したとしても、解釈の差（ズレ①）が生じる。そのズレを埋め合わせる作業として、話者は自分の考えを理解してもらおうと説明し、聞き手は自分と異なる意見を持つ話し手の意図を理解しようと聞く。そうすることによって、学習の文脈を超えた真の意味交渉が起こり、それが生きた文脈へとつながると考えた。また、このようにズレを解消するためのやりとりが行われる中で、言語能力の違いにより、その産出の仕方、つまり、語彙や表現も異なるものとなる（ズレ②）。このようなズレを認識し、学び合うことによって、言葉の学びも促進されると考えた。以下に、本実践の概念図を示す。

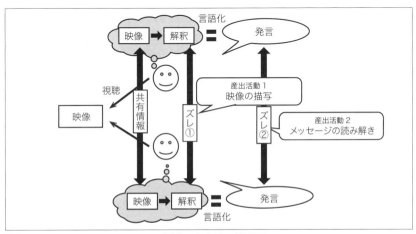

図1　本実践の概念図

上述した通り、ズレを解消するやりとりが生きた文脈につながる。しかし、参加者間のレベル差が大きすぎる場合、そのズレも理解できる範囲を超え、意味交渉さえ発生しない恐れもある。しかし、映像作品を使うことによって、ある一定の共通した情報を共有することができ、読解活動に見られるような大幅な脱線を防ぐことを可能とした。また、ある程度、情報を共有しているため、相手の意図をくみ取り、助けるというピアラーニングが起こりやすい環境にあるともいえよう。実践は、以下の手順で行った。

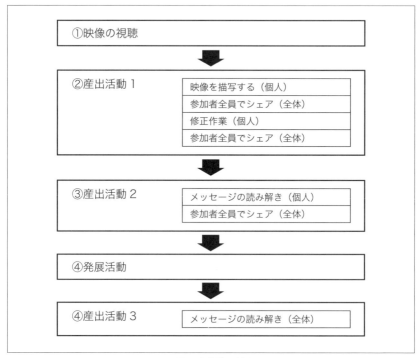

図2　実践の流れ

　まず、「産出活動1」では、視聴した映像を個人で描写する作業を行う。映像を見ながら、言語化していく作業となる。その後、参加者全員で、描写文をシェアし、取り入れたいと思った表現や語彙は異なる色のペンで記入する。そして、最後に、辞書やネット、友人、教員などあらゆるリソースを使って、修正を加える。そして、現時点で一番良いものを再度発表するという流れで実践が行われた。

次に、「産出活動2」では、メッセージの読み解き、つまり、映像作品にはどのようなメッセージが込められていたのかを読み解き（個人作業）、それを全体でシェアする。その際、なぜ、そのような解釈に至ったのか、該当する場面を説明するように、教師が促している。これは、一つ前の活動「産出活動1」で得た知識を再利用する機会にもつながるといえよう。

「発展活動」では、映像を起点としているが、映像自体からは離れた活動内容となる。本実践では、それぞれが映像を解釈し、テーマを見いだした後、映像の中に登場した靴ひもは何を意味していたのかを読み解く活動を行った。

そして、最後にもう一度映像を視聴し、どのようなメッセージが込められていたのかを全体でシェアする。

本実践は、個人作業とクラス全体での活動を繰り返しながら、初めの活動が次の活動へ、そして、また次の活動へと架け橋になるようらせん状に活動が組まれていることが特徴だといえよう。

3.4　実践の結果

「産出活動1」では、まず、辞書をはじめとしたリソースを使わずに、独力だけで視聴した映像を描写する。次に、全体でその描写文をシェアする。その際、他者の発表を受け身の姿勢で聞くのではなく、他者の使用した語彙や表現を積極的に取り入れ、自身の描写文がより良いものになるよう修正を促した。以下に、実際に修正が加えられた描写文を示す。

【描写文（原文）】
みんなは、靴帯を一つずつ連結します。ある女の人がくつをはってないから、靴帯の連結ができません。一人の男は自分のネクタイをぬいて、自分の足と女の人の■在一起。あの女の人は自分の■帯で、足と男の人の足を■在一起。

注）■は母語で書かれていた文字

【修正後の描写文】
みんなは、**くつのひも**を一つずつ**むすぶ**。ある女の人が**はだし**から、**くつのひものむすぶこと**ができません。一人の男は自分のネクタイを**はずして**、自分の足と女の人の**足をむすぶ**。あの女の人は自分の**リボンをはずす・ほどく**で、足と男の人の足を**むすぶ**。

注）下線部は修正された箇所

上記の描写文の変化に見られる通り、原文では母語や既知の語を用いて描写されている。しかし、全体で描写文をシェアした後は、他の参加者の表現から、修正を加えている。つまり、教師から修正箇所を指摘されたのではなく、自ら自身の描写文を振り返り、修正を加えていることになる。
「産出活動2」では、まず、独力のみで映像に込められたメッセージを読み解き、全体でシェアをする。その後、「産出活動1」と同様に修正を加える活動を行った。以下に、メッセージの読み解きにおいて、個人で書き出したものと、全体でシェアし、その後修正を加えたものとの変化を示す。

表2　メッセージの読み解きの変化

	原文	修正後
VF1 大学院生 （ベトナム）	人が違っても、協力すれば、問題を解決することができる。	世界中では、さまざまな異なる人がいて、みんな自分の個性を持っている。しかし、お互いに相手を思いやることができるなら世界は平和になる。
CF1 大学院生 （中国）	みんなそれぞれ違う靴を履いているが靴ひもで結ばれる。お互いに違う人間は何か一つのもので繋がって生きている。	異なる言語の環境でアイデンティティを維持しながら、理解と共生を求めている。

　VF1の文章は、全体でシェアした後、より具体的かつ詳細な文章に変化している。原文では「協力すれば、問題を解決できる」という説明にとどまっているが、全体でシェアした後は、「お互いに相手を思いやることができるなら世界は平和になる」と修正している。また、CF1も、「何か一つのもので繋がっている」という抽象的な表現であったが、全体でシェアした後は、「お互いに違う人間」を「異なる言語の環境でアイデンティティを維持しながら」とより具体的、かつ詳細に説明している。また、「何か一つのもの」を「理解と共生を求めている」とより明確に述べている点からも、VF1・CF1共に大きな変化が見られたといえよう。ただし、このような修正は事実描写同様に、教師による指示があったわけではない点を強調したい。
「産出活動2」のメッセージの読み取りでは、おのおのが「世界平和」「助け合い」「貧困」などさまざまな解釈を寄せた。そこで、その読み解きに沿い、「靴ひも」が持つ意味、役割について発表する活動が行われた。以下に、参加者たちが考えた「靴ひも」の意味や役割として挙げられたものを示す。

表3 「靴ひも」の持つ意味と役割について

参加者	メッセージの読み取り	靴ひもの 意味・役割
KM1 会社員 (韓国)	我々の社会は多様な文化・人種・価値観などをもっております。もちろん国も違います。でも地球上生物の中で人間が一番えらい生物だけに、人間社会がより平和的かつ幸せに生きるためには、多様性を認めながら一輪になって平和や幸せを目指すべきではないかと思います。	つながり、人間関係、組織、あるいは社会
KF3 大学生 (韓国)	違っても良い。人たちと同じ姿 or 恰好をしなくても輪になれるから。この動画で出る「わ」という意味は「輪」と「和」の二つの意味を持っていると思われる。	コミュニケーション、話題
CF1 大学院生 (中国)	グローバル時代が来て、それぞれ異なる背景を持つ人のコミュニケーションが増えています。自分の力だけではなく、みんなの力で互いに助け合って、幸せになれます。	同じもの(共通点)
KF4 大学生 (韓国)	人種平等を思いました。靴の色やサイズが違っていたのは、世界の中でのいろいろな人種を表したいという思い。ひもで結んだのは、見た目が違っても同じ人間であり、平等に接するべきだ。または、裸足の人は貧乏な国を表し、自らのネクタイやリボンを外してくれたのはお互い助け合いながら、幸せになる。を意味していると思う。	繋がりたいと思う気持ち

　その後、以下の絵教材を提示し、「靴ひも」が「言語」だとした場合、図3の絵教材はどのような世界を表しているのか、そして、メッセージの読み解きで多く挙げられた「世界平和」に近づくためには、どのような世界が良いのかについて話し合う活動を行った。

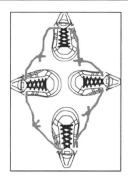
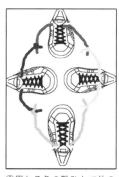
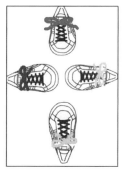

①同色の靴ひもで他の靴と結び付けられた靴　②異なる色の靴ひもで他の靴と結び付けられた靴　③それぞれ異なる色の靴ひもの靴

図3　発展活動で用いた靴ひもの絵教材

多くの参加者が、絵教材①は「英語のような世界共通語がある世界」、②は「通訳者や翻訳家がいればコミュニケーションが取れる世界」、③は「各国異なる言語を使い、コミュニケーションが全く取れない世界」を表していると解釈した。しかし、「理想的な世界はどの世界か」と問い掛けると、その答えは三者三様であり、またその理由も多岐にわたった。以下に、その一例を示す。

表4　選択した絵教材とその理由

	選択した絵教材	理由
NM1 大学生（ネパール）	絵教材①	共通語があったほうが、便利だし、誤解が生まれにくいから。
VM1 大学生（ベトナム）	絵教材②	お互い違うから、知りたい、わかりたいって気持ちになるから。
CM3 大学生（中国）	絵教材③	会わなければ、喧嘩もしないから。

4. 実践から見えてきたもの

本実践には、二つのメリットがある。まず一つ目は、「二重のズレ」が起きるようクラス設計がなされていた点である。この「二重のズレ」とは、一つは「解釈のズレ」であり、もう一つは「言語表現のズレ」である。同じ映像作品を視聴しても、その映像の解釈は人により異なり、着眼点も異なる。その解釈のズレを解消する、つまり、お互いにどのように解釈したのかを理解し合い、ズレを埋め合う作業が起こる。また、言語能力の違いがあるため、自ずとその表現や使用した語彙などにもズレが生じる。このようなズレをすり合わせることで、真の意味交渉が起こり、それが生きた文脈における言葉の学びにつながるといえよう。そして、本当に自分が伝えたかったことが伝わったのか、表現が適切だったのかを参加者自身が内省し、修正を加えることで、「使えるから使う語彙」から「使いたいから使う語彙」へ変化させる。このような、二重のズレを解消することにより、言わされている言葉ではなく、言いたいことを言語化することにつながる。

二つ目は、「映像」を媒介とし、ある程度、同一の情報を共有しているため、ピアラーニングが起こりやすいというメリットがある。一般的な授業では、クラス内で発表の時間を設けても、自分の発表順や内容に気を取られ、他の人の発表を聞いていない参加者を多く目にする。他者の発表にも興味を

持たせ、そこに学ぶべきことがたくさん埋め込まれていることを意識させる必要がある。本実践では、個人作業と全体でシェアする時間を組み合わせ、全体でシェアしたものを個人の中に取り込むよう促す活動が組み込まれていた。このような活動が、他者の発表に耳を傾けることにつながったと思われる。また、映像という共通情報を持っているため、他の参加者が言葉に詰まった場合でも、「ああ、あの場面のことだね」と参加者同士で理解し、助け合う行動が見られた。よって、全く未知のものをシェアしているわけではなく、ある一定の共通項を持ちながらも、同一ではないものを発表することによって、ピアラーニングを促進させることにつながるのではないだろうか。

　以上のように、本実践では、映像を理解する対象とするのではなく、視聴した映像を「刺激」や「きっかけ」として、自らの考えを発信する活動を重視した。伝え合い・分かり合い・学び合うことによって、生きた文脈の中で言葉を学ぶ場の創出につながる活動を提案したい。

5. 終わりに

　本実践では参加者間の映像作品に対する解釈の違いと言語能力の違いに焦点を当て、互いの内面に生じたメッセージを伝え合う状況を「生きた文脈」として活用することを目指してきた。また、実践内容を考えるに当たり重要視してきたのは、以下の3点を活動の仕掛けとして利用することであった。

　　①映像を参加者の発話への刺激ときっかけとする。
　　②参加者間のズレを利用する。
　　③参加者自身が伝えたい内容に焦点を当てる。

　このような理念とその実践は、経験豊かな教師の多くが、実際の言葉を教える現場において日々試行錯誤している営みである。こうした試行錯誤の成果は、ある一つの学習機関などで共有されていることはあるだろう。しかし、そこに研究による振り返りとその結果の共有と発信というプロセスを取り入れることによって、実践者同士のコミュニケーションが精緻になるのはもちろんのこと、こうした実践研究の結果が、今後言葉を教える現場に向かう人々とこれまで多くの経験知を持つ教師との懸け橋となり、言葉の現場を掘り下げることにつながるのではないだろうか。

　本実践が今後の言葉をめぐる教育現場、および、実践研究の発展の一助に

なれば幸いである。

▶ 注

[1] ウェブ上で映像を用いた無料の日本語レッスンへの参加者を広く募集した結果、6人が集まった。その内4人が日本企業で働く社会人であり、2人が日本語学校に通う留学生であった。属性が異なるため、本グループの名称を「生活者」とした。

▶ 参考文献

岩下智彦・平田昌子（2012）「1分間の映像作品を用いた実践—動機付けと語彙習得の観点からみる効果」2012年日本語教育国際研究大会予稿集
牛窪隆太（2005）「日本語教育における学習者主体—日本語話者としての主体性に注目して」『リテラシーズ1』pp.87–94. くろしお出版
佐伯胖（2004）『「わかり方」の探究—思索と行動の原点』小学館
谷口美穂・平田昌子・岩下智彦（2014）「映像を用いた実践における語彙学習プロセス—関与負荷仮説の枠組みによる教室内インターアクションの分析」『言語教育研究』4, pp.1–8.

▶ 参考 URL

「One Minute Video」（公財）日本ユニセフ協会 http://www.unicef.or.jp/oneminute/index.html

column

複言語時代のオランダ語学習者
海保あづさ

　グローバル時代に必要な能力といえば何を思い浮かべるだろうか。周囲の声では英語と答える人が多い。確かに世界とのコミュニケーションには英語は最も有効であり、私も日常生活や仕事上で英語の必要性を常に感じている。ではオランダ語と聞いて何を思い浮かべるだろうか。英語のようにグローバル時代に必要なツールと考える人はいるだろうか。

　私はかつてベルギーのオランダ語圏に暮らしオランダ語を5年間学習した経験がある。田舎の小さな語学学校であったが実に多様な学習者がいた。旧ザイールやコソボの難民、旧東ドイツや東欧からの移民、ロシアやアフリカ、アジアなど多様な国籍を持つ出身者が政治的経済的、その他それぞれの理由でクラスに来ていた。その5年間で私が特に学んだことは、英語重視という考え方に偏りがちな日本を含む東アジアの国々と違い、英語も含めた複言語という欧州の考え方である。ベルギーはフランス語、オランダ語、ドイツ語の3言語が国語であり、英語も含め複数の言語を話す人も珍しくない。そして複言語であることの証明の多くは、試験の合格証書の提示ではなく自己申告である。複言語教育は、それらの言語を使って相手や場面に応じたコミュニケーションができるということを重視する。検定試験などの合格を目標とした学習や、文法や発音などの正確さを重視した練習と違い、背景やレベルの違う人々が互いに理解し合うことを重視し、伝え合うことを第一に考える学習環境が、そこにはあった。

　それから約20年後の現在、都内で社会人向けのオランダ語講座を見つけ1年ほど通っている。学習者は10人前後であるが、主婦、芸術家、教員、経営者、化学者などさまざまな背景の人が集まっている。学習のきっかけも、司馬遼太郎の著書を読み蘭学に興味を持ったという人から、音楽、芸術、建築などへの興味、さらに仕事、子どものバイリンガル教育、言語そのものへの興味など多様である。オランダ語クラスは需要も低く既習者のクラスは一つしかないため、クラス内にレベル差は当然あるが誰もそのことを気にしない。先生はベルギーのオランダ語圏出身で日本語も含め複数の言語に堪能で

ある。用意されたプリントは会話の表現や文型が提示してあるが、それを基に会話は予測のつかない方向に進む。学習者Dさんは、毎回予測のつかない会話がこのクラスの魅力だと言う。教科書から離れ内容がとんでもない方向に進むこともあるが、実際の会話とは常にそういうものだし、だからこそ面白いのだと言っている。

　複言語国家のベルギー出身の先生を始め、この講座の学習者たちには、豊富な複言語の背景がある。オランダ語以外の言語との関わりを尋ねると、フランス在住が長くフランス語が堪能な人、化学系の仕事で英語を日常的に使っている人、イタリア在住時代にはベルギー人の夫との会話にイタリア語が交じることもあったという人もいる。また帰国子女で日英のバイリンガル話者であるAさんは現在エスペラントを1年かけて勉強しており、マイナー言語に興味があるBさんは今後フリジア語を勉強したいと考えているそうだ。また大学教員のCさんはドイツ語とノルウェー語を教える傍らデンマーク、スウェーデン、アイスランド語の学習経験もあるゲルマン語の研究者である。この多様な学習者たちが教室内で使う辞書もまた、英蘭、独蘭、仏蘭など多種にわたり、それらの言語のほとんどを知る先生を中心に授業中にオランダ語や他の言語が自然に行き来するのもこの教室の魅力である。Dさんはオランダ在住を振り返り、欧州各国の言語に興味が持てたことが良かったと言う。母語以外に英・独・仏などを話すオランダ人を見習い、自分も旅先ではその国の言語で簡単な会話は話そうという意識が身に付いたという。もし駐在先が英語圏だったら全て英語だけで済ませていただろうし、オランダに住まなければ複数の言語を同時に勉強するなど想像もできなかったと言う。私もまた複言語の考えに良い影響を受けている。オランダ語学習の経験が、長年苦手だった英語への意識を変えるきっかけとなったのだ。英語もオランダ語も同等に多様な言語ツールの一つだという意識を持つことで、英語学習の意味を考え直すことができた。またオランダ語の上達が英語への興味につながり、学習方法などを英語学習にも生かせるようになった。さらに母

語である日本語を客観的に見る姿勢にもつながっている。
　複言語というと日本人とは無縁だと思われがちだが、身近に複言語の社会はあるものだ。日本語教育の現場でも、学習者や教師の多くが複言語の背景を持っていると思われる。グローバル時代の日本語教育の発展のためにも、オランダ語教室のような多様な言語の共存を楽しめる現場や、個人の中の複言語の経験を生かせる環境が増えることを期待したい。

日本語教育で現代詩を扱う

萩原秀樹

1. はじめに

　筆者は人間教育の一環としての日本語教育を目指しており、学習者に内面の表出を導き、何らかの人間形成に関わる場の一つとしての教室現場を想定している。それは、広く言語教育は学習者の人間性、アイデンティティーの形成に少なからぬ影響を与えると考えるためである。

　これを如実に感じたのは、英語詩 "What Are Heavy?"（Christina Rossetti）に接し、その和訳を日本語教育機関の中級クラスで紹介したところ、詩の世界観に学習者の多くが強い関心を示し、関連の活動に前向きな姿勢で取り組む場面に出合った時であった。以来、学習者の内面を引き出すには詩が有効な素材ではないかと考えるようになった。

　ところが、指導者は一般に詩に対してどちらかというとマイナスのイメージを抱いているとの印象があり（その理由は後述）、詩は少なくない指導者にとって手に余り、避けたがる素材のように感じられるのである。

　確かに、公になった実践としては、例えば定期的な群読活動や、谷川俊太郎の「生きる」を素材に創作活動から指導者と学習者の対話に展開したものが報告されている。また、小学校国語教科書に掲載された作品が年少者教育の場で用いられるケースも漏れ聞くが、あくまでも断片的な情報にすぎない。ほかに、大学の教養科目で扱ったり心理教育的な手法を用いて詩作を試みたりするなどがあるが、国内外を問わず実践は概ね各指導者による散発的な試みにとどまり、市販教科書での採択もごく限定的といえる。

　一般に詩が利用されにくい理由としては、やはり情緒的な作品や抽象的、観念的で主張が不明瞭な作品、共感しにくい作品がある点が大きいのではないだろうか。解釈が自由で正解がないこともあり、良いものとそうでないものの判断や採点も難しい。その結果、詩を不得手とする指導者が多いのかもしれない。加えて、現実的に授業時間の制約が厳しく実践がかなわないこともあるだろうが、一方で川柳や短歌といった短詩形式に学習者が関心を持ち

やすいのも日本語教育では経験的によく知られており、アジア圏の一部で若い世代に比較的詩が好まれるとも聞く。

このように見ると、学習者が本国でも接し、本来は身近な表現形式のはずの詩が現実的には利用されにくいのは、教材としての魅力や可能性が小さいためなのだろうか。しかしながら、学習者をめぐる上記の事情やこれまでの取り組みから推し量るに、作品の選択に注意を払えば授業に利用できないはずはないとの確信が筆者にはあった。

そこで本報告では二つの実践を紹介する。それぞれの目的は以下の通りである。

(1) 日本の現代詩、特に定型詩を一般的な鑑賞活動のみに終わらせず、模倣詩の創作、その他の活動へと発展させ、学習者の内面、個別性の自由な発露を導くこと。
(2) 学習者の出身国・地域の母語による原詩とその和訳を通し、言語への認知の深化を導き、併せて作品の背景などへの理解を促すこと。

2. 実践の内容

2.1 概要

対象は東京都内の民間日本語教育機関における、中上級から上級レベルの学習者15人のクラスである。修了後は日本の大学、大学院などへの進学希望者と非進学(就職または帰国予定)者が混在し、国籍は中国、韓国、タイ、インドネシアである。実践の場は通常の授業内で、特に希望者による選択制の授業ではない。ほぼ1週間に1回、2時間のペースで行われ、全9日、延べ15時間に及ぶ。

実践は大きく次の流れで行った。まず①英語詩 "What Are Heavy?" の和訳詩を起点とした準備的な活動を行い、次に②日本語詩による諸活動を経て、最後に③学習者の母語による詩とその和訳を用いた活動を行うというものである。

筆者はこれまで①の実践を数度にわたり重ねたのち、今回当該クラスで取り上げた日本人高校生向け国語教科書で谷川俊太郎らの現代詩に接することとなった。そこで、これらの諸作品を含め詩全般をどう取り上げたら学習者が共感し、自分の内面に取り込むと同時にその内面を表出し、さらに言語面

にも関心を引き寄せられるかを考え、単なる鑑賞にとどまらないような工夫を試みたものが本実践である。

2.2 活動内容と展開例
(1) 活動内容と素材

表1に各回の素材と活動内容を示す。各回ではまず鑑賞を行ったが、本報告では取り上げない。音声教育的にはリズム感、拍感覚の養成への活用や、オノマトペ（擬音語・擬態語）の感覚を磨いたり言葉遊びの楽しさを味わったりするなどの活動も可能だが、本報告では扱わず、日本語詩の創作（模倣）活動と各国語詩（母語の詩）の関連活動に焦点化する。

表1 素材と活動の概要

			創作（模倣）	その他の活動
第1回～第3回	日本語詩	Christina Rossetti "What Are Heavy?" とその和訳詩	○	―
第4回		金子みすゞ「こだまでしょうか」	○	音読
第5回		谷川俊太郎「20億光年の孤独」	―	―
		谷川俊太郎「これが私の優しさです」	○	朗読ＣＤ鑑賞
第6回		中原中也「生い立ちの歌」	○	
第7回		長田弘「世界で最初の一日」	―	音声活動
第8回	各国語詩	（韓国語、タイ語）	―	和訳詩鑑賞
第9回		（中国語、インドネシア語）	―	和訳詩鑑賞

(2) 展開例と活動の様子
①第1回～第3回：英語詩 "What Are Heavy?"【作品1】と、その和訳詩【作品2】を用いた活動

第1回：指導者が原詩（英語）を板書して学習者に刺激を与え、和訳詩を配布して鑑賞する。次にペアを組み、まず単純に模倣作品の創作を指示する。学習者同士で言葉を探し合いながら進めるが、ここでは概して自由奔放で、時に破天荒なものが生まれるほか、原詩の持つ論理展開を無視（逸脱）した作品が頻出する。ペアで朗読したのち感想、コメントを出し合い、質疑応答を行って創作の意図などを共有する。【作品3】

第2回：第1回の作品を指導者が添削し、活字化した作品一覧を配布する。全員で鑑賞し、意見を交換する。その後、指導者が原詩にある論理性を説明

し、原詩の特徴を踏まえた模倣作品の創作をあらためて指示する。ここでは非論理的な作品が影を潜め、一定の論理性を持つものに移行する。あらためてペアで朗読し、指導者を含む聞き手とのやりとりを行う。【作品4】

　第3回：第2回同様、指導者が添削し活字化した作品集を配布し、各作品の鑑賞の後意見交換を行う。ここまでが第4回以降の日本語詩の実践につながる、実質的な事前準備活動となる。

【作品1】
◆原詩
"What Are Heavy?"
Christina Rossetti

What are heavy?
Sea-sand and sorrow.
What are brief?
Today and tomorrow.
What are frail?
Spring blossoms and youth.
What are deep?
The ocean and truth.

【作品2】
◆和訳詩
「重いものは」
クリスティーナ・ロゼッティ

重いものは
海の砂と悲しみ
短いものは
今日と明日
こわれやすいものは
春の花と若さ
深いものは
海と真実

（訳：森住 衛）

【作品3】
◆模倣作品1（論理性の指示前）
①将来のものは　　幸せなものは
　未知と楽しみ　　笑顔と楽しみ
　人生のものは　　不幸なものは
　夢と悪夢　　　　孤独と涙

②まぶしいものは　　長いものは
　太陽と輝く夢　　　絆と記憶
　必要なものは　　　信じるものは
　経験と前向きさ　　自分と未来

【作品4】
◆模倣作品2（論理性の指示後）
①速いものは
　光線と歳月
　つかまえにくいものは
　水と女の心
　はかりにくいものは
　宇宙と人の考え
　わかりにくいものは
　母国語と子どもの気持ち

②あたたかいものは
　母の手と太陽の光
　広いものは
　窓の枠と母の心
　熱いものは
　母の涙と自分の夢
　深いものは
　海の底と母の愛

③つややかなものは
　虹と恋
　純粋なものは
　赤ちゃんの目と一期一会
　明るいものは
　ハワイの海とあきらめない心
　暗いものは
　深夜のトンネルと想像外の裏切り

【作品5】
◆模倣作品3（初級学生の作品）
①長いものは
　道と寿命
　つまらないものは
　嘘と噂
　わかりにくいものは
　微積分と女ごころ
　うるさいものは
　笑い声と悪魔のささやき

②冷たいものは
　池の水とあなたの言葉
　暗いものは
　影と裏切り
　青いものは
　空と片思い
　痛いものは
　棘と冷淡

②第5回：「これが私の優しさです」

　解釈が難しく重いテーマの作品で、指導者の説明を要する。ただし、それも解釈の一例にすぎないことを伝えたうえで、学習者各自の理解の下にペアによる模倣を指示する。完成後はやはり意見交換と質疑応答を行い、狙いやイメージを共有する。【作品6】

【作品6】
◆模倣作品（原詩の第1連のみの模倣）
①　夜空の流れ星について考えていいですか
　　あの夏の静かな海について考えても？
　　朝日とたそがれについて考えていいですか
　　あなたが死にかけているときに
②卯月の木の芽について考えていいですか
　　師走の枯れ木について考えても？
　　始まりと終わりについて考えていいですか
　　あなたが死にかけているときに
③冬の寒風について考えていいですか
　　あなたがいない世界について考えても？
　　快楽と哀愁について考えても
　　あなたが死にかけているときに
④扉の向こうについて考えていいですか
　　これから残った時間について考えても？
　　今まで貫徹したこととやり残したことについて考えても
　　あなたが死にかけているときに

③第6回:「生ひ立ちの歌」
　内容のみならず語彙(ごい)の使い分けにも着目させつつ鑑賞を行う。その後、論理性に沿った模倣を指示する。各自のこれまでの生き方を振り返りながら書くように指示する中、大方の学習者は生き生きと筆を進めた。また、すでに論理性を自然に意識し、着目しているため、創作はスムーズに進んだ。完成後は意見交換と質疑応答を行う。【作品7】

【作品7】
◆原詩
「生ひ立ちの歌」
中原中也

幼年時
私の上に降る雪は
真綿のやうでありました

少年時
私の上に降る雪は
霙(みぞれ)のやうでありました

十七―十九
私の上に降る雪は
霰(あられ)のやうになりました

二十一―二十二
私の上に降る雪は
雹(ひょう)であるかと思はれた

二十三
私の上に降る雪は
ひどい吹雪とみえました

二十四
私の上に降る雪は
いとしめやかになりました

◆模倣作品
幼年時
私たち4人兄弟は
皆　方位磁石みたいで
親が大変だった

少女時
私たち4人兄弟は
皆　暴走族みたいで
親が大変だった

十七―十九
私たち4人兄弟は
皆　バカみたいで
親が可哀そうだった

二十一―二十五
私たち4人兄弟は
皆　バラバラになって
親が楽しみにしてくれた

二十六
私たち4人兄弟は
皆　自分の目標に向かって
親が安心してくれた

二十七―
私たち4人兄弟は
皆　そろそろ家に帰ろう
親が一番嬉(うれ)しくなった

④第8回、第9回:各国語詩
　該当する学習者が母語で作品(自由詩)を音読し、並行して他の学習者は日本語訳詩を黙読する。その後、作品の成立背景や社会事情などを当該の学

習者に説明してもらいながら指導者が適宜補足し、感想や意見を交換する。ただし、発表者当人にも解釈の難しい作品があった。

3. 考察1（日本語詩の活動から）
3.1 素材と手法、そして模倣作品の魅力
①英語詩を用いる意味

なぜ英語詩を用いたのか。もちろん優れた日本語詩は有用だろうが、あえて英語詩を提示することにより、ほぼ日本語に限定された教室環境への刺激と、逆説的にもたらされる教育的効果を狙ったためである。

日本語で行われる授業に不意に提示された異言語である英語は、少なくない学習者にとって第三の言語である。それを起点とする意外性に富む展開は、一様に驚きと刺激を与えることは想像に難くない。また、英語詩に現れる語彙は決して難解なものではないことから、学習者に本実践への関心と期待を喚起し、学習者を未体験の言語世界へいざなう。

すなわち、後述するような広く言語一般に対する知的好奇心や認知といったものを学習者に育む導入段階となり得るのである。

②定型詩と模倣活動の有効性

日本の中学校英語教育における英語詩の実践報告によれば、定型のない自由詩や自由表現がかえって生徒の発想を閉ざすことがあるとされる一方、俳句や短歌などの定型詩で豊かな思いが引き出されるという。

まったくの自由詩よりも定型という枠の存在で心理的負担が軽減するためか、自己表現を得手としない者でも内面を発露できるケースが見られる点は、日本語教育でも同様だろう。詩本来の自由さとその一方での定型の枠が安心感を与え、限定された空間に重点的にエネルギーが投入できることで活動しやすくなり、じっくりと語彙や表現を探索、検討するプロセスを経るため、内面が投影されやすくなるのかもしれない。ある程度の内面の開示が可能なのは、短歌や川柳と異なりテーマがすでに規定された定型詩はイメージが広がりやすいためだろうか。これは自由題の作文に筆が進まない学習者を想像するのがたやすいことからも分かる。その結果、ふだん意思表明に乏しい者が、センスに富み、感性豊かで個性的な言葉で周囲を驚かせるのは頻繁に見

られる光景である。
　また、作文活動では一文一文の完成に神経を使うのに対し、本実践では単語レベルに意識を集中させられるため、誤用を犯すリスクは確実に低下する。特に冒頭の和訳詩の模倣活動は純粋に語を当てはめていく作業となり、日本語力の差をほとんど問わないフェアな活動となる。結果的に初級学生からも中上級のそれと遜色ない、日本語レベルによる不均衡をまったく感じさせない作品が生み出された。【作品5】
　このように、原詩の形式の借用と模倣は学習の起点として有効と考えられる。学習者はゼロからの創作は苦手であっても、枠があれば形になりやすい。日本語力を問わず、よりリアルで内面に根差し、息遣いが感じられるこうした言葉をつむぐ場が提供できればよいだろう。

③論理性への着目
　定型詩には情緒性と論理性という矛盾する性格が併存する。しかしそれが魅力でもある。そこではやはりそれぞれの詩が持つ形式、論理性を無視することはできず、むやみにまねをすればいいわけではない。
　詩の論理は守るべきルールと言い換えられようが、論理性にのっとった作品が必ずしも共感を呼び、驚くような意外性を発揮するとは限らない。教室という場の構成員や環境の要因にも左右されるが、冒頭から論理性を説明し模倣を指示した場合、個性的な作品が生まれにくい印象がある。他方で、緩い縛りの中での作品には往々にして奔放な個性がうかがえる。
　あくまでも日本語の自然な運用に活動の主眼を置くのであれば、論理性の無視もやぶさかではない。本実践に文学性や芸術性を求めないなら、多少の論理性を欠いても許容されるだろう。

④模倣作品の魅力
　前述のように、未習熟のレベルにある学習者が生み出す言葉の魅力が模倣作品から感じられる。拙い日本語ゆえの素朴さや純粋さ、直截さがもたらす絶妙な味わいや微妙なバランスないしはアンバランスさ、繊細さといったもの、それは学習言語ゆえの遠慮のない表出や開示のしやすさにも由来するだろう。逆に、超上級レベルでは下手に技巧に走ったり、衒いや遠慮、さらには婉曲表現を多用したりといったような、語彙力や表現力の豊かさがもた

らす弊害もありそうである。

　こうして、抽象的で言語化しがたい概念や一人一人の「生」への接し方、ありよう、さらに人生観や人生の真実とでもいえるものが平易な言葉で表出され、本人なりの表現の高みへと近づく機会になり得る。そこでは内面の解放による喜びやカタルシスが味わえ、周囲の共感による達成感、満足感も得られるようである。その際は運用力の正確性よりも、多彩な語彙と表現の生み出す質感とその実感を重視したい。

⑤関心を持つ学習者の多さ

　対象者のほぼ全員が、母国の学校教育で詩に関する鑑賞活動や音読こそしていたものの、創作その他の発展的な活動は経験していなかった。そうした学習背景での実践であったが、上述のように最初に行った和訳詩の模倣活動で肯定的な印象が残っていたためか、以後の活動への抵抗感が小さかったようである。ただし、もっぱら詩を扱う科目として学習者が自主的に選択した授業ではないので、全員が関心を持つとは限らず、むしろ否定的な者もいた可能性があるが、本実践を機に詩の魅力と楽しさに気づいてもらえればよい。

　平易で身近なテーマの作品ならば、いわゆる「読解」文が不得手でも関心を持つ学習者は確実におり、前述のように語彙数が限られるためむしろ取り組みやすいと思われる。各作品にかける時間が比較的短くスピーディーに展開しやすいこともあり、退屈さとは縁遠いようである。

⑥場の力、詩の力

　模倣活動の際にペアを組むと、双方が適切な語彙を求めて協力し、思考が活発に働いていることが見て取れた。辞書類の利用頻度は他の授業と明らかに差があるように見受けられ、自分の感覚、感性に適した本当に欲する語彙を探すことに後ろ向きの者は皆無と感じられた。熱心な態度の者が大半で、一瞬、沈黙が広がる瞬間があると次には対話がなされているなど、予想以上に真剣に、かつ楽しげに取り組む。その結果、例えば「輝かしい」「裏切り」「嫉妬」「つややか」「棘」「たそがれ」「快楽」「哀愁」といった概念が初めて言語化されたのではないだろうか。

　こうして、教室内で接しこそすれ、ふだん用いる機会に乏しい抽象概念の言語化、明確化を試み、新たな語彙の獲得と拡大が可能となるのは、まさに

詩という素材の力によるものであろう。加えて、周囲の活動やフィードバックに触発され、より熱心に取り組むなどの相乗効果や周囲への波及効果も認められた。こうして相互に刺激を与え合い、受け合う、いわゆる学び合いの一端がうかがえ、最たるものとしては全員でのリレー創作のような全体活動も可能である。

⑦再発見されるべき素材
　模倣活動は、実は完全な創作や純粋な鑑賞の中間に位置するわけでもない。まったく別種の素材、別種の教室活動として捉え直すことが可能であり、詩への固定観念を打破し、詩を再発見できる。
　あらためて、模倣作品に表れた学習者の自在な言葉遣いを振り返りたい。そこで学習者が見せる軽やかなアプローチは、何ものにも替えがたい魅力に富む。のびやかで豊かな物語性をはらんだそこには、詩作の持つ一種の堅苦しさを超越した世界が広がっている。
　同時に、そこには替え歌作りの楽しさも想起できる。模倣活動はそうした遊びの感覚と直結、相似するし、イラストによる詩画作品や自作の朗読会も考えられ、各自が得意なモードで個別性を発揮する余地がある。

　以下は第3回（和訳詩の模倣活動）の直後に寄せられた感想である。
　　・「実物（具象）と気持ち（抽象）をつなげる過程で悩んだが、面白い」
　　・「明るく書きたかったが、厳しい現実があるから、暗い方を選んだ」
　　・「自分の希望と人生を深く考えさせられた」
　　・「人生の真実で難しかったが、全部必要だから書けてよかった」
　概ね好意的、肯定的で、各人なりの表現を求めていたことが分かる。

3.2　活動のもたらす発展的意義
①日本語への認知の深化
　学習者には無理のない範囲で、表現上のメタファーや微妙な言い回しに気づきを与えることができる。また、語彙の豊富さ、さらに作品によっては文語や旧仮名遣いに着目させることも可能で、概して学習者はこれらに関心を持つ。日本語への認知を一歩でも深める契機となり得る指導者と学習者の双方にとって貴重なこの時間は恒常的に提供されてよい。

なお、現行の教材や指導者の姿勢に、学習者の言語への広い関心、興味のかき立てや意欲の抑制、阻害があるとすれば、それは言語指導者として決してあってはならないと考える。

② 「言葉遊び」の魅力の実感

予想される批判として、単なる言葉遊びだとの意見が想像される。しかし、遊びこそが言語教育、言語学習、そして全ての学びの根本にある。仮に学習言語、第二言語で遊べるとしたら、学習者に得難い経験であり、幸せなことであろう。さらに、他言語の詩、そして何よりも詩という表現形式に触れること自体が有意義である。即効性が期待される実用的な教材は概して学習者の心に残らないものだが、実用の対極にある素材だからこそ心に響くものがあり、言葉とその創出、運用の魅力、楽しさを実感できるのではないだろうか。

③ インターアクションの活性化

学習者の多くはクラスメートの作品に高い関心を寄せるため、ごく自然にインターアクションが促され、各人の内面、人間性の相互理解が進み、教室空間が和やかになる。また、こうした活動でこそ力を発揮し、生き生きとした表情を見せる学生が必ずおり、概してユーモアが表出されやすいなど、個別性も見られやすい。これは、やはり学習者の内面、いわば「生」に根差した活動において顕著な傾向といえるだろう。

④ 外へ開かれた実践

模倣作品は日本社会との関わりから生み出された点で外の世界とつながっている。学習者は校内での掲出をいとわず、むしろ披歴したがると言っても過言ではない。狭い範囲ながら外へ開かれており、ゆくゆくは広く社会的メッセージを持つ作品の産出も期待できる。すなわち、教室という密室空間で完結、独立せず、閉じられていない活動になり得る。

4. 考察2（母語の詩の活動から）

本実践は4カ国の詩を活用したにすぎず、また筆者は諸外国語に通じているわけでもないので、以下をあくまでも仮説として提起する。

4.1　母語の再発見、自己意識の高まり

　教室内で朗々と母語を朗読、披露できることは快感であり、学習者はいずれも満足げで誇らしげな表情を浮かべていた。限定された教室空間内とはいえ、母語の披露はおそらく初めての経験であろう。そこからは母語の魅力の体感のみならず、周囲の反応から気づきと再発見がもたらされたと認められる瞬間があった。「クラスメートが私の言葉（母語）を楽しがっているのを見てうれしかった」とのコメントは、他者を鏡とした気づきへの端緒についたことを意味するのではないか。ただし、その「気づき」の深化には、さらに踏み込んだ工夫が欠かせない。

　同時に、自己評価（自尊感情）、自己効力感の高まりが感じられたが、一方で当人が首をひねる場面も見られ、母語使用者にもなじまない表現があったようである。ここからは○○人、○○語使用者としてのアイデンティティーの確認とその揺らぎが同時にもたらされたと考えられる。

4.2　多文化間言語文化教育への貢献

　各言語独特の音声、音調、リズム感といった個性は他の学習者に新鮮な感覚や発見を呼び起こし、快さや不思議さを感じた者は少なくないようだ。多くの現場では母語使用を極力禁じるのが共通認識であることを考えると、本実践は例外的な環境設定である。しかしこれらの反応からは、異文化間、多文化間における言語文化教育の意義を具現化、社会化するに当たっての、その萌芽が認められる。

4.3　フラットな言語観の確立

　こうして、本実践により現実世界での英語の圧倒的な優位性と母語の劣位という現状認識を、わずかながらも覆すことが可能である。そして、世界の諸言語をフラット（水平的）で並列的に捉える視点と、言語間の優劣を問わない姿勢、さらに各言語の個別性を尊重、肯定し、多種多様な諸言語あるいは変種の肯定や受容、さらに言語間の普遍性への気づきにつながる豊かな言語観を育むきっかけになり、それは複言語時代のパラダイムに沿った姿勢につながると考えられる。

　そこでは、指導者（教える者）と学習者（教えられる者）という固定的な関係性が逆転し、学習者が指導者に母語を教授する現象も生まれる。これは自ら

を絶対的優位に置きがちな一部指導者の認識を変えるかもしれず、今後は双方にそうした言語観の変容、更新があってよいだろう。

5. 考察3（実践全体から）

5.1 授業での位置づけ

　授業では、読解教材の一種としては扱わない意識が期待される。冒頭から文学作品を取り上げようと構えず、総合的な活動の一環として提示したい。あくまでも言葉に触れ、言葉を創り、学習者と指導者が共に楽しむスタンスである。言葉の創出は本来楽しい作業でありたい。

　ただし、作品の選択には配慮が求められる。一方、進学を希望したり言語知識の獲得を重視したりする者がいる場合でも、学習にめりはりやアクセントをつけ、思考を活性化させる効果が期待できる。

　他方、詩の活動には時間が「割けない」のではなく「割かない」のである。感動できる素材は他を削ってでも提供したい。そこに反発する学習者や指導者がいるなら、それは指導者と言語教育の敗北ともいえなくもない。学習者に何を教え、何を伝えるのか。どんな素材を用いるのか。あるいは教室とは何か。そして教室の役割とは何か。言語文化教育におけるこうした根本的な問いに本実践は迫っているのではないだろうか。

5.2 特性を生かした取り組み

　語彙が制限される詩では学習者の負担は軽減されるため、特に非漢字圏の学習者には接しやすいテクストのようである。作品によっては時間をかけず、自在な展開も試みやすい。そう考えると、詩は同じ情緒的なテクストである小説作品より扱いやすいことも考えられる。それが比較的ストレートなメッセージを持つ作品であればなお期待しやすい。

　多くの優れた特性を持つ詩は、思考の断片や切れ端が言葉をまとった、つぶやきの集合体でもある。必ずしも正確性は必須といえず、言葉は思いのままに発せられ紡がれて構わない。文法の運用の正確性を順守し、「正しい日本語」を用いた論理的な文を作る目標から解放される機会も時に提供されてよい。そこに言語教育の本来的な姿が隠れているようだ。

5.3 母語の詩を利用する意義

　おそらく、学習者の母語の詩を用いることへの現実性や意義を疑う声が少なからずあるはずである。そもそも母語の詩を用いるのは何のためか、非現実的だという根本的な疑念である。

　しかし、多文化間の言語文化教育といった広い視点から捉えると、多国籍の学習者の持つ多彩な母語という豊饒（ほうじょう）なリソースをなぜ活用していないのか、それが問題と考えたい。学習者の出身国の社会や文化の表層的差異に着目するのみならず、母語という根源的な言語資源、リソースを肯定的な姿勢で言語教育に投入することは間違っていないだろう。

　われわれは、日本語教育を無自覚的に「日本語「を」教える教育」と狭く規定してはいまいか。とりわけ、直接法を取る教育機関では原則的に日本語で学び、日本語（だけ）を学ぶもの——この当然すぎる大前提がわれわれを視野狭窄（きょうさく）に陥らせ、日本語教育、ひいては言語教育としての役割と意義を狭めている可能性はないと、自信を持って言い切れるのだろうか。

5.4 感動できる教材の必要性

　本実践は言語知識を積極的には教授しない。そして、論理的展開を強く求める論文などのアカデミックな活動と異なるパラダイム、教育理念に基づくが、結果的に濃密なワークとなった。詩には鑑賞の難しい作品が多いが、情緒的な作品には読み手の心に訴える力があり、指導者が注意深く選定しさえすれば鑑賞の難しくないものが発掘できる。また、平易な語彙で記された作品は内面に届きやすく、メッセージは感動を導く。

　一般に日本語教育機関の（読解を中心とする）教材は実用に傾きがちである。採用されるものはどうしても多くが論説文や評論文、すなわち論理的な展開の言語テクストが好まれるため、いきおい頭で納得できる「賢い」教材が大半を占めることになる。確かにそれらは不可欠なのだが、反面、多彩な言語世界を味わえる教材や、純粋に共感し、感動できる素材、テクストに乏しいのは否めない。

　なるほど本実践が大きな感動を導くとまではいえまいが、詩に表れた言葉の一片でも内面に触れ、さざ波を呼び起こし、結果的に心に響くものを提供できたなら、当初の狙いはほぼ達成されたといえるだろう。

5.5 日本語教育の捉え直し

そこで、「適宜日本語以外の言語も利用しつつ」「日本語「で」教える」、「人間教育の一環としての」「広義の「言語」教育」といった日本語教育の捉え直しを提起したい。詩という身近で普遍的な表現形式を素材とした活動への参画は、日本語と母語、さらに多（他）言語への関心と認知を導き、言語文化教育と日本語教育の枠を押し広げる力が感じられる。

それは即ち、いわゆる複言語時代に求められる理念の体現と言ってもよさそうである。多言語・多文化の日本語の教室だからこそ多（他）言語を紹介し、視野の広がりを導ける詩の潜在力と重要性を忘れず、また教室の役割を固定化、矮小（わいしょう）化せずにいたい。指導者には学習者の可能性と本人の認識しないニーズを掘り起こす役割があり、詩はそれにかなった素材である。その意味で、母語の詩を和訳する試みの意義がうかがえる。

6. 終わりに

本稿は、日本語教育において実践例の比較的少ない、現代詩の特に模倣創作を中心とした活動から導かれる多くの効果と、学習者の母語の詩を用いた活動の意義などについて報告した。

当初の目的（1）は、学習者の反応や作品を見る限り達成されたといえるだろう。しかし改善点も感じられると同時に多くの期待を抱くこともできた。目的（2）については筆者が各国語を理解できずあくまでも仮説の提起にとどまったが、多くの興味深い可能性が認められた。

以下に本実践の今後に向けての課題と発展性、ならびに期待を示す。

詩は教材化作品のごく少ない未開拓の分野であるが、逆に言えば宝の山であり、今後新たな開拓と創意工夫が期待できる分野でもある。

次に、鑑賞のレベルで終わらない、学習者の内面との接点を強く持たせる工夫を施した実践を重ねたい。いったん内面に取り込んだ後、思いを自然に表出できる活動を求め、詩に限らず感動できる教材、素材を指導者は積極的に発掘、利用すべきである。ふだん表出されにくい諸々の思いが立ちのぼる素材探しに力を注ぐことは指導者の成長を支え、ひいては日本語教育の質的な高まりと深まりを導くだろう。

また、本実践は冒頭の英語詩以外は日本語教育での実践例を参考としたが、国語教育の世界では膨大な蓄積がある。外国語教育として長い歴史を持つ英語教育の実践の幅広さも周知の事実であり、生徒が好む活動として「ものを作ったりする活動、友だちの作品を読むこと、英文で自分の思いを伝えること」が挙げられている。この指摘に共感できる面が多いだろうし、そのまま本実践に当てはめることに筆者に異論はない。

　母語の詩に関しては、国・地域によっては原詩の和訳作品が限られるなど、情報量の制限という課題がある。しかし、その活用からは母語への認知の高まりが期待されるほか、未知の発見や効果が期待できる。そして何よりも、他（多）言語の詩に触れることは豊かな言語観の醸成に寄与し、多文化間の言語文化教育への貢献に通じるといえるだろう。

　このように、詩は言語文化教育の本質に迫る可能性を秘めている。詩には指導者の言語教育観、学習観を揺さぶり、日本語教育および言語教育の捉え直しを導く力があると考えられる。

学習者のリテラシーを生かした韓国語学習
―クラス間の連携を図って―

李ヒョンジョン

はじめに

　近年、日本では韓国のサブカルチャー的要素による韓国語学習者の増加が見られる中、学習者のニーズと教育現場の間にズレが生じる問題も現れている。そこには、教師も学習者も文化を断片的で固定した知識として認識していることに起因する部分も大きい。この報告は、今日の外国語教育には文化の多様性や多元性に注目した学習環境づくりが重要であることを前提に、学習者が持つリテラシーを生かしながら行った韓国語クラスにおける段階的な授業実践の一例を紹介するものである。

1. 授業実践における理論背景

　一度は聞いたことがあると思われる「韓流」（カンリュウ；日本語読み）という社会現象とともに、日本における韓国語学習者の増加傾向は続いてきた。筆者が所属している大学も例外ではなく、英語以外の外国語の中では人気の高い科目として位置付けられる。

　しかし、自分の興味を中心とした韓国語学習への動機、いわゆる統合的動機を持つ学習者のニーズと、教育現場の授業活動の間ではズレの問題が生じている面もある。それによって、初級段階の学習にとどまってしまい、次のレベルへの動機づけの維持ができない学習者も目立ってきている。そこには教師側も学習者側も、断片的な文化への視点だけに捉われ、固まった知識のように文化を認識していることに起因する部分も大きい。今日の外国語教育では、文化の多様性に注目した文化リテラシーを持つ学習者を育成することと、そのためにいかなる学習環境でどのようなサポートをすべきかを実践し検証する教師の役割は大変重要である。言い換えると、構成主義的教育観に立つ学習者の育成と、それによる初〜上級間の連係を図ることで、次のステッ

プへ進む動機づけを維持させることが大変重要であるといえる。

　では、ここで今日における重要な教育観であり、筆者のこれまでの研究および授業実践における理論背景にもなっている「構成主義」(constructivism)的教育観について少し説明しておく[1]。

　今日のような、グローバル化、情報化しつつある世界で、それに対応できる力を持つ人材の育成は、外国語教育を含む教育全般で求められている。つまり、「教え込む教師中心」の教育パラダイムから、今は「自ら学習する学習者中心」の教育パラダイムに転換しつつあるといえる。このような、教育パラダイムの転換を理論的に実証し、具体的な実践案に導いてくれるのが「構成主義」パラダイムである。この「構成主義」パラダイムにおいて「教育」の意味は、地域の多文化共生化に向けた人間育成の立場を担っている。ここで言う人間育成の教育では、教育から得る「知識」というものが独立して存在するものではなく、学習者個人によって構成、再構成されるものと見なされる。同時に、外国語教育の中で扱う「文化」というものも、言語の構造を習得する従来の教育の中での知識としての「文化」ではなく、他者とのコミュニケーションの中で異なるものや意識に関して、自文化を同化させるのではなく、共生していくための自己の意識を確立する力としての「文化」として捉える必要がある。

　このような文化リテラシーを重視した人間教育としての外国語教育は、日本における日本語教育分野では2000年前後から議論と研究が活発になされてきている。しかし、日本における韓国語教育分野では、サブカルチャー的要素による学習者の急な増加や、第二外国語（Korean as Foreign Language：KFL）という学習環境の影響などもあり、断片的な文化知識から言語構造を想像し習得するという「知識としての文化」教育から脱皮していない状況もまだ見受けられる。文化の多様性や多元性に注目した学習者主体の教育を目指すべく、多様な実践と検証を行う教師の姿勢が求められる現状である。

　これまで筆者は、構成主義的教育観に立った学習モデルに基づいた授業実践を試みる中で、構成主義の学習モデルは初級レベルの学習者には適していない、教師の支援方法に限界がある、また評価の方法が曖昧である、などの疑問に直面してきた。構成主義であるから明白な答えが存在しないことに異議は無いものの、構成主義に近づけるための教師と学習者の関係づくり、教師の支援方法と評価に関して、いまだに模索中である。構成主義の理念を表

すキーワードとしては、「学習者中心」「協働」「問題解決」「教師の支援」「学びの発見」「自律」などが挙げられるが、何よりも重要なのは、授業活動の中で学習者に合わせてどのような試みを工夫し続けていくかという「教師の支援」態度であることに気づいた。

　この報告は、構成主義の理念に基づき、韓国語クラスの各レベルにおいて、学習者が持つリテラシーを生かしながら試みた段階的な授業実践が学習者にもたらすさらなる可能性について、検証し続けている現状の一部を、紹介するものである。

2. クラスの背景と実践例

　筆者が所属している沖縄県の某私立大学は、全学共通科目として「韓国語」が位置付けられている。英語以外の外国語科目としては「韓国語」の他に「中国語」「フランス語」「ドイツ語」「スペイン語」などが設けられている。韓国語の場合、初級レベルとして「韓国語Ⅰ・Ⅱ」クラスが、中級レベルとして「韓国語Ⅲ・Ⅳ」クラスが設けられていたが、2012年より上級レベルに相当するクラスが新設された。上級クラスは、中級レベルを上級レベルにつなげていきたいという学習者の存在や、韓国留学を目指すことから事前に学習を深めておきたいという学習者の存在、半年から1年間の留学経験から得た語学力を維持したいという学習者の存在などから新設された。レベルもニーズも多様である上級クラスの新設に伴い、具体的な学習内容を模索する中、これまで初級から中級クラスで行った「グループ活動」を授業活動の一部に取り入れ、さらに深めていくことにしたのである。

　ではまず、ここ3年間にわたって初級クラスと中級クラスで行ったグループ活動を簡略に紹介する。

2.1　初級クラスにおける実践

　初級レベルの「韓国語Ⅰ・Ⅱ」クラスは、全部で8クラス設置されている。週2回ある授業の中、一般教室とCALL（Computer Assisted Language Learning；以下、CALLと略す）教室を併用しており、CALL教室が48人の定員であるため、各クラス上限45〜48人という制限を設けている。ここ数年100人近い履修希望者から毎回抽選して人数調整をするほど韓国語人気の高い状況が続いて

いる。しかし、初級クラスのみで350人を上回る学習者がいるにもかかわらず、中級レベルの「韓国語Ⅲ・Ⅳ」クラスは1クラスのみで、履修者も筆者が赴任した当初は10人をやっと超えるだけであった。これは、前述した学習者のニーズと学習活動のズレに起因する部分もある一方、英語以外の外国語の場合「Ⅰ〜Ⅱ」を必修とする学科が多いため、自分の強い学習動機による履修とは限らないことにも関係している。しかし、学習動機が強くなかったとしても、教師と学習者の関係づくりによっては新たな動機の発見も可能であると思われる。そこで、シラバスの中で各学期1回設けている映画鑑賞の時間を協働学習につなげることにした。

　学習者が興味を持つ題材である映画というメディア題材を用いることにはメリットがある。普段韓国語への高い学習動機を持たない学生にとっても、長い期間の文字学習を終えてから接する映画の中で、単語一つ、またはあいさつの1文が聞き取れるという発見は大きな喜びにつながる。普段あまり接することの無い韓国の生活文化などに間接的でありながらも接することができることで、新たな興味を持ったり、次のステップへの動機づけになったりする効果も期待できることから、毎学期1回の映画鑑賞の時間を設けている。

　しかし、映画を単に見せて感想を書かせるだけでは個人レベルの喜びで終わってしまうため、筆者のクラスでは映画の中で気になった、または興味深かった場面を一つ選び、それと関連する社会背景を調べる学習活動につなげた。用いた映画の内容の影響もあり、毎年よく出る項目としては、「大学入試」「学校生活」「結婚事情」「恋愛事情」「民族衣装」のようなものが挙げられる。個人で取り組んで調べ上げたそのレポートの中には、断片的な文化への視点や、ステレオタイプ的な見方からの内容などもたくさん現れる。しかし、そのような断片的な視点が話題の材料になり、クラス内でさらなる話し合いの深まりにつながる場合もあるため、それはそれなりに意味ある活動であると考えている。

　個人で取り組んだ上記のレポート作成を基に、次の学期はグループ活動を行った。一人で取り組んだものにグループで取り組むことで、より多角的な視点から物事を見詰めて考える力を養う効果を狙った。グループ活動の目標と流れは次のようになっている。

【活動の目標】
・文化を客観的に見詰めること。
・協働の中で自分の役割を果たすこと。

【活動の流れ】
①前学期で調べたテーマが似ている者同士でグループを組む
②発表テーマと調査方法を決定
③授業時間の中でグループ活動時間を設定し、調査の進捗(しんちょく)状況を話し合う
④調べた結果を発表

　上記の流れで「②テーマと調査方法を決める」際は、グループ内でそれぞれが前学期に書いたレポート内容を話し合った上で、前学期より深まりのある内容を目指してテーマと調査方法を設定するように促した。そして、「③進捗状況の話し合い」については、毎回の授業時間の最後15分程度をグループ活動の時間として当てて、約1カ月間の調査期間を設けた。最後の「④結果発表」は、調べた内容をパワーポイントにまとめ、各グループ5〜7分程度で発表を行った。お互いの発表を通して、お互いが調べあげた情報について共有できただけでなく、活発な議論にもつながった。
　このグループ活動は、「文化を客観的に見詰める」と同時に、「協働の中での個人」を学習者に体験させるためでもある。このようなグループ活動を行う意義を活動開始の際に周知させることで、活動の意義を吟味し、グループの中で自分の役割をしっかり果たそうと頑張る学習者の姿を毎回見ている。活動後に書く自己評価シートでは、グループの中で自分の役割をどの程度果たせたかについて、客観的に自己分析を行う学習者の姿も毎回見ている。
　上記の活動は単純に見えるかもしれないが、共通科目として位置付けられている「韓国語」科目の性質上、8クラスで毎学期進度を合わせる必要があることや、学生の人数などから考えると、教員の準備ももちろん大変だが、学生にも負担をもたらす活動になる可能性も高い。しかし、積極的に取り組む学生の姿や、学期末の授業評価アンケートで「グループ活動を初めて経験していい勉強になった」「活動を通してあまり知らなかったグループメンバーと仲良くなれて良かった」「韓国を調べるうちに日本と比較してみることで新しい発見があって刺激になった」などの振り返りを見ると、実践の狙いで

あった、「協同」「自分の役割」「新たな気づきと発見」「自文化の振り返り」などにつながっていると評価できるので、今後もさらなる実証に向けて実践を続けていきたい。

2.2　中級クラスにおける実践

　初級クラスでのグループ活動は、主に「文化を客観的に見詰める」ことと、「協働の中での個人」を体験することに焦点を当てた。中級クラスでは、さらに学習者が持つ「情報リテラシー」を加えた活動として実践を試みることにした。初級クラスで目指した「文化を見る力」と「協働」を生かすとともに、情報化社会を生きる学習者が身に付けている「情報リテラシー」という能力も共に生かすことを目指した。グループ活動の目標と流れは次のようになっている。

【活動の目標】
・文化を客観的に見詰めること。
・協働の中で自分の役割を果たすこと。
・情報能力を生かすこと。

【活動の流れ】
①映画を見てから、好きな場面を選んだ者同士でグループを組む
②選択した場面のせりふの直訳作業
③直訳したせりふと映画の中の字幕を比較
④新たなせりふ作り
⑤新たなせりふの字幕付け作業
⑥全員で共有し、優秀作を決定

　情報化社会を生きる学習者が身に付けている「情報リテラシー」という能力は、学習活動への取り入れ方によっては学習効果が期待できるものである。前述した通り、週2回の韓国語クラスは、一般教室とCALL教室を併用して行われる。現在、CALL教室に導入されているシステムは「CaLaboEX版」で、既存のアナログ教材から最新のデジタル教材や音声、画像など、あらゆる教材をネットワーク経由でデジタル配信可能な機能を持っている。この

CALLシステムを活用することで、学習者の理解度や進度に合わせて、一斉授業と個別授業を切り替えたり、学習内容に合わせたより効果的な学習支援が可能となったりする。

　普段の授業活動では、主にランダムなペアまたはグループでの会話練習や、既習内容を確認するための個別テスト、およびテストのデータ出力によるフィードバック、自律学習などに利用している。このような多様な機能の中で、クラス内では映画の一部を切り取ったものを語学学習とつなげた形でどのような活動ができるかと話し合った結果、動画学習ツール「ムービーテレコ」という機能を用いて、映画の字幕付け作業をしてみようということで意見が一致した。動画を用いてさまざまな語学活動ができる「ムービーテレコ」は、動画に同期させてキャプションを入れることが可能である。この機能を利用して、本来の映画の字幕は削除し、学生たちがグループで作り上げた新しいせりふを字幕付けすることにした。

　活動の流れとしては、まず映画の中から気になった場面と、この部分を字幕付けしたいという希望を聞き、類似する者同士で「①グループ」を組んだ。その後、「②直訳作業」はそれぞれ役割分担をして取り組むことになるが、その際教師は、まだ韓国語のせりふを全て正確に聞き取って書き出すまでは達していない学習者の語学レベルを配慮し、韓国語のせりふのみは提供することにした。それから、グループで直訳したせりふを「③映画の中の字幕と比較」する過程を設けた。この比較過程は、映画の中の字幕は実際に直訳したものとどのような違いがあるのかを見るためである。つまり、長いせりふの場合は短く略されていたり、説明が必要となる文化背景を伴う場面では日本の文化背景に合わせた形で訳されていたりするなど、少しだけではあるが字幕の翻訳スキルの発見につながる体験をするためである。

　そして、「④新たなせりふ作り」作業は、自文化を振り返るきっかけとするため、できるだけ「ウチナーグチ」(沖縄語)を用いてみようと提案した。グループメンバーで役割分担し、周りの人に尋ねる作業を経て作成し仕上げた新しいせりふは、面白さのみならず、元の字幕よりも優れていると評価できるものも毎年現れている。この仕上げた新せりふを用いて「⑤字幕付け作業」を行う。字幕付け作業を通して完成した各グループの作品を「⑥全員で共有」し、優秀作品を選んでいる。

第3部　言葉の現場を掘り下げる

キャプションの例
「よく食べるね！」という意味の韓国語せりふの部分を「でーじ食べるな！」と字幕付けをしているグループ

　この3年間、毎年実践してきた中級クラスにおける字幕付け作業では、単に語学だけに集中した話し合いだけでなく、新たなせりふを考え出す際は沖縄社会に照らし合わせた話し合いで盛り上がったり、あるいは個々人に照らし合わせた話し合いになったりと、さまざまな話題へ広がる学習者の姿が見られる。また、毎年積み重ねるにつれ、前年度の学習者による字幕付け作業の際の注意点に関する記録や、優秀作品に対する評価記録、また教師のフィードバックの記録などを基にして、場面選定の段階から真剣に話し合うグループが目立ってきており、字幕付け作業のさらなる深まりが見えつつある。

3. 上級クラスの試みと今後の可能性

3.1　メディアリテラシーの育成を目指す試み

　3年間の初級〜中級クラスにおけるグループ活動を通して、「文化を客観的に見詰める」「協働の中での個人」を体感し、「情報力」を生かせる学習者の育成を目指してきた。上級クラスの新設に伴い、これまでの初級〜中級クラスの活動を上級クラスではどのような形でつなげていくべきかと模索しているうちに、上級ならではの語学力を加えることで、学習者の中に潜んでいる能力、「メディアリテラシー」を導き出すことに注目するようになった。

　韓国語学習活動の中で学習者が見せる大衆文化的な要素への関心は非常に高く、持っている知識も教師より多いことに驚く場合も多々ある。そのことから、音楽や映画、ドラマなど、学習者が興味を持つメディア題材を学習活動の中に組み込む実践の試みは今日においては欠かせないものとなっている。しかし、せっかく教師が学習者の興味ある題材を授業に取り入れようとしても、「ドラマや映画の一場面を部分的に用いて、語彙や表現の学習を行っ

233

たり、文化紹介的に終わったりする場合が多い」(石塚他 2008)との指摘もある。

一方、鈴木（2001:4）は、「メディアを社会的文脈でクリティカルに分析し、評価し、メディアにアクセスし、多様な形態のコミュニケーションを創り出す力」として、メディアリテラシーを定義づけて、そのような力の獲得を目指す取り組みが重要であるとしている。中級クラスの字幕付け作業が徐々に深まりを見せた背景には、これまでは学習者の興味・関心のあるものにすぎなかったメディア題材に対して、徐々に批判的且つ多角的に考察しようとする姿勢に変わってきたことが関係したと思われる。つまり、メディアリテラシーの視点を重視した学習活動の可能性が多少見えてきたと言うことができ、その力を上級クラスの中でさらに深めようとした。上級クラスの中で、特に韓国留学を経験した学習者の場合、メディア題材に対する視点や知識などは教師よりはるかに豊富である。その能力が初級クラスに何らかの影響を与えることができるのではないか、またその影響を追及していくことが上級学習者にはさらなるメディアリテラシーをもたらす可能性があるのではないかという仮定から、上級クラスにおける字幕付け作業活動はスタートした。活動の目標と流れは次のようになっている。

【活動の目標】
・自律的に学習を構成すること。
・情報能力を協働の中で生かすこと。
・身に付けた語学力をメディアリテラシーの視点の中で十分発揮すること。

【活動の流れ】
①グループを組む
②字幕付けする作品選び
③せりふの日本語翻訳作業
④日本語字幕付け作業
⑤全員で共有し、優秀作を決定
⑥初級〜中級クラスからフィードバック

中級クラスでの字幕付け作業は、字幕付きの映画の一部を選定し行うものであったが、上級クラスでは字幕無しの番組の一部を用いた字幕付け作業を

行うことにした。これは、どのような作業をしてみたいかとクラス内で話し合った際、中級クラスの時に字幕付け作業をした経験から、もう一度やってみたいというニーズと、やるのであれば中級とは異なるものを用いたいという声があったためである。まず、上級クラスは、留学済みの学習者とこれから留学を目指す学習者が一緒になっているクラスであるため、語学力のレベルにおけるばらつきがあり、教師が学習者のレベルを測った上で「①グループを組む」作業がとても重要である。そして、「②作品選び」の段階では、字幕付け後は初級〜中級クラスで紹介することを前提に、十分な議論をして作品を選定することを全員で再確認した。同時に、作業の分量を考慮し、5分を超えない作品を選ぶようにした。その結果、全5グループの選定作品は、お笑い番組が三つ、バラエティー番組が二つで、その概略は次のようになっている。

グループ	番組の概略
A	Kポップで人気の高い女性アイドルがお笑い芸人たちと一緒にギャグを披露するお笑い番組
B	お笑い芸人6人が集まって行う運動会
C	パパと子どものみの4家族が旅するリアルバラエティー番組
D	男女の芸能人同士が仮想結婚し、一定期間一緒に生活するという設定の仮想バラエティー番組
E	焼き肉屋で別れ話をするカップルを描いたお笑い番組

作品の選定理由としては、歌や字幕付きの映画・ドラマなどに比べて、バラエティー番組は語学力の面で初級〜中級の学習者にはなかなか楽しむことができないジャンルであることが全グループの意見であった。しかし、グループで取り組んだ「③日本語翻訳作業」は学習者の想像以上に時間のかかる作業となった。特にお笑い番組の場合、早口で、また2〜3人の人が同時にしゃべりだすシーンも多く、翻訳作業だけでなく、「④日本語字幕付け」作業においてもさらなる技術を要する高難度のジャンルであることに全員気づいた。

時間をかけて完成したものをクラス内で共有し選んだ「⑤優秀作」は、グループEのお笑い番組であった。このお笑いは、焼き肉屋でいきなり別れ話を切り出す彼氏に対して彼女は動揺しつつ、焼き肉屋で行われる一連の注文方法や焼き方、食べ方、勘定の仕方などの行動パターンをしっかり表しな

がら笑いを取るものである。つまり、韓国の食文化や恋愛事情などの社会文化的要素に接しつつ、1対1の会話パターンであるため字幕もきれいにまとまっていたことが優秀作のポイントとして挙がった。教師のファシリテーションとして、活動スタートの段階で作品選びにおける注意は促したものの、学習者は1回目の活動を通して、作品選びの作業がいかに重要であるかが発見できた様子であった。また、完成作品を初級〜中級クラスで紹介し、そこから得た「⑥フィードバック」もさらなる学びと発見につながった様子であった。

3.2　フィードバックによる学習者の変化

字幕付け作業の結果に対して初級クラスと中級クラスでは、「最も面白かった作品」と「字幕付けの完成度が最も高かった作品」を選んだ上で、その理由を記述してもらうことにした。

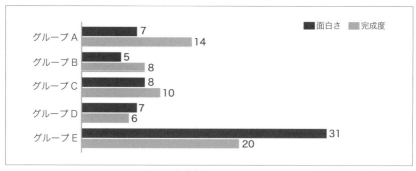

図1　字幕付けに対する評価

結果、「面白さ」に関しては上級クラスの評価と同様、グループEの作品が最も高い評価を得たものの、「字幕付けの完成度」に関しては次のように評価が若干分かれる結果となった。

初級〜中級クラス全58人から得た評価の中、「完成度」に関してはグループA（14人）およびグループC（10人）も割合に高い評価を得ていることがグラフで分かる。その理由としては、グループAの場合は「ウチナーグチ」を用いる場面があったことと、字幕の流れが映像のジェスチャーと上手にマッチしていて見やすかったことが主な評価点として挙がった。標準語のみでなく、ちょっとしたウチナーグチを交ぜることで親しみを感じたことはも

もちろん、字幕付けにおける技術も重なったことで評価を高めたようである。また、話のテンポが速いなか、実際にしゃべる会話を全て字幕付けするのではなく、簡略した形で映像と字幕をうまくマッチさせたことで、見る側に笑いの瞬間をしっかり伝えることにつながり、良い評価を得た。また、グループAの作品の中では、観客が笑う場面で観客の気持ちを想像し、それを絵文字化した部分が現れ、面白さと完成度をさらにアップさせる要素となった。一方、グループCも完成度の面では割合に良い評価を得ており、その理由は、子どもたちのしゃべり方と雰囲気に合わせた訳の仕方や絵文字を使うなどの、字幕付けにおけるアイデアと工夫が出ていたことだった。

　以上の「面白さ」と「完成度」に関する評価のほかに、5グループの作品全体を見て感じた「良かったこと、分かりにくかったこと、改善してほしいこと」を自由に記述してもらった。その結果、初級クラスでは次のような語学力の面での評価が多いが、社会文化的な発見などについてのコメントも見られた。その一部を紹介する。

〈初級クラスのコメントの一部〉
・何を言っているのか聞き取るのも難しいはずなのに、それに字幕を付けていたのでとてもすごいなと思いました。
・上級クラスになったらここまで聞き取れるのかとびっくりしました。
・よくここまで訳して字幕を作れたなと感動した！
・作業は大変だと思うけど、自分もスキルを上げていきたいと思いました。
・韓国のバラエティーは字幕無しでいつも雰囲気で見ていたので、字幕があると面白さが倍になりました。
・女の人が年上で「お姉さん」と呼んでいたのに、字幕では直訳せず名前に変えていたのが発見でした。
・字幕が長すぎるとそれを読むだけで精いっぱいで動画をあまり楽しめないなと思いました。
・人数が多いと誰が何を言っているのか分かりにくいので、色づけすると良いなと思いました。

　また、中級クラスのコメントでは、初級クラスよりも語学面での発見が多く、また字幕付け作業の経験者であることから、字幕付けのスキルに関してより多角的に評価するコメントが多く見られた。その一部を紹介する。

〈中級クラスのコメントの一部〉
・訳し方や字幕の付け方にグループそれぞれの個性が出ていて面白かったです。
・全てを字幕に出そうとせず、長いせりふは区切ったり、短くしたりすると良いと思った。
・直訳していて話の流れがよく分からないところがあったので、もう少し意訳する工夫が必要だったのではないかなと思った。
・子どもたちのしゃべり方のニュアンスを強調していたグループはとても面白かったし良かったです。
・沖縄のことばが出てくるとより親しみを感じるし、○○さんの顔と似合わないからより面白かった。
・グループEの作品こそ、しんみりした感じなので、ウチナーグチを使ったらさらに面白いと思いました。
・何の発言もないときでも、こう思っているだろうなということを字幕で表したのがとてもよかった。自分も字幕付けするときまねしてみたいと思った。
・親子の会話や、カップルの会話、教科書ではあまり使わない会話体が聞けて良かった。

以上のように、上級クラスで字幕付けした作品を通して、初級〜中級の学習者は単に大衆文化的要素への面白さだけを評価するのではなく、字幕付けにおける語学のスキルや、ウチナーグチを用いたり子どもの言葉らしく表現したりする工夫の仕方、また作品の内容と完成度などに関して多角的に分析し評価する姿勢がうかがえた。

3.3 学び合いの循環による連携への期待

「文化を客観的に見詰め」させ「協働の中の個人」を経験させるためにスタートした初級クラスにおけるグループ活動の実践は、中級クラスでは学習者が持つ「情報リテラシー」をさらに加えた活動としてつなげた。また上級クラスの活動では、これまで獲得した「語学力」を加えることで「メディアリテラシー」の可能性を探った。このレベル別に学習者が持つ力を加えながら行った実践は、初級〜上級クラスの学習者それぞれに新たな学びと新たな力の育成をもたらしたと思われる。上級クラスにおける2回目の活動になった今学期、作品選びの段階からさまざまなメディアに対してクリティカルに分析する話し合いが見られた。作業したい題材を何度も試行錯誤しながら選定し、その題材をいかに翻訳し字幕を付けるかという、語学力を中心としたさらなるスキルアップへの意欲と力が芽生えたように見えた。初級〜中級クラスから得たフィードバックが、上級クラスの学習者にとって多少のメディアリテ

ラシーの育成につながった結果であると思われる。また、フィードバックした初級〜中級クラスの学習者にとっても、大衆文化への興味にとどまらず、韓国の社会文化的背景への関心に広がり、さらなるレベルへステップアップしたいという動機づけにつながった可能性もあるのではないかと思われる。

　レベル別に学習者が持つ能力を生かした段階的な実践の結果、上級クラスではメディアリテラシーの育成の可能性が見えてきたことと同時に、初級〜上級クラス間では連携の可能性も見えてきたといえる。このような可能性に向けて今後も段階的な実践の試みによる学び合いの循環が活発になることが重要であることを表したものが図2である。

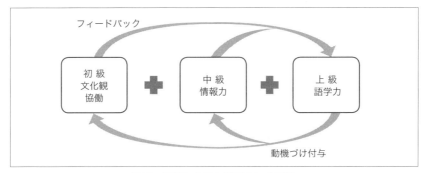

図2　連携に向けた学び合いの循環

　まだ、実践を通して検証し続ける必要があるとはいえ、図2のような学びの循環の繰り返しによって、今後さらなる初級〜上級レベル学習者間の新たな関係づくり（アーティキュレーション）が模索できるのではないかと期待している。

4. 終わりに

　この報告は、日本における韓国語学習者の増加によって浮き彫りになった「学習者の学習動機と学習現場のズレ」の問題を出発点に、構成主義の理念に基づき、各レベルで「学習者が持つ能力を生かす段階的な授業実践」を試みたものの一部の紹介である。実践からは、学習者が持つ能力を生かす実践の継続的な試みが、さらなる学習効果をもたらすことにつながる可能性も多少見えてきた。しかし、前述した通り「共通科目」として位置付けられた科

目であることや、活動現場の内外におけるファシリテーションの仕方の模索、またメディア題材に関係する著作権に関する十分な考慮など、教師の支援の仕方においての課題はまだ残っている。同時に、一連の活動を、何十人もいるクラス内の学習者全員に必ず「やりたい」という活動としてつなげることの困難さにも直面している。これらの課題を今後も念頭に置きながら、さまざまな活動と支援を工夫し続けていく中で、学習者自ら「この活動を通して自分を振り返り学ぶものがあった、さらなる活動へつなげたい」という意識が芽生える実践につなげていくことが重要であろう。今後も、継続的な実践と支援方法の模索を通して、学習者と共に工夫し検証し続けていくことで、さらなる学習効果をもたらす実践例を提案していきたい。

▶ 注

[1]「構成主義」に関して詳しく論ずるためには、教育工学の分野をはじめ、哲学的観点および心理学的観点の歴史にさかのぼる必要があるが、ここでは文化的相互作用による学習発達レベルに関心を見せたヴィゴツキー（Vygotsky）の理論に基づき、今日的な教育環境をめぐる点だけに焦点を当てる。

▶ 参考文献

イ・ヒョンジョン（2007）「コリア語授業におけるPBL学習モデルの試み―上級クラスを対象に」『桜美林Today』7, pp.85–99. 桜美林大学教育センター
イ・ヒョンジョン（2010）「構成主義的教育観にたつ外国語教育―韓国語「自律学習」クラスから見えるもの」『沖縄国際大学外国語研究』14(1), pp.55–69. 沖縄国際大学外国語学会
石塚美枝他（2008）「メディア・リテラシーを育てる「現代大衆文化」―参加者の多様性・多文化理解を促す日本語授業実践」『桜美林言語教育論叢4』pp.15–24. 桜美林大学言語教育研究所
桜美林大学日本語プログラム「グループさくら」（編）（2007）『自律を目指すことばの学習―さくら先生のチュートリアル』凡人社
久保田賢一（2000）『構成主義パラダイムと学習環境デザイン』関西大学出版部
鈴木みどり（2001）『メディア・リテラシーの現在と未来』世界思想社
鈴木みどり（2013）『最新Study Guideメディア・リテラシー【入門編】』リベルタ出版
竹内理（編）（2008）『CALL授業の展開―その可能性を拡げるために』松柏社

社会とつながる留学生の学び

清水貴恵

1. はじめに

「私は母国で社会活動をしていました。留学して日本に来ても社会的な活動をしたいと思っていました。それができてよかったです」

これは、地域社会での国際理解教育活動に参加したある留学生の言葉である。この言葉を聞き、留学生の地域社会への参加、それを通じた学びについて、筆者はあらためて考えた。

本稿では、筆者が勤務校の桜美林大学で留学生[1]と取り組む「留学生による国際理解教育アウトリーチ活動」(以下、留学生アウトリーチ)について報告する。留学生アウトリーチとは、留学生自らが国際理解教育のリソースとなって学校教育(本稿では小中高校を学校教育と表す)の現場へ出向き、子どもたちや現場教員とより豊かな学びをつくりあげることを狙いとした、留学生と教員(筆者)による課外の活動グループである。本稿では、留学生の地域社会への参加・貢献活動の一事例として、この留学生アウトリーチを取り上げ、学習環境デザイン(学びづくり)という視点から考察を試みる。

留学生は日本語学習者であるが、それはその人の一側面にすぎない。同様に、教室での日本語学習は、彼らの留学生活のほんの一部である。彼らは、教室の外でさまざまな経験や発見を絶えずしている。それらは母国ではできないことである。本稿では、留学生を一人の人間として捉え、日本語学習・習得という枠組みを超えて、彼らの学びや成長と、それをどのように支えるかについてあらためて考えたい。地域社会への参加を通じた留学生の学びと成長の場づくり、あるいは機会づくりの一例として、留学生アウトリーチの全体像を示す。教室での学びとは異なる留学生アウトリーチを、ご自身の現場に置き換えてお読みいただき、学びづくりの一助としていただければ幸いである。

2. 留学生アウトリーチの経緯と背景

留学生アウトリーチが始まった経緯とこれまでの歩み、そしてその背景にある桜美林大学における留学生教育と学校教育それぞれの実態について述べる。

それに先立ち、本稿の重要なキーワードである「アウトリーチ」と「リソース」について簡単に説明したい。まず、アウトリーチ（outreach）とは、「手を差し伸ばす」という意味の語で、支援や協力を必要とする人・集団・地域へ自らが足を運び、貢献活動やサービスを行うことを表す。また、リソースとは、一般的には「資源」「材料」などと訳されるが、教育の現場では「学びを促すもの」をリソースと呼ぶ。捉え方によっては、教科書、問題集、辞書、視聴覚教材などのような物（いわゆる教材と呼ばれているもの）のほかにも、あらゆる物事をリソースとして活用することができる。そのように考えると、留学生は学校教育の学びをより豊かにする貴重なリソースとなる。

表1　活動実績

年度	学生数（延べ）	活動件数	活動の運営形態
〜1998	95	5	授業の地域見学の一環
1999	51	13	課外活動
2000	59	20	授業科目としての外国学生訪問授業
2001	94	20	
2002	163	32	
2003	173	33	
2004	180	26	
2005	197	29	
2006	162	24	
2007	163	23	
2008	168	27	
2009	183	17	
2010	128	11	
2011	103	10	
2012	73	8	
2013	73	10	留学生アウトリーチ
計	2065人	308回	

(1) 活動の始まり―桜美林大学の留学生教育―
①授業科目としての出発

1994年ごろ、桜美林大学の日本語教育プログラムにおいて、日本社会の理解を目的とした授業科目の地域見学の一環で、近隣の小学校への訪問が始まった。これが元になり、1999年度「外国学生訪問授業」（以下、訪問授業）という課外活動が生まれた。地域の小中学校の依頼に応じ、留学生が訪問して母国紹介や交流活動を行う。これが2000年度より留学生対象のフィールドワーク科目として正式に開講された。子どもたちとの交流学習を通じ、文化や異文化理解を考え、同時に自文化を再考することを狙いとした学習活動である。

②授業科目からボランティア活動へ―新たな学びのかたちへ―

訪問授業は、2013年度より課外活動として新たに取り組み始めた。筆者は、学生有志の活動グループ「留学生による国際理解教育アウトリーチ活動」（留学生アウトリーチ）を立ち上げ、訪問授業の方針や運営を踏襲するかたちで、地域の学校教育で国際理解教育を支援している。

留学生の学びという視点から見ると、留学生アウトリーチは「サービスラーニング」（service learning：以下、SL）による学びといえよう。SLとは、教室活動と地域社会での奉仕活動を組み合わせた学習活動（教授法）である。学習者が地域社会の一員として、そのコミュニティー（地域社会、また広く集団という意味）の課題に住民と共に取り組むことを通じ、人や物事の多様性と共生、協働や対話の重要性、またその面白さや難しさなどを感じ、考える。小中高校は地域の中のコミュニティーである。そこで学び育つ子どもたち、それを支える教員は、学校という集団を形成する一員であり、その地域の一員でもある。彼らが日々取り組む学習／教育活動は彼らの課題であり、地域社会の課題でもある。このように考えると、留学生アウトリーチはコミュニティー（学校教育や社会教育の現場）への参加・貢献を通じたSLによる学びなのである。

③活動を支える体制

地域社会への参加・貢献活動を組み込んだ学びづくりを、しかも長く安定的に継続することは、教員一人の力では極めて困難である。これまで20年近く途切れることなく学校訪問が行われ、地域の学校教育と大学の留学生教

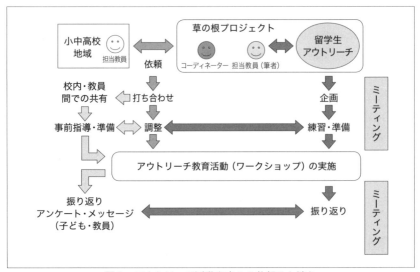

図1　アウトリーチ活動を支える仕組みと流れ

育の双方に収穫がもたらされ、各現場との間に良好な関係が築かれてきた。このような経緯の上に、留学生アウトリーチは成り立っている。訪問授業が始まり今日に至るまで、地域の学校との懸け橋となり、もろもろをコーディネートしてきたのは、桜美林草の根国際理解教育支援プロジェクト[2]（以下、草の根プロジェクト）である。

図1は、留学生アウトリーチの活動を支える仕組み、学校教育や地域の現場で活動するまでの流れを示したものである。筆者は、学生の指導・支援をする一方で、草の根プロジェクトのコーディネーターと連携し、現場となる学校や地域の担当者とやりとりし、学びづくりを行っている。

(2) 総合的な学習の時間の始まり—学校教育現場の期待—

1990年代後半の小中学校は、「総合的な学習の時間」[3]（以下、総合学習）の導入を目前にひかえていた。国際理解教育はその中に組み込まれており、学校教育現場は大学に対して人的あるいは組織的なリソースとして期待を寄せていたのである。参加した留学生数と活動件数が2002年度に急増したのは、大学における訪問授業の科目化と学習指導要領の改訂による学校教育現場の転換点が重なったことによる。つまり、訪問授業は、大学の留学生教育と学校教育それぞれの課題への挑戦であり、両者による協働の教育活動の始

まりだったのである。

（3）活動の発展―二つの教育現場の実態を背景に―
①知識基盤社会における国際理解教育の学びと訪問授業の転換

　2007年度までの訪問授業において、留学生はゲスト講師やコメンテーターとなることが求められていた。つまり、留学生は国の情報や知識を伝える、知識獲得型学習のための教材だったといえる。

　パソコンや携帯電話などの急速な普及により、子どもであっても容易に、そして瞬時に大量の情報を手に入れられる。このような知識基盤社会[4]の学校教育において、留学生が訪問授業で果たす役割、活動そのものについて見直す必要があると、筆者は考えた。

　訪問授業を有効に活用し、日頃はできない学びの場とすることができれば、子どもたちには「○○さんのこと、○○さんのふるさとのことをもっと知りたい、分かりたい」という気持ちが芽生え、自ら調べたり語り合ったりするだろう。そのような学びのきっかけづくりこそ、訪問授業の役目ではないか。それは、留学生にとっても留学したからこそでき得る経験で、自分自身を生かした学びとなるはずである。情報や知識を与える活動と、児童生徒と語り合ったり作業したりする活動とを比較したとき、留学生の様子（表情、児童生徒との会話量や親疎感、その場への参加度）は、後者の方が明らかに生き生きしていた。それは、彼らの活動記録、レポート、アンケート、実際の語りなどにも表れていた。

　そこで、筆者は、現場の学校と共に学びづくりをしていこうと考えた。2008年度以降、訪問授業は現場の学校との協働を目指し、対話を積み重ね、徐々にワークショップ（workshop：以下、WS）型の活動へと変化していく。学生が各自で準備した内容をそれぞれ伝える活動から、学生同士が協力して行う活動へと変わっていったのである。すると、子どもと留学生がより関わり合う学びへと発展していった。また、留学生の学びとして見ても、訪問授業での学生の様子は協働的で、活動はダイナミックなものへと変容していった。学生と教員（筆者）が知恵を絞ってWSのプログラムをつくり、実践して振り返り、次へつなげる。このような活動サイクルは、現在の留学生アウトリーチの基礎となっている。

②社会とつながる留学生の学び

　留学生アウトリーチは、日本語教育の教授法の流れとも強く結び付く。日本語教育の教授法には行動主義学習観に基づくオーディオリンガルアプローチ（教師中心、言葉の仕組みや形式の理解）、認知主義学習観に基づくコミュニカティブアプローチ（学生中心、知識からスキルへ、言語運用能力）を経て、社会構成主義学習観に基づく学習者主体の学習アプローチへという流れがある。

　この社会構成主義学習観によるアプローチについては、（公財）国際文化フォーラム（2013）『外国語学習のめやす』（以下、学習のめやす）が大変参考となる。学習のめやすでは、「わかる」ことを重視したオーディオリンガルアプローチ、実際に言葉を運用「できる」ことを重視したコミュニカティブアプローチに、言葉を使って他者や社会と「つながる」ことを重視した考え方が加わり、三つの能力として示されている。社会行動として言葉を学び、身に付けた言葉を使って「つながる」このアプローチは、「ソーシャル・ネットワーキング・アプローチ」（Social networking approach：以下、SNA）と呼ばれ、言葉による社会への「参加」がその目標だとされている。このような日本語教育のアプローチの流れを背景に、留学生アウトリーチを捉えると、SNAによる学びであるともいえよう。

3. 留学生アウトリーチ活動の活動内容

(1) 活動の特徴
①活動の狙い

　留学生アウトリーチが掲げる活動の狙いは、留学生が地域社会への参加と貢献を通じて学ぶことである。ここでいう地域社会とは、小中高校などの学校教育の現場が主であるが、公共学習施設や公民館などの社会教育の現場、また地域の行事なども活動のフィールドになる。学校教育や地域社会への参加・貢献を通じて、学生が何を学ぶかは、各自の気づきを大事にしている。個々の気づきを個人で完結させず、全体で共有することで、学生は新たな気づきを見いだし、学びとして深めていく。

②参加対象者とメンバー

　留学生アウトリーチには、留学生および何らかの点で外国につながる学生

が参加できる。その際、出身国・地域、母語、第二言語や得意とする言語などは問わない。また、日本語力も問わない。これは、留学生アウトリーチの最大の特徴でもある。以前の訪問授業について、松下（2000）は、「中級以上の日本語運用能力があれば交流は十分可能である。（中略）身振り・表情による表現や話題の選択・構成などを含めた、総合的なコミュニケーション能力が高ければ、いわゆる初級レベルの学習者でもよいのではないだろうか」と述べている。これは、学習のめやすの「ことばを運用「できる」だけでなく、ことばで他者と「つながる」」ということにも通じるだろう。

「つながる」力は言語力だけによるものではない。なぜなら、言語力は一人の人間の能力の一部であるからだ。私たち人間は、それぞれ多様な力を持っている[5]。言葉の力を補うものはたくさんある。活動によっては、言葉の力を補う以上に、その人の持つ能力や魅力的な個性などが発揮されると、筆者は考えている。

異なる言語・文化的背景、日本語力などに加え、学生それぞれの力を生かしたプログラムづくりをすれば、子どもたちは異なる他者への理解と協働をリアルに学ぶことができる。そのような学びづくりの過程は、留学生にとっても異文化理解や協働・共生の学びでもある。従って、留学生アウトリーチでは、学生の日本語力が初級であっても中上級であっても、活動の狙いや自分たちの役割を共有し、他の学生と相互理解を図りながら、「子どもたちのために、みんなで協力してよいものをつくろう」と取り組む協働的な意思や態度を最も大切にしている。

表2　2013年度留学生アウトリーチのメンバー

【出身別】

	春	秋
米国	1	1
英国		1
韓国		3
中国	1	9
ベトナム	2	3
モンゴル	6	5
計（人）	10	22

【所属別】

	春	秋
学群留学生	3	2
交換留学生	6	12
留学生別科生	1	8
計（人）	10	22

【参加経験別】

	春	秋
継続	3	5
新規	7	17
計（人）	10	22

【在籍期間別】

	春	秋
1学期目	4	14
2学期目	4	6
3学期目以上	2	2
計（人）	10	22

【性別】

	春	秋
男	1	7
女	9	15
計（人）	10	22

それでは、メンバーはどのような学生か。彼らの特徴をまとめた図2をご覧いただきたい。学校や地域の関係者には、留学生の具体的なイメージがなく、先方の留学生に対する期待と実際の留学生との間にギャップが生じることがある。筆者は学生の多様な背景を丁寧かつ具体的に伝え、その特徴を「特長」として生かした具体的な活動も提案している。

　例えば、日本語が流ちょうな留学生でなければと考える人には、このように伝えている。「日頃から先生方が大事に指導されている「聴く」を、子どもたちが実践する機会になります。日頃は「聞く」で済んでいることも、「聴く」でなければならないこと実感し、自分の言葉にも気を付ける。それを楽しいアクティビティーを通じて体験しませんか」。こうした教員の働き掛けも、地域社会への参加による学びづくりには欠かせない。

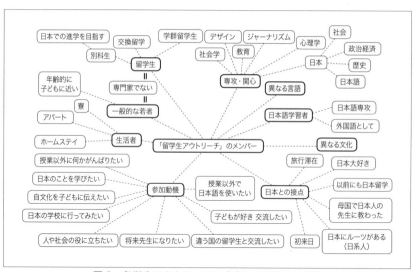

図2　留学生アウトリーチに参加する留学生の背景

③活動の流れと概要

　留学生アウトリーチの活動は、学内でのミーティングと学外でのフィールドワーク（学外での活動）の二つからなる。ここでは、留学生アウトリーチが学びのコミュニティーとなるために大きく機能しているミーティングに注目しながら、活動の流れと概要を紹介していく。

　まず、学期初めにメンバーの学生が中心となって広報活動を行い、新メン

ワークショップに向けて

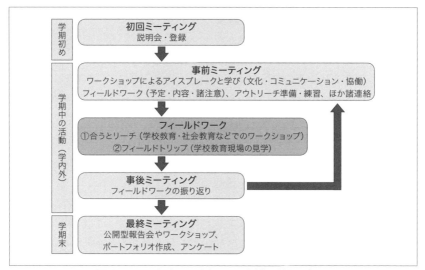

図3　2013年度のアウトリーチ活動の流れと概要

バーを募る。説明会では活動の写真を見せたり、メンバーが経験談を日本語や母語で話したり、実際に協働のゲームをしたりする。

　活動開始後、学生と教員（筆者）は毎週ミーティングに集まる。その狙いは関係性の構築である。学生の出身・母語、日本語力や日本語学習歴、学内での所属は多様で、もともと親しい関係にあるわけでもない。地域でのWSを実践するには、教員も含めメンバー間で十分な信頼関係が形成され、協働できる関係性が構築されなければならない。そのため、メンバーの学生主導のパーティーやフィールドトリップ（小学校の運動会、高校の授業・放課後活動・文化祭の見学）なども組み込み、それらと連動させながらミーティングの意義を高める。学生は楽しみながら参加度を強め、関係性を深めていく。ミーティ

ングは、学生が協働の仲間として関係性を成熟させていく大切な場である。

また、ミーティングは学校教育・社会教育などの現場におけるWSの事前・事後活動の場でもある。WSの実践には、さまざまな過程が必要である。学生はアイデアを出し合ったり、実際に試してみたりして、教員と試行錯誤を重ねながらプログラムをつくり、最終的にはリハーサルをして本番に臨む。この一連の過程そのものが、学生の参加・体験・相互作用によってできあがる協働である。このような過程から、学生はWSにおける自他の役割、各ワークやプログラム全体をどうつくりあげるかなどを考える。つまり、学生は協働を通して協働を学ぶのである。

④留学生が果たす役割

留学生アウトリーチのWSにおいて、留学生はまさに「生きたリソース」である。松下（2000）は、留学生は「「お兄さん」「お姉さん」となり、知識を与える立場としてコミュニケーションに参加できる」と、訪問授業における留学生の役割について言及している。子どもから見ると、留学生は「会うことができるしゃべるリソース」ともいえるだろう。留学生が目の前で語り伝えると、その国に関する知識や情報のリアリティーは増し、子どもたちにはイメージが広がり、ぐっと近くに感じるだろう。

しかし、留学生にできることはそれだけではない。彼らの特徴をさらに生かすことができれば、「この機会だからこそ」の学びが生まれ、子どもたちにもたらされる。留学生アウトリーチの学生は、子どもたちの異文化理解のモデルである。彼らはさまざまな差異を互いに受け止め、個々の持ち味や力なども自然と理解している。日頃のミーティングやフィールドトリップなどを通じ、対話と協働を積み上げていくからだ。そして、WSでは、子どもたちを後押しするファシリテーターにもなっている。

⑤教員の役割

教員（筆者）の役割については所々触れてきたが、教員はどのような働き掛けをしているのか、あらためて整理して記したい。

教員には、(a)「学生に対する指導・支援」の側面と (b)「学びづくり・つなぎ手」という側面とがある。(a) は、日本語や日本社会、文化やコミュニケーションに関する知識や情報、技術などを与えるというより、学生の気

づきを促したり、それぞれの気づきをつなげたりする役割である。WS時だけでなく日頃からファシリテーター的な働き掛けを心掛けている。(b) は、さらに「地域社会・学校教育現場へ学生をつなぐ、新たな学びへ学生をつなぐ、新たな学びのコミュニティーづくり＝学生同士をつなぐ」と、「実際のWSに関わる一連の活動において、学生のアイデアを具現化する、子ども・現場の教員とつなぐ」という二つに分けられる。このように教員は、学生の参加を促し、活動全体をより豊かにする仕掛け人、学びの支援者のような存在として学生に働き掛けている。

(2) 地域での活動事例

　子どもたちと留学生による協働の学びを実現するため、留学生アウトリーチではWS型の活動を実践している。どのような現場や対象においても、子どもたちの力や個性は多様である。WSの対象人数がかなり多数になること、学年や年齢が多岐にわたること、配慮を要する子ども（身体、発達あるいは学習に関わる障がいのある子ども、外国につながる子ども）がいることもある。さらに活動時間には限りがある。さまざまな状況や制約の中で、学びの主体としての参加が全ての子どもと学生に保証され、共に活動できるような協働の場づくりを目指す。

　それでは、ある中学校での実践を取り上げる（表3）。WSの一例の概要の簡単な紹介になるが、留学生が「お客様」ではなく、主体的に活動を創りあげている参加のしかたがお伝えできればと思う。

　ファシリテーターを担当した筆者の役割は、参加者の協働や相互作用の促進剤であり、気づきの後押しや拾い手であり、WSのかじ取りである。

　留学生は子ども同様に活動の主体、つまり参加者として活動する。彼らは活動の内容や段取りを把握し、アクティビティーの狙い、自分の役割、子どもへの働き掛け方なども理解している。従って、留学生は参加者でありながらも、子どもたちの学びのリソースであり、時にはファシリテーターとなって、一つ一つのワークの成立にも貢献している。

　留学生アウトリーチでは、現場・対象となる学校・子どもたちの特徴や課題から、WSの目標を立ててプログラムづくりをする。大まかな流れと現場教員の役割、アクティビティーの狙いは事前に現場の学校へ伝え、全体で一定の共通理解を図っておく。その上で、子どもと留学生の活動をサポートし

表3 ある中学校で実施したワークショップの概要

実施時期	2013年12月中旬　水曜日13:30–14:20　※同校の国際理解・国際交流を目的とした年間学校行事で2006年度より継続実施
会場・対象	A中学校（全校生徒75人、教員10人）
参加学生5人の人数・背景	・出身:モンゴル3人、米国1人、英国1人 ・所属:学群1人（4年生1学期目）、交換4人（留学2学期目2人、留学1学期目2人） ・性別:男1人、女4人　・活動経験:新規2人、継続3人
役割	留学生:参加者・グループファシリテーター　教員（筆者）:メーンファシリテーター A中学教員:参加者・グループファシリテーター
ワークショップの狙い（生徒の学び）	国、人種、言語など大きなくくりに基づく「●●●人」という国際的な捉えではなく、「○○さん」という一人の人間として留学生を捉え、なかまとして共に参加・活動する。その中で、子どもたちが言葉や文化（身近なこと）など背景が異なる相手を思いやり、協力することを目指す。そのために、①聴く、②自分なりに精いっぱい活動にチャレンジする、③言葉（日本語）を大事な道具として意識する。（→他者理解、言葉によるコミュニケーション）
プログラム概要	1. あいさつ・国際理解とは・聴く・協働（全体）　5分 2. アイスブレーク・自己紹介・聴くことのワーク　10分 3. 文化・コミュニケーションのワーク　25分 4. 体を使った協働のワーク5分 5. 振り返り・留学生の言葉（全体）　5分

つつ、共に活動に参加するよう現場教員へ協力を求めている。このような理解・協力態勢の中でWSを実践している。

　子どもたちには、留学生やWSに関して、事前に多くの情報を与えない。先入観を持たずに留学生と活動に出会うための工夫である。出会いのうれしさ、留学生個人に対する興味や緊張感、何をするのだろうという楽しみや不安など、さまざまな感情を抱きながらWSに参加する。このような心の状態は、異文化との出会いで生じる感情によく似ている。このように留学生アウトリーチのWSは、子どもたちがリアルな異文化コミュニケーションと協働へチャレンジするように仕掛けているのである。

4. 留学生アウトリーチの意義と可能性

　留学生の社会参加を通じた学びと成長の場・機会として、留学生アウトリーチの持つ意義や可能性について考えてみたい。そこで、学生の変容や気づきなどに注目し、観察および学生の声を基に私見を述べたい。

(1) 学生の変容―観察による私見―

　活動を重ねていくと、学生にはさまざまな変容が見られる。Lさん（1年間の交換留学、中国、女子）は、2013年度春学期はミーティングでの発言や自己表現、他者や全体に対する働き掛けなどは、それほど積極的なものでなく、あまり自己開示していないようだった。日頃から親しかったメンバーのAさんが帰国し、継続の意思も分からなかった。

　しかし、秋学期になるとLさんの参加に変化が見られた。メンバーや筆者の話、状況をあまり理解していない中国のメンバーへ中国語で伝えたり、WSのプログラムづくりでは活動のアイデアを述べたりしていた。WSのリハーサルでは、新メンバーに「聞こえないよ。もっと大きな声で」とさりげなく声を掛ける場面もあった。また、近隣の高校の文化祭の見学では、高校のホームページを自ら確認し、見学予定日の誤りに気づいて日程変更を提案した。同行できなくなった筆者に代わってメンバーを取りまとめ、リーダーとして見学を実施した。

　留学生アウトリーチという学びのコミュニティーへの参加そのものが学びであり、その学びの主体として学生は成熟していく。学生はさまざまな体験を通じ、留学生アウトリーチにおけるアイデンティティーを徐々に確立し、一人の人間として成長していく。これは状況的学習であり、SNAによる言語学習が目指すことにも強く結び付くものであろう。

(2) 学生の声―アンケートの結果から―

　2013年度秋学期の活動終了時期に、アンケート（日本語、一部記述を求める選択式）をメンバーの学生全員に実施した。その一部を紹介する。

　留学生アウトリーチへの参加動機は多様であるが、参加への満足度は全体的に高い評価であった（表4）。注目したいことは、「授業以外に頑張る活動ができたこと」「社会活動・ボランティア活動ができたこと」「日本の地域社会へ参加できたこと」「人や社会や学校教育の役に立てたこと」「SLができたこと」などが理由として選択されたことだ。回答数としては少ないが、授業のようなフォーマルな学びとは異なる学び、また地域社会への参加がこの活動への評価に関わっていることがうかがえる。この点は、学びづくりの際の大きな材料となり、心に留めておきたいことである。

　さらに、留学生アウトリーチを通じた自己の変容、考えたことや気づきに

表4 活動に対する満足度、および満足の理由（複数回答可）

全然満足していない⇔とても満足している									
満足度	1	1.5	2	2.5	3	3.5	4	4.5	5
回答者数	0	0	0	0	2	1	9	1	9
平均　4.3181818…									

満足の理由（複数回答可）

	選択項目
14	日本の子どもと交流できたから
13	日本の学校に行くことができたから
7	日本語をたくさん使えたから
14	日本語や日本のこと（文化・学校や教育・子どもや親や先生など）を知ることができたから
8	自分の国のことを日本の子どもたちに伝えることができたから
10	自分の国のことを考えたり、気づいたりすることができたから
10	ちがう国や所属の留学生と友だちになれて交流したり協力したりできたから
17	ほかの国のことや文化について知ることができたから
8	授業以外にがんばる活動ができたから
5	社会活動やボランティア活動ができたから
1	人や社会や学校教育などの役にたてた（ような気がする）から
4	日本の地域社会に参加できた（ような気がする）から
1	サービスラーニング（社会貢献をして学ぶこと）ができたから
0	そのほか（どんな理由か下に書いてください）

注目したい。全ての項目に回答者があり（1項目当たり平均10.6人）、1人当たり平均5.4項目を選択している。中でも、異文化・他者との協働への関心の高まりに関する回答が最も多く、次いで「授業以外でもいろいろなことを学ぶことができる」という気づきが示された。これは大変興味深い結果である。留学生アウトリーチを通じ、留学生に学ぶことそのものについて気づきがもたらされていると考えられる。

また、日本語学習と関連するコミュニケーションや文化に関する学び、そして日本語や日本語によるコミュニケーションへの動機の高まり、自信がついたという変容が見られた。留学生アウトリーチでの活動を通じ、日本語および周辺の学習にもプラスの影響があるものと思われる。

参加した留学生にとって留学生アウトリーチは、単純に楽しい課外活動で

表5　自己の変容や気づき（複数回答可）

名	選択項目	項目の分類
12	「日本語をもっと勉強しよう！」「日本語でもっとコミュニケーションしたい！」日本語学習や日本語コミュニケーションの気持ちが強くなった、自信がついた	I. 日本・日本語学習への動機の高まり
8	「日本のことをもっと知りたい！」「日本のことをもっと勉強したい！」日本のことについて勉強する気持ちが強くなった	
6	「私の国はすばらしい！」母国や自文化への誇り、気づき、関心	II. 自分や自文化への気づき
3	「私は○○人なんだ」「私はこういうことを考えているんだ」アイデンティティや自分に対する気づき	
16	「異文化は面白い！」日本以外の人、国や地域、世界への関心が強くなった	III. 異文化・他者との協働への関心の高まり
16	いろいろな人（国・言葉・所属がちがう留学生や先生、子どもや学校の先生）と交流したり、協力したりすることは楽しいな！	
13	「コミュニケーションは言葉だけじゃない！コミュニケーションは面白い！」コミュニケーションの勉強になった	IV. コミュニケーション・文化に関する気づき
12	「文化は見えるものや伝統文化だけじゃない！見えない文化も文化だ！毎日の生活のなかにも文化はある！」文化の勉強になった	
8	外国人だけど、留学生だけど、日本の学校や地域の役にたてるんだ！	V. 地域社会への参加や貢献への関心や気づき
15	授業以外でもいろいろなことを学ぶことができるんだ！	VI. 学びに対する気づき
8	授業以外に何かをがんばることは楽しいな！	
0	そのほか（どんなことか下にくわしく書いてください）	

はない。彼らは留学生アウトリーチでのさまざまな活動を通じ、考えたり、気づきを得たりしながら変容していることが分かった。そして、その変容を彼ら自身も振り返り、認識している。

5. 終わりに

　言語・文化的マイノリティーの人は、社会的マイノリティーとなり、コミュニティーの周辺に追いやられ、本来の自分を生かすことができない。そのことを本人も含め多くの人が「外国人だから、日本語が上手ではないから」と理由づけ、「仕方ない」と受け止める。コミュニティーへの参加や働き掛けは、言葉の力で決まるものなのか。言語マイノリティーがその社会に従属しているような状況に、筆者はさまざまな現場で直面し、疑問を感じてきた。これが留学生アウトリーチの原点である。

　本稿では、留学生が地域社会へ参加する活動事例として、留学生アウトリー

チを取り上げ、学習環境デザインという視点から一考察を試みた。留学生アウトリーチを「学びのコミュニティー」として客観化し、留学生を「一人の人間」として捉えた。留学生アウトリーチが主体である留学生の学びや成長へどう関わるのか。これまでの活動の歩みと現状を整理・記述することで、その意義や可能性を探ろうと試みた。

　紙幅の都合上、具体的な活動例や活動時の様子の記述は十分でなく、課題についても本稿では言及していない。しかしながら、留学生が社会へつながること、社会参加を通じた新たな学びや成長を促す学びづくりについて考える材料は見いだせたかと思う。指導・支援の現場はさまざまであるが、それぞれの学びづくりの一助になれば幸いである。

▶注

[1] 留学生とは、桜美林大学の学群や大学院に在籍する正規留学生、1学期あるいは1年間の交換留学生、留学生別科（日本の大学や大学院などへの進学を目指す留学生の予備教育課程）の学生を指す。
[2] 桜美林大学の教員有志による教育・研究プロジェクト。同学の多様な国際的な教育リソース（人的・物的リソース、教育理論や実践など）で地域の国際理解教育を支援しようと1997年に立ち上げられた。現在ではリソースセンターとしての機能を果たしている。
http://www2.obirin.ac.jp/kusanone/kusanone.html
[3] 1998年改定の学習指導要領より組み込まれ、2002年度より小中学校へ導入された。
[4] 21世紀は、新しい知識・情報・技術が政治・経済・文化をはじめ社会のあらゆる領域での活動の基盤として飛躍的に重要性を増す社会。知識のグローバル化が一層進み、新しい知識や情報、技術革新が日々絶え間なく生まれ、知識は陳腐化していく。そのため、旧来のパラダイムを転換できる幅広い知識と柔軟な思考力がより一層重要である。
[5] H・ガードナーが提唱した「マルチ能力理論」に基づき、「私たち人間は、それぞれ多様な力を持っている」と考える。マルチ能力についてはアームストロング（2002）を参考としている。

▶参考文献

アームストロング, トーマス（2002）『「マルチ能力」が育む子どもの生きる力』（吉田新一郎訳）小学館
桜美林草の根国際理解教育支援プロジェクト（2013）『草の根国際理解教育支援プロジェクトのあゆみ vol.1　1997年度〜2012年度』
公益財団法人国際文化フォーラム（2013）『外国語学習のめやす―高等学校の中国語と韓国語教育からの提言』国際文化フォーラム
コナリー, サラ・ワッツ, マージット・ミサンギ（2010）『関係性の学び方―「学び」のコミュニティとサービスラーニング』（山田一隆・井上泰夫訳）晃洋書房
清水貴恵・岩本貴永（2012）「人的リソースを活用した国際理解教育の実践―体験重視の学習活動から児童生徒の学びを考える」『日本国際理解教育学会第22回研究大会研究発表抄録』
當作靖彦（2013）『NIPPON3.0の処方箋』講談社
中野民夫（2001）『ワークショップ―新しい学びと創造の場』岩波新書
日本国際理解教育学会（2012）『現代国際理解教育事典』明石書店

松下達彦（2000）「外国人留学生の小学校への訪問、交流の効果と具体的問題点―大学における留学生教育の視点から」『草の根国際理解教育年報』2, pp.85–95.
文部科学省（2008）『小学校学習指導要領解説　総合的な学習の時間編』東洋館出版社
レイヴ，ジーン・ウェンガー，エティエンヌ（1993）『状況に埋め込まれた学習―正統的周辺参加』（佐伯胖訳）産業図書

自律的な生活者を目指した学びの現場

鈴木理子・久保田美映

1. はじめに

　日本語教育において、学習者の多様化という言葉が用いられるようになって久しい。筆者らの所属する大学で受け入れている外国人留学生に限っても、2013年度の受け入れ数は518人、国・地域は20に上り、その種別も正規留学生、交換留学生、別科生、聴講生・科目等履修生・研究生等とさまざまである。

　筆者らは東京のある私立大学で、提携校からの交換留学生を主な対象とした初級日本語クラスを担当している。当クラスの留学生は留学期間が半年から1年と短期であり、その大半は大学職員による生活の支援を受けながら、大学の寮に住み、スクールバスで大学に通っている。中には、授業以外では日本語を全く使用しない、する必要がないという学習者も多い。さらに、母国に帰ってから日本語を使う予定も、日本語の学習を継続する予定もない者もいる。このような学習者にとって、留学中に学ぶべきことは何だろうか。

　浜田他（2006）は学習環境を「学習者が会って話をする、直に見る、あるいは電話やメールでやりとりするなどの目に見える接触が行われているもの」とし、「学習者が環境と相互に影響しあいながら、新しい意味を発見していくことこそが学習である」と述べている。筆者らは、浜田他（2006）の学習環境の考えに基づき、日本にいるからこそ学べることを提供するためには、生活を学びの場とするような学習環境のデザインに関しても、教師が関わっていくべきなのではないかと考えた。

　しかし、留学生自身が学びたいこと、学んでよかったと思うことは、それぞれ異なる。そこで、筆者らは、クラスを履修する学習者を、日本での生活を通して個々の学びを重ねていける「自律的な生活者」に近づけることを目指した。

　本稿における「自律的な生活者」とは、学習者オートノミーを持ち、その

能力を用いて、日本語を使用しながら、充実した経験を積むことができる生活者を意味する。学習者オートノミーとは、青木他（2011）の言う「自分の学習に関する意思決定を自分で行うための能力」[1]である。日本語を使用する必要がない学習者でも、食生活、余暇、アルバイトなどの場面で、日本語を多少なりとも使用できれば、より豊かな経験ができる。学習者自身に「やりたいこと」「やらなければならないこと」があるとき、日本語を用いて、必要な情報を調べたり、初対面の日本人の手助けを得たりしながら、行動に移す。そこで何か問題があれば、どうすればよかったのかを考え、次回はもっとうまくいくよう工夫する。このような経験を重ねることが、留学の意義につながるのではないか。「日本語力が不十分だから日本語を使わなくてもいいことだけをする」という姿勢では、留学の機会を十分活用しているとはいえないだろう。

　本稿では、初級クラスの教室で行う日本語学習と生活場面とをつなげる教室外活動を紹介し、その内容を詳細に記述する。短期交換留学生が「自律的な生活者」になることを目指した実践を報告、考察し、学習者がより留学の意義を感じられる活動のデザインを探ることが本稿の目的である。

　教室外活動の実践で、自律を意識した先行研究には、次のようなものがある。マスデン（1998）は、「入門期の語学教育であっても、単なる言語についての基礎知識の習得に終わらせず、さまざまなインターアクション体験から学習者が異なる文化の表層様式の違いを越えて、共存の知恵を学びとることができ、人格形成にも関与できる教育にしたい」と述べており、筆者らの考えと一致する。熊野・石井（2010）は、自己評価チェックリストなどを自律学習支援のために用い、「毎週の内省活動を通し、自律学習の重要性を認識するように」なったことを明らかにしている。しかしマスデン（1998）、熊野・石井（2010）で対象としている学習者は、筆者らが担当している学習者とは、留学の目的も日本語学習のニーズも異なる。

　初級レベルを含む短期の大学留学生を対象とし、授業時間内に教室外活動を行った実践としては、青柳・山本（2006）がある。しかし、茶道、みそ工場見学といった日本文化体験を中心に行われたものであり、教室外活動を通してどのような日本語学習が行われたかについては、十分には述べられていない。

2. 授業概要

2.1　日本語プログラムにおける授業の位置づけ

　短期交換留学生を対象とした日本語科目には、初級・中級・上級のレベルに対応したクラスがあり、それぞれのレベルにコア科目と呼ばれる四技能を扱うクラスと、選択科目がある。初級はレベル分けテストにより、さらに三つのレベルに分かれる。初級の場合、コア科目は原則的に履修することになっている。本稿で紹介するのは、初級コア科目の中で一番上のレベルのクラスで、履修者は欧米系を中心にさまざまであり、母国の大学の専攻が日本語でない者、中級以上の日本語学習を予定していない者も含まれる。人数は、各学期、4人から18人であった（2011年〜13年）。

　当クラスは、1コマ90分、週に6コマ[2]、1学期15週あり、全90コマを3人の教師が担当している。6コマのうち、4コマは『J. Bridge for beginners vol.2』[3] を使用した主教材中心の授業である。残りの2コマは、実際に日本語を使用することに重点を置いた「活動中心の授業」（以下、活動コマ）[4] で週1日2コマ連続のコマとなっている。主教材中心の授業と活動コマの内容は連動している。

　活動コマの設置以前、初級コア科目では、文法や会話練習は行われているものの、学習者の生活につなげることは学習者自身に任される傾向があった。しかし、実際のところ、学習者の中には、日本語の授業以外では「緊張して日本語が口から出てこない」「初めての場所が不安で出掛ける勇気がない」「日本人の知人や日本語力の高い留学生に頼る」という者も少なくない。そうした学習者は、学校と自宅の往復などにとどまり、食事一つにしても、口頭でのやりとりの必要のないコンビニで済ませ、レストランは利用しないなど、行動範囲や社会との関わり方はごく限定されている。

　活動コマの内容は担当教師が決めている。筆者らは、学習者が地域の一人の生活者として日本語を実際に使用する機会をつくり、限られた範囲から一歩踏み出し世界を広げる場にしたいと考え、教室外活動を取り入れることにした。成功体験を増やすことは、学習者が社会の中で日本語を自発的に使用することにつながり、それが学習者にとっての経験の幅を広げ、成長する機会となっていくのではないか。活動コマの教室外活動の目標は、学習者が自ら考え行動していく自律的な生活者になることを目指し、その第一歩の背中

を押すことである。

2.2　教室外活動の例

　活動コマは、2011年春学期から13年秋学期までの6学期中、久保田が4学期を、鈴木が2学期を担当した。この期間に活動コマで行った教室外活動を表1に挙げる。教室外活動は、各学期、3〜6回行ったが、学期により、各活動実施の有無、方法、時期は若干異なる。授業で使用する言語は日本語であった。

表1　教室外活動の例

活動A：キャンパスツアー
大学のキャンパス内を実際に歩き、受付で質問したり、表示を読んだり、先輩学生が後輩学生に説明をしたりした。
活動B：ショッピングセンター
行き方の説明を読んだり、ショッピングセンターで生活必需品の名称や使用方法などを店員に質問したりした。
活動C：料理
買い物の計画を立てたり、何を作るか相談してレシピを調べたり、調理で用いられる語彙（ごい）を学んで、学内の調理室で料理をした。
活動D：レストラン
どのレストランへ行くか相談して、日本人の知り合いに招待メールを送ったり、店員とのやりとりをしたりしながら食事をした。
活動E：駅周辺の紹介
大学最寄り駅周辺を紹介するためのガイドブックを、これから来日する後輩留学生のために、写真付きで作成した。
活動F：地域国際交流施設
日本にいる外国人と、地域における外国人支援について学び、その施設のボランティアと懇談した。
活動G：骨董（こっとう）市
神社と寺の違いや待ち合わせ、電車の乗り方を学び、出店者とやりとりをした。
活動H：地域の祭り
日本の文化や伝統行事について調べ、祭りのパンフレットを読んで実際に祭りに行った。
活動I：埋蔵文化財施設
日本の歴史や母国の歴史について話し合ったり、施設職員に日本語の説明を受け、質問したりした。
活動J：江戸時代の古民家
日本の当時の住まいや生活について調べたり、日本人の宗教観を知ったり、職員に質問したりした。

2.3 活動の進め方の例

　教室外活動は単なる楽しい交流やイベントではない。学習であることが意識できるよう、活動A〜J全てに、三つのタスクを設定した。事前学習を行う「事前タスク」、教室から離れ、実際に日本語を用いながら体験する「教室外タスク」、教室外タスクで学んだ日本語を再度使用しながら、自らの体験について考える「事後タスク」である。タスクには、語彙・表現・漢字の学習、文化的知識の獲得、主教材中心の授業で学習した文法項目を意識して用いる練習などを含めた。事前タスク、教室外タスク、事後タスクそれぞれにかける時間は、活動によって異なる。また、事前タスクと事後タスクは教室外タスクとは別の週に行うこともあった。

　活動Bを例に進め方を説明する。活動Bは、スーパーや100円ショップ、アイスクリームショップなどがあるショッピングセンターに行くというもので、表2の流れで行われた。

表2　活動Bの流れ

タスク	学習者の行動	教師の行動
事前タスク （30〜60分）	・物の写真を見て使い方を考えて話す ・道案内のロールプレイ練習	・活動説明 ・タスクシート配布 ・宿題指示
教室外タスク （90分）	・ショッピングセンターまでの道順を読みながら行く ・店の名称を見て、何の店か推測する ・指定されたものを探し、種類やサイズ、値段を調べ、分からなければ、店員に質問をする ・見たことのないもの、珍しいものを探して店員に用途を聞く ・案内板や注意書きなどから、必要な情報を読み取る ・買いたいものがあったら、買う	・グループ分け ・店内でのメモや写真の注意事項説明 ・待ち合わせ場所と時間の指示 ・グループ行動見守り
事後タスク （30分）	・ショッピングセンターの様子や見た物について説明を書く ・感想や気づきを話し合う ・店員との会話の内容を書く	・宿題フィードバック

3. 教室外活動における学習内容

3.1　課題遂行能力の向上を目指した学習

　「知っている」と「できる」は異なる。当クラスの場合、知識はあっても、

運用力や心理的な問題で、教師やクラスメート以外と日本語で話すことに強い苦手意識を持っている学習者が多くいる。以前、当クラスの学習者から、「店内で、忙しそうにしている店の人に何と話しかけていいか分からない」という相談を受けた。この学習者は「すみません」という表現は当然ながら知っていた。しかし、初対面の人へ日本語を使って話しかける際に非常に緊張したという。そのため、実際の使用場面で店員を呼ぶときの表現と「すみません」という自身が知っている表現が結び付かず、どう話しかけてよいかが分からなかったのだろう。このように、「知って」いても「できる」わけではないことは、日本語を使って何かをしようとするまで、学習者自身、認識していないこともある。

そこで、教室外活動では、「知っている」にとどまらず、日本で生活していく中で、日本語を使って「できる」と実感を持てる場をつくり、学習環境を広げることを意識した。図1のように、生活の中で①「やってみよう」という事柄を設定し、②「どうすればいい？」かを学習者自身が考え、③学習者自身が「そうか！」と気づき、④実際に「やってみた」結果、⑤「できた！」となるようなプロセスを踏むよう工夫した[5]。

図1　教室外活動で目指す課題達成までのプロセス

過去3年間の教室外活動を、言語を用いて「～することができる」という能力記述文（Can-do statements）[6]の形で、活動A～Jの学習目標を挙げ、教師が意識していた課題を整理する。能力記述文の作成時には、授業での配布物、教案、当クラスの担当教師3人で共有している授業報告を参照した。本稿では、紙面の都合上、以下表3に活動B（ショッピングセンター）に関する能力記述文を記す。

このように、ショッピングセンターに行くという一つの活動の中にも、事前タスク、教室外タスク、事後タスクを通して課題遂行能力を目指した「できる」ことを増やすためのさまざまな学びを盛り込んだ。

表3 活動B 能力記述文

目的地までの行き方の短い説明を読んで、主要な情報を理解することができる
ショッピングセンター内の短い簡単な説明を読んで、禁止や注意事項など、幾つかの情報を理解することができる
店の看板など、生活の中でよく見掛ける非常に短い表示を見て、理解することができる
肉のパックの表示などの短い簡単なテキストを見て、肉の種類・用量など、必要な情報を探し出すことができる
店の人に、「すみません」などの表現を使って、店員を呼ぶことができる
店の人に、店頭に出ている品の他のサイズや似たものがあるかなどについて質問し、幾つかの簡単な答えを理解することができる
ゆっくりとはっきりと話されれば、集合の時間や場所など教師の簡単な指示を聞いて理解することができる
ショッピングセンターで見た物や体験について、短い簡単な文でレポートを書くことができる

3.2 「できる」(能力記述文) 以外の学習

　本稿でいう能力記述文というのは、実際の生活で何がどのくらいできるのかを示すものであり、「過去形の活用を間違えずに使うことができる」といったようなことではない。しかしながら、教室外活動は、主教材中心の授業と連動して進めており、主教材中心の授業で学習した文法や語彙を用いた練習も行っている。そのため、「できる」という能力記述文の形に収まらない学習項目もある。

　活動Bの場合、100円ショップで売られている祝儀袋の画像[7]を見せ、「～時、～」という文型を使って、祝儀袋の使い方を想像して言うような、言語形式に焦点を当てた運用練習(図2)がこれに当たる。

```
1. これはどんなものですか。
  ＿＿＿＿＿＿時、＿＿＿＿＿＿
  ＿＿＿＿＿＿のではないかと思います。
```

図2　活動B　事前タスクシート1

(1) スーパーマーケット
    1. 一番安い牛肉は、100g いくらですか。＿＿＿＿＿円／100g
    2. 外国のビールがいろいろ売っています。どこの国のビールがありますか。
    3. マヨネーズを少しだけ使いたいです。いくらですか。
(2) ペットショップ
    店にどんな動物がいますか。
(3) 輸入食料品店
    店でどんな物を売っていますか。
(4) 衣料品店
    あなたのサイズのくつしたがありますか。

図3　活動B　教室外タスクシート2

　活動Bでは、教室外タスクとして、学習者が店内を見る機会を設けた。図3は活動Bの教室外タスクで使用したタスクシートの一部である[8]。そこでは、自分に合ったサイズの生活用品が手に入るかどうかといった社会文化的知識と、それに関連した文法や語彙、漢字の知識の獲得を目指した。さらに、輸入食材を扱う店の商品を見て、そこから日本人の食生活についての認識を深めるきっかけとした。

　当クラスは、教室で行う日本語学習と生活場面をつなげることを目標としているため、活動をデザインする際、まず、3.1のように課題の遂行を目的とした言語行動について考えた。しかし、主教材中心の授業で学習した内容を、実際の生活の中で使うためには、その「運用練習」も重要である。それが、課題遂行に即、結び付かない場合でも、近い将来必要となるに違いない。また、「社会文化的知識や関連する言語知識」は言語行動には不可欠であり、今、買わない輸入食材がどこにあるかを知っていることは、生活を充実させる。留学の目的は、何かができるかできないか、だけではない。課題遂行能力という言葉では表せないものも学習に含めるべきであると考えた。

3.3　複合的な学び

　教室外活動で教師が意図して行った学習行動のうち、能力記述文で表せないものを活動A〜J全てについて挙げると、表4になる。「できる」以外の学習行動は、三つのカテゴリーに分けられる。言語形式に焦点を置いた運用練習「使う」、社会文化的知識を「知る／認識する」、日本語力には直接関わ

りが薄いが、深く「考える」である。

表4 「できる」(能力記述文) 以外の例

使う	・「〜なら」を使って、駅周辺の商業施設でできることについて説明する（活動E） ・「〜と」を使って、寮や店の場所の説明をする（活動E） ・「〜ことができる」を使って、祭りの状況を記述する（活動H）
知る／認識する	・材料や調理時の行動を表す動詞（例：小麦粉、フライパン、焼く）など、日本語で何と言うか、知る（活動C） ・牛肉、たこ焼きなど身近な語彙を増やす（活動B） ・パック入りの肉、小さなマヨネーズのチューブなど、母国とは異なる売られ方の食材についての知識を得る（活動B） ・祭りの情報を得るためのインターネットの使用に際して日本語入力の方法を知る（活動H） ・国際交流施設のスタッフにボランティアを始めたきっかけややりがいなどについて質問して、ボランティアや仕事に対する日本人スタッフの考え方を知る（活動F） ・生活用品や食料品、嗜好（しこう）品など、日常的に使用するものや生活を豊かにするものがどこに売られているかを知る（活動B） ・神棚や火の神様を祭るなど、江戸時代の宗教について、情報を得る（活動J） ・自国の歴史的な出来事を日本語で何と言うか知る（活動I） ・レストランでは敬語が多く使用されていることに気づく（活動D） ・世代によって、使用される語彙や表現、音声面の違いがあることに気づく（活動F）
考える	・帰国前に日本のお土産に何がいいか選ぶことをきっかけに、日本らしさとは何かを考える（活動G） ・18世紀の日本と自国、クラスメートの国の歴史について、比較して考える（活動J） ・後輩を案内することで、先輩としての自覚を持ち、自身の留学生活を振り返る（活動A） ・地域住民の一人として自覚し、社会とのつながり、地域への貢献の在り方を考える（活動F）

「使う」は既習の語彙表現や文型の運用練習で、「〜なら」「〜と」など教室内で事前に学んだことを、教室外の実際的な文脈の中で使うことで、定着を目指すものである。

「知る／認識する」は一般的に初級の主教材や授業では触れられることの少ない「神棚」「火の神様」（活動J）などの知識や、パック入りの肉を買うときに必要な「牛」「豚」の漢字（活動B）の意味など、重要な生活情報を取り入れようとするものである。また、活動Fでは、地域の日本人とのやりとりから、大学内で接する日本人とは異なる背景や価値観に触れると同時に、使用される表現や音声面の世代による違いを認識する機会を設けた。

「考える」は、「日本」を意識することで母国や母文化を見つめ直す、留学生として、また地域の成員としての自覚を促すことを目的としている。例えば、大学キャンパスや近隣を後輩に案内すること（活動A）は、留学生活で培ったコミュニティーや情報をあらためて見つめ直し、留学生活を考え直す機会

となり得るだろう。
　以上のように、教室外活動は、3.1で述べた「できる」と、「使う」「知る／認識する」「考える」を合わせた4種の学びにまとめられる（図4）。活動A～Jはそれぞれ、「知っていることを使うことによって、できる」「認識したうえで考える」といったように、これら四つを複合的に関連づけていった。

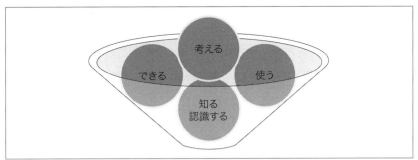

図4　それぞれの活動における複合的な学び

　当クラスの活動コマでは、1学期を通してこのような教室外活動を重ねることにより、学習者それぞれが日本語を使用しながら、充実した生活を送れるよう、活動をデザインした。当クラスを履修する学習者は、出身、母国の大学での専攻、学年、滞日期間、日本語学習の目的が多様であり、お互いの考え方や経験、文化の違いから学び合うべき点も多い。また、当クラスの学習者は、総合的な日本語力はおおむね同じ程度であるものの、コミュニケーション能力や語彙力、聴解力などには差がある。グループ活動を含むさまざまな教室外活動を行うことで、既に持っている文化的背景と日本との違いだけではなく、クラスメートからの学びも生まれるよう、意図した。
　異なるものと接することは、自身を見つめ直し、より客観的な視点を持つきっかけとなる。それにより、留学の機会をどのように活用していくかという方向性を自ら見つけていくことが期待できるだろう。この「振り返りと今後の在り方への視点」も、教室外活動の目的の一つである。
　前述の活動B（ショッピングセンター）の教室外タスクシート（図3）では、「課題遂行能力向上を目指した学習」「社会文化的知識と関連の言語知識の獲得」「運用練習」の例を示した。これに「振り返りと今後の在り方への視点」を

加えた四つが、自律的な生活者を目指した当クラスの教室外活動の学びである（図5）。

4. 自律的な生活者を目指すための改善案

3で述べたように、活動コマの教室外活動には、さまざまな学びが盛り込まれており、活動コマに関する学習者の評価はおおむね高かった。2011年から13年の3年間の

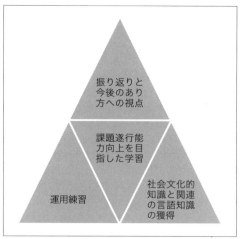

図5　自律的な生活者を目指した学び

学期末アンケートでは、活動コマに関して記述をした17人中、13人にプラス評価の記述が見られた。「The Friday class activities were fun.」「金曜日は最高でした。みんなと一緒に活動したら面白いし、楽しかったです。その活動がたくさんあったらいいと思います」（筆者注：金曜日とは活動コマの日のこと）のような、楽しかったという記述が多かった。

教師は教室外活動における学びを学習者に示しているものの、学習者から提出されたタスクシートの記述内容からは、学習者が活動の意義を認識していないように見えることもしばしばあった。学期終了後の学習者アンケートには、「The class activities were fun (boys day, going to ○○), but also a little random.」（筆者注：「○○」とは活動Jの場所のこと）との声もあり、活動自体は楽しかったとはいえ、構造化されているとは認識されていなかったことが分かる。

では、何を学べるかを明確にするためには、どのようにすればよいだろうか。買い物はコンビニで済み、電車に乗るときは券売機を使わずに交通系ICカードが利用できる現在、日本の生活で困ることは減少しているといえるかもしれない。生活で不便を感じていなければ、何を学ぶべきかといった問題意識や意欲も持ちにくいだろう。

学習者がよりはっきりと学びを意識できるようにするための改善案として、以下の四つが考えられる。

(1) 活動において、何が「できる」、何を「使う」・「知る／認識する」・「考える」ことが目的かを、さらに分かりやすく学習者に示す。そのために、タスクシートの構成を統一するといった工夫が求められる。また、教室外タスクの前に、学習者自身が自己評価[9]をし、これから学ぶことを意識した上で、タスクに臨むことが有効なのではないか。

(2) 事後タスクを充実させる。教室外活動の後で、学習者が実際は何が「できた」か、何を「知った」かを数値およびコメントで自己評価する。さらに、学習者自身が（1）で述べた事前の評価と比較する。そして、教室外活動後もまだできない事柄とその理由、課題の遂行に必要だった知識について考える時間を設ける。また、自身が「使った」日本語の表現に関して、より適切な言い回しが考えられないか、検討する機会をつくる。さらに、何を「認識した」か、どう「考える」かを意識する仕掛けづくりも求められる。例えば、活動B（ショッピングセンター）で気づいたことなどについて、クラスメートと話し合う時間を十分取るのも、仕掛けの一つとして挙げられる。

(3) 学習者一人一人が、日本語を実際に使った・できたという達成感と自信を強く持てるような内容の教室外活動になるよう、教師自身がより注意を払い、活動をデザインする。まず、初対面の人と日本語で話す機会をなるべく多く設ける。また、学習者ができること・できないことについて、日本語運用能力と情意面に配慮する。活動B（ショッピングセンター）の例でいえば、個人にとっての困難さに合わせ、「すみません」と声を掛けることを目標とするのか、「作りたい料理を伝え、どの牛肉を買ったらよいか店員に相談する」のか、といった幅を持たせる。さらに、学習者が自身の関心に引きつけた個々の目標を設定できるようにする。

(4) 学習者自身が選択・決定する部分を、今以上に増やす。これまでは教師が活動をデザインすることが多かった。しかし、「The class activities were fun, but I wish there were other places we could have went（ママ）to.」という記述からは、学習者自身に活動のアイデアがあったことがうかがえる。教師が学びの内容を示した上で、どの活動を行うか、学習者が選択できる方法に変えれば、学習者が目的意識を持って活動に臨むことが期待できるであろう。何を学ぶために、どこへ行って、何をするのかを、学習者がデザインすることも可能である。「何が学べる」かを明確に示す企

画をグループごとに発表し、その中から最終的に決定するのもよいだろう。

2014年度からは、上記四つの改善案を取り入れ、何のために行う活動なのかを学習者が明確に意識できるようにしていく予定である。そうした上で、学習者自身が選択し、活動を実施、自己評価を行い、振り返るというプロセスを経るようにすれば、日本語学習や生活をより充実したものにするためのヒントを、学習者自らがつかみ、自律的な生活者へとつなげていけるのではないだろうか。

5. まとめ

教室外活動は、授業で学習環境を提供することだけが目標ではない。学習者が授業での経験を踏まえ、教師の関与しない私的な生活の場で、学習者一人一人の社会的実践の中で、学びを得るための準備の機会である。初級日本語クラスでは、語彙・文法・漢字などの日本語知識の獲得や教科書の会話練習は行われているものの、それらを実際にどこでどう使うかは学習者自身に任されることもままある。しかし、3.1で述べたように、「知っている＝できる」ではない。加えて、どうすれば日本語を使って自分の生活や留学経験を豊かなものにしていけるのかを自分で考え、それを自分の意志で実行していくことは、多くの学習者にとって簡単なことではない。

教室外活動では、学習者が授業での経験を踏まえ、自らの学習環境を広げていく自律的な生活者への第一歩となることを目標としている。「日本語力の向上」のみが目的で行われるものでは決してない。「できる」「使う」「知る／認識する」「考える」を通して、留学生としての日本での「生活の充実」、また、視野を広げる・異なる価値観を受け入れることで「人間としての総合的な成長」をも目指しているのである。

今後は、4.で述べた授業改善を行い、その結果を、学習者のコメントや提出物などを用いて検証していかなければならない。また、活動における能力記述文が適切かどうかについても再考する必要があるだろう。

筆者らは、留学生は学習者であるまえに生活者である、という視点で教室外活動での実践を行った。留学生にはまず生活があり、学習はその中のごく

一部である。彼らの学習環境は実際の生活の中にある。これからも、このような視点で活動のデザインを工夫し、留学生の学びを支えていきたい。

▶ 注

[1] 青木他（2011）は、自分の学習に関する意思決定が行えるということは「学習の目的、目標、内容、順序、リソースとその利用法、ペース、場所、評価方法を自分で選べる」ことだとしている。
[2] 初級の留学生は、コア科目の他の日本語科目として、週4コマある自由選択科目を履修することができる。
[3] 小山悟著、2008年発行、凡人社
[4] 同じ教師が2コマ続けて担当する活動コマは、タスク性のある活動を行うためのコマで、2008年春学期からコーディネーターの決定により導入された。短期交換留学生は、本稿で紹介するクラス以外の授業も履修しているため、授業時間終了時には学内に戻っている必要がある。1コマから2コマ続きになったことで、学外活動を行う場所やその内容の幅が広がった。2011年より、筆者らの担当となり、現在に至る。
[5] ④で「やってみた」結果、うまくいかなかった場合は、また②の「どうすればいい？」に戻って考える場合もある。
[6] 能力記述文（Can-do statements）は日本語の熟達度を客観的に把握し、コースデザイン・目標設定・評価・教材開発などに活用できる。Council of Europe（欧州評議会）による「言語のためのヨーロッパ共通参照枠」や、国際交流基金「JF日本語教育スタンダード」などで例示されている。
[7] 実際の授業では異なる画像を使用。本稿では、著作権表示不要の著作権フリー画像とした。
[8] 実際の授業では、店名の固有名詞を使用。
[9] 例えば、「自分の国の祝日の文化について、日本との違いや似た点を知っている」「バス代・片道など交通についての単語をたくさん知っている」などの項目に関して、4段階で評価し、その理由を記入する。

▶ 参考文献

青木直子・中田賀之（2011）「学習者オートノミー」青木直子・中田賀（編）『学習者オートノミー―日本語教育と外国語教育の未来のために』pp.1-22. ひつじ書房
青柳にし紀・山本もと子（2006）「研修コース第12期「教室外活動」授業報告―日本語学習者の主体的な学習活動を目指して」『信州大学留学生センター紀要』7, 45-62.
熊野七絵・石井容子（2010）「体験交流活動を中心とした研修における自律学習支援を学習者はどう捉えたか」『広島大学留学生教育』14, 13-27.
浜田麻里・林さと子・福永由佳・文野峯子・宮崎妙子（2006）「日本語学習者と学習環境の相互作用をめぐって」国立国語研究所（編）『日本語教育の新たな文脈―学習環境、接触場面、コミュニケーションの多様性』pp.67-102. アルク
マスデン真理子（1998）「インターアクション活動を取り入れた授業―ソトに開いた教室を目指して」『熊本大学留学生センター紀要』2, 59-74.

▶ 参考 URL

国際交流基金（2010）『JF日本語教育スタンダード2010』第二版、国際交流基金
　　http://jfstandard.jp/summary/ja/render.do#docs（2014年6月26日閲覧）
Council of Europe（2008）『外国語の学習、教授、評価のためのヨーロッパ共通参照枠』初版第2刷、吉島茂・大橋理枝（訳、編）、（2014年6月26日閲覧）
　　http://www.dokkyo.net/~daf-kurs/library/CEF.pdf

お母さんのいる教室
―多言語・多文化の教室から―

髙栁なな枝

1. はじめに

　2013年末現在、日本に滞在する在留外国人数は206万6445人である（法務省調べ）。総務省が発表した2013年10月1日現在の日本の総人口1億2729万8000人に対し、在留外国人は1.62%の割合を占めている。在留外国人数は長期的に見れば増加しており、近年では子どもを連れて来日したり日本で子どもが誕生したりするケースも少なくない。

　日本語を母語としないのが大人の場合、日本語学校や大学など、日本語を学ぶ場の選択肢は幾つかあるが、子どもの場合は日本語を学ぶ場が限られている。子どもたちはインターナショナルスクールや民族学校などに進学しない限り、多くは、日本の学校に通うことになる。日本の学校に通い、その中で自然習得的に日本語を身に付けていくか、自治体によって制度に違いはあるが、「取り出し授業」と呼ばれる授業や、地域の日本語教室で日本語を学んでいくことになる。「取り出し授業」とはクラスメートが国語や社会などの授業を受けている時間に教室から出て、個人的にまたは少人数で必要な学習をする授業のことである。このような取り出し授業や地域の日本語教室で学ぶ内容は、日本語学習・教科学習の基礎を行うのが一般的であろう。

　しかし、外国にルーツを持つ子どもたちを支えるために行うことは、日本語学習・教科学習だけで十分なのだろうか。筆者は地域で外国にルーツを持つ子どもたちをサポートするため、「地球っ子クラブ2000」という地域日本語教室で活動している。本稿では地球っ子クラブ2000で行った、参加者の言語や文化を尊重し、子どもたちの力、そしてお母さんたちの力を活用した活動実践例を紹介したい。

2. 地球っ子クラブ 2000 の概要

　地球っ子クラブ 2000 は毎月 2 回、第 2・4 土曜日に、さいたま市内の公民館で活動している。午前・午後と場所を変え、2 カ所で教室を開催している。午前・午後の教室は同じさいたま市内ではあるが、5、6 キロ離れている地域で、自転車でも 30 分ほどかかる。教室は参加親子が通いやすい場であることが望まれているため 2 カ所で教室を開催することになった。また公民館は無料で使用することができるので参加費も基本的には掛からない。

　ボランティアスタッフは、毎回の活動に継続的に参加している 7、8 人で構成され、午前・午後と同じスタッフが教室間を移動し活動している。年齢層も 30 代から 60 代まで幅があり、子ども連れで参加するスタッフもいる。現在、継続的に参加しているスタッフは全て日本人であるが、日本人でなければならないことはない。外国出身のお母さんや、以前、通ってきていた子どもがスタッフとして断続的に手伝いに来てくれることがあり、非常に頼もしい存在である。

　参加親子は日により人数の増減はあるものの、午前・午後、各教室とも 4 家庭前後の親子が通ってきている。日本人との国際結婚家庭は 2 家庭ほどで、ほとんどの家庭は同国人同士の結婚家庭である。教室に通ってくる子どもは、以前は、小学校低学年で来日してきたケースが多かったが、最近は、日本で生まれ育ったというケースも増えてきている。現在、参加している子どもの年齢は幼児から小学生が主である。

表 1　教室の概要

教室	時間	主な参加者の出身国
午前の教室	10：00—12：00	ベトナム、バングラデシュ、中国など
午後の教室	13：30—15：30	中国、韓国など

　それぞれの教室において活動時間は 2 時間で、前半 1 時間の「勉強の時間」と後半 1 時間の「活動の時間」から構成されている。「勉強の時間」は、個々人のニーズに応えた勉強を行う時間で、保護者は日本語学習をし、子どもたちは宿題をしたり絵本を読んだりして過ごしている。後半 1 時間の「活動の時間」では工作や実験、ゲームや料理、母語・母文化紹介などを参加者全員で行い、体験を通じ、日本語を獲得・運用していくことを重視している。

「活動の時間」は地球っ子クラブ2000の特徴の一つと言うことができるだろう。子どもたちは日本語を教科書で勉強しても、いつ、どこで使う言葉なのか実感が湧かず、飽きてしまうことが多い。それを改善するために、「活動の時間」で、科学遊びや工作、ゲーム、話し合いなどを行い、日本語を使用する具体的場面をつくりだしている。このような「活動の時間」の利点は、①意味のある形で言葉を獲得・運用することができる、②子どもたちにとって興味深く、主体的に生き生きと活動できる、③年齢や日本語力に差がある集団でも、一緒に活動できる、④考える力、協働する力が育つ、などがあると考えている。

例えば「氷と塩で作るアイスクリーム」という活動は、数字や「冷たい」などの日本語表現の他、温度計に親しむこと、プラス・マイナスの概念を理解すること、塩の不思議を考えることを目的にした活動である。ジュースや氷の温度など、いろいろなものの温度を測り、温度計に慣れたところで氷に塩を加え温度を測る。すると温度はグングン下がり、0℃よりも下回る。急激に温度が下がっていく様子、そしてジュースがシャーベット状に固まりだす様子に子どもたちはくぎ付けになった。マイナスという概念を言葉で説明されるよりも、目の前の事象を観察することの方が理解しやすいようだ。また「冷たい」「混ぜて」という何度も出てくる言葉や、温度の数字などは実際に使う場面がそこにあり、習得しやすいのではないかと感じている。

3. 活動内容の変遷

このような体験を軸にした言葉の獲得・運用を目指す方法は、設立後、比較的早い段階から行っており、地域の日本語教室では珍しい試みだったかもしれない。

ところが地球っ子クラブ2000の在り方を考えさせられる出来事が幾つか起こり、「活動の時間」に「母語・母文化に触れる」活動を取り入れるようになった。考えてみれば、体験を軸にした言葉の獲得だけでは、子どもの日本語能力の向上、教科学習への橋渡ししかカバーし切れなかったように思う。

ある日、地球っ子クラブ2000の教室内では元気いっぱいだった子どもが、帰り際、通り掛かった同級生に外国人だと分かる名前を連呼され、からかわれていたことがあった。からかわれた子どもの、悲しさや悔しさの入り混じっ

た表情は忘れることができない。また当時、小学校高学年だった女の子は日本語ができないお母さんを無視し、お母さんの作る民族料理を一切口にせず、コンビニで買ったものを食べ、徹底的に自分のルーツに拒否反応を示していた。地球っ子クラブ2000の活動には楽しそうに参加していたが、「○○語では何というの？」という母語・母文化について話題が及ぶと顔が曇り、質問しても「知らない」と答えるだけだった。

　日本語教室は子どもたちを「日本人」にするための教室ではない。子どもたちが自身のルーツを大事に思え自尊感情を持てること、さらには同じ場にいる友達の母語や母文化をも大切に思えることが必要なのではないか。外国人が多く住む外国人集住地域では子どもの母語保持・母語伸張のために母語教室が開かれるなど、母語・母文化に対する試みが行われている。しかし、筆者が活動しているさいたま市にはそのような教室はなく、母語・母文化を価値あるものとして受け入れられない子どもが少なくない。そのような理由から地球っ子クラブ2000では、日本語だけではなく、参加者の母語や母文化を重要視した活動も行うようになったのである。

　しかし、母語・母文化を扱った活動を行おうとしても、子どもが忘れてしまっていたり知らなかったりすることがよくあった。さらに、外国にルーツを持つ子どもが日本で成長していく過程で生じる課題は、子ども自身の母語や自尊感情の問題だけではない。日本語が上手になり母語を忘れてしまいつつある子どもと、日本語がなかなか上達しない保護者との間で、深い会話をするための共通の言語がなくなるという言葉の問題も挙げられる。子どもに関わる課題は子どもだけを対象にしては解決できず、どうしても保護者、特にお母さんを巻き込んだ取り組みが必要だということになった。このような経緯から、子どもを対象にした教室から親子を対象にした教室に変化したのである。

　現在では、教室内でお母さんも日本語を学び、学校のこと、子育てのことを積極的に語る場を設けた。そしてお母さんの参加によって、母語・母文化を尊重した活動もできるようになった。ある年の旧正月の時期に、中国出身のお母さんたちに水ギョーザの作り方や簡単な中国語を教えてもらうという活動があった。すいすいとギョーザの皮を作るお母さんに称賛の声が上がると、その子どもはとても誇らしそうに「これ、僕のお母さんだよ」と参加者に言って回っていた。お母さんが主役になり活躍している様子を見ることが、

子どもたちの自尊感情やアイデンティティー形成にいい影響を及ぼしたのではないかと考えている。

以上のように、地球っ子クラブ2000では、体験を軸にした言葉の獲得・運用や、母語・母文化を扱う活動を重視している。そしてさらに母語・母文化を扱う活動をデザインする際に、取り上げる国を一つの国に限定する活動だけではなく、参加者全員の言語・文化を重視する活動で、しかも読み書きに関わる活動が実践できないかと考えるようになり、活動をデザインし、実践・参与観察・省察することとした。

4. 多言語・多文化を尊重した活動実践例

ここでは多言語・多文化重視の活動として代表的な実践例を二つ挙げる。2012年12月22日に行った実践例1「カレンダーを作ろう」と、2012年8月23日の実践例2「多言語お話会」である。多言語お話会は地球っ子クラブ2000の教室から外に出たイベントである。

それぞれの実践例は活動の流れを記した「観察記録」と、活動後に筆者が振り返り、考察した「解釈・省察」からなる。参加者の実名は出さず、アルファベットと数字で表記する。スタッフ・保護者は、〔国籍〕〔番号〕〔性別〕で表し、子どもは〔国籍〕〔番号〕-〔年齢〕(2012年当時)、女の子を「ちゃん」、男の子を「君」で〔性別〕を表すこととする。親子は同じ〔番号〕で表示する。

4.1 実践例1「カレンダーを作ろう」

「カレンダーを作ろう」という活動は、日本語で月や日にち、曜日を使ったコミュニケーションができること、自分や友人の母語を知り、学び合うこと、そして参加親子が日本語でも母語でも自分を表現できることを目標に活動をデザインした。具体的な活動の流れや内容は後述するが、一人一人が作成した1カ月分のカレンダーを取りまとめ、地球っ子クラブ2000の一つの作品として翌年のカレンダーを作り上げることとした。

この活動をデザインする上で、ジム・カミンズ (Jim Cummins) の「アイデンティティー・テキスト」を参考にした。中島 (2010: 223) は、「アイデンティティー・テキスト」を次のように説明している。アイデンティティー・テキストとは、「児童生徒の創作作品の総称」を指し、「本作り、お話・詩、ポスター、

ドラマの演出、口頭発表などを複数の言語で、またさまざまなテクノロジーを駆使して行う教室活動である。重要なポイントは、教室活動の過程で、言語背景、文化背景の異なる子どもたちがそれぞれの力を出し合い、それぞれの立場でプロジェクトに貢献しながら、自分の「声」を聞いてもらうチャンスが与えられること、対等な立場で積極的にグループ活動に参加できること」としている。「さらにワープロ、スキャン、ウェブサイトなどさまざまなテクノロジーを駆使して聴衆を増幅し、自分たちの作品が大勢の人に評価されることにより、当人が「英語」も「母語」もできる、バイリンガル、トライリンガルとしてのあらたなアイデンティティーの確立に繋がる」と指摘している。今回の地球っ子クラブ 2000 の実践では「英語」も「母語」もではなく、「日本語」も「母語」もということになる。

　また相互行為による協働的な学びも活動をデザインする上でのキーワードとした。山下（2005: 11）は、ヴィゴツキーが「学習の文脈として他者を取り上げる重要性」を指摘したことに言及し、さらに「子どもは他者との相互行為を通して何かを達成することをきっかけに社会文化的に適切な解釈や概念形成を始めるのであり、他者との出会いなしに発達はありえない」と述べている（山下 2005: 16）。特に年少者の教育においては人的リソース、「自分より有能な他者の助け」（山下 2005: 16）が課題遂行の初期段階には必要であることが言及されている。

　この「カレンダーを作ろう」という活動では、「自分より有能な他者」をスタッフや子どもたちのお母さんと設定した。

【観察記録】

　この日の活動の参加親子は 2 組で、ベトナム出身の V1F さん・V1-8 ちゃん親子と、バングラデシュ出身の Ba1F さん・Ba1-8 ちゃん・Ba1-2 君親子である。どちらの親子も家庭内言語は日本語ではなく、それぞれベトナム語、ベンガル語を使用している。V1-8 ちゃんと Ba1-8 ちゃんは同じ学年でクラスメートでもあり、日本語での学校生活に慣れ、生活言語・学習言語共にさほど問題は見られない。V1F さんは日本語でのやりとりに大きな問題はないが、Ba1F さんは言いたいことが日本語で表現できないときもある。

(1) 誕生日を聞き合う

紙と鉛筆を持ち、自由に歩き回りながら互いに誕生日を聞き合う活動を行った。初めは自分の誕生日がスムーズに出てこなくても、何度か答えるうちに自分の誕生日はすらすらと言えるようになっていた。仲間の誕生日を聞いても分からない場合は紙に書いてもらったり、もう一度ゆっくり言ってもらったりするなど、助け合いながら課題が達成できた。

誕生日を聞き合ってメモする

(2) みんなの国の言葉で曜日順に並ぼう
①日本語で

平仮名で書かれた曜日カードを1人に1枚ずつ渡し、月曜日から日曜日まで一列に並ぶように指示を出した。日本語で書かれた情報を目で理解し、その後、行動に移すという流れで行うタスクであったが、日本人スタッフの4歳の娘J5-4ちゃんに、V1-8ちゃんやBa1-8ちゃんが教えてあげるなど、お互いに協力し合う姿が見られた。次に漢字で書かれたカードでも曜日順に並んだ。バングラデシュ出身のBa1Fさんは漢字が苦手かと思っていたがそのようなことはなく、「水曜日」が「すいようび」と読めていて並ぶことができていた。

②ベトナム語で

日本語の次はベトナム語の曜日カードを配布した。「これは難しい。分からないなー」と言うスタッフJ2Fの発言から、筆者が「これ、何語だと思う？」と子どもたちに聞くと、バングラデシュ出身のBa1-8ちゃんとベトナム出身のV1-8ちゃんは「英語！」と元気よく答えていた。「違います。ベトナム語です」

曜日順に並んでいる様子

と言うと、V1-8ちゃんはびっくりしたように、そしてうれしそうに「そっか、ベトナム語かー」とつぶやいていた。「では、これも同じように月曜日から順番に並んでください」というと、やはりそれは難しいようで、ヒントを導入することとした。

　カードの裏側に片仮名でその発音が書かれていることを伝え、自分に配られたカードがどのような発音になるかを確認してもらった。その後、ベトナム語の発音を月曜日から順番に聞き、並ぶことにした。しかしその段階ではV1-8ちゃんの保護者であるV1Fさんが到着していなかったので、iPadにダウンロードしたベトナム語のソフト（YUBISASHI旅の指さし会話帳）を使用した。タッチすると発音が聞けるソフトである。V1-8ちゃんと一緒に操作し、他の参加者にはiPadからの発音を聞きながら月曜日から順番に並んでもらった。並び終わった後はもう一度、iPadから聞こえてくる発音に続いて全員で曜日の言い方を発音した。

③ベンガル語で

　同様にベンガル語でも行った。Ba1Fさんに発音をしてもらい、曜日順に並び、そしてBa1Fさんの発音に続いてみんなで発音した。Ba1Fさんは、バングラデシュではイスラム教で金曜日がお休みであること、土曜日が1週間の始まりであることなどを話してくれた。

　何度か連続して地球っ子クラブ2000に参加してきてくれているBa1Fさんであったが、この日の発話はいつもより多く、そしてとても楽しそうな表情だった。

④最後に

　この日の参加者の母語がベトナム語、ベンガル語であったので、その2カ国語を取り上げた。日本語と並列してベンガル語、ベトナム語を黒板に貼った。貼られたベンガル語やベトナム語のカードを見ながら、「きっと、これが「曜日」って意味じゃない？」と話す声が聞こえた。

曜日カードを見比べている様子

(3) カレンダーを書く

　この日が2012年最後の活動日であることを伝え、来年のカレンダーを作ることを説明した。その後、用紙を1人に1枚ずつ配布し、何月のカレンダーを書きたいか相談して決めることとした。

　次に、曜日を何語で書くか自分で決め、書いていく作業に移った。

お母さんと一緒に母語で書く

V1-8ちゃんは黒板に貼られているベトナム語の曜日カードを一生懸命見ながら書き写していた。Ba1-8ちゃんはベンガル語で、スタッフはそれぞれベトナム語、ベンガル語、またはミックスした形で曜日を書き入れていった。スタッフはV1-8ちゃん、Ba1-8ちゃん、Ba1Fさんに助けを求めながら、ベトナム語、ベンガル語の曜日を書き進め、スタッフJ5Fの娘J5-4ちゃんはまだ幼稚園児であるが、漢字で曜日を書いていった。日本人が今まで知らなかった言語を発音したり、書き写したりする作業を通して参加親子の言語や習慣・文化を知ることは、日本人にも学びがあり、挑戦的な課題であった。

　その後、担当月の日にちを書き入れその月に合った絵を描き入れていった。このあたりでV1Fさんが到着し、V1-8ちゃんの書く様子を見守っていた。

　絵を描き終えたら、絵を描く欄の空いているところに何の絵を描いたか、日本語と母語で説明を書くように筆者から全体に伝えた。その際にはV1-8ちゃんはV1Fさんにいろいろ教えてもらいながら、母語でやりとりをしながら書いていく作業をしていた。

　最後に完成したカレンダーを1カ所に集め、参加者の誕生日の月日に名前を書き入れた。そして、それぞれがどのようなカレンダーを書いたのか鑑賞した。出来上がったカレンダーは、コピー印刷して年明けの活動で配布することを伝え、さらにそのカレンダーをインターネットで公開することの了承を得た。そして最後にベトナム語とベンガル語の「さようなら」を保護者のV1Fさん、Ba1Fさんから教えてもらい、全員、笑顔であいさつをし、活動は終了となった。

【解釈・省察】
(1) 複数のアイデンティティー
　義永（2009: 19）は「第二言語習得（SLA）研究における認知的視点と社会的視点の比較」の表を提示し、社会的SLAでは、参加者のアイデンティティーを「学習者だけではない非常に多くのアイデンティティーを持っている」と捉えるとしている。本活動でも「学習者である私」だけでなく、「○○語を話す私」「○○の子ども／○○の母親である私」「日本語も○○語も話せる私」など多くのアイデンティティーが意識できる活動であった。子どもたちが、日本人スタッフから発音や表記の質問を受け、立派に答えて称賛されたという経験は、自分自身を誇らしく感じさせ、子どもたちの母語リテラシーへの関心や今後の2言語使用、アイデンティティーなどにいい影響を与えたのではないだろうか。またお母さんを人的リソースとして活用することで、子どもたちが母語で自分を表現するという目標達成への助けになった。またそれだけではなく、子どもたちが自分のお母さんを誇らしいと思える場をつくり上げることにもつながった。お母さん自身もスタッフから「ありがとう」や「すごい」という声を掛けられ、うれしそうにしていた。ここに親子参加型教室としての大きな特性を見ることができると考えている。

(2) 言語に目覚め、学び合う
　大山（2013）は、欧州において発達した「言語への目覚め」活動を日本の小学校で実践し、国際理解教育としての外国語活動を英語に限定するのではなく、見えない存在となりがちな外国人児童を学校によりよく包摂し、全ての児童に多様性についての教育を行うことが必要であると論じている。この「カレンダーを作ろう」という活動では、外国にルーツを持つ子どもたちがまず「母語に目覚め」、それから友達の言語も含めた「言語への目覚め」につながる活動になったのではないか。またこれはスタッフにとっても「言語への目覚め」であり、日本語を教えようとするだけではなく、学び合う姿勢の重要性を再認識するきっかけとなった。この活動はフレイレ（1979）が述べているような一方的に知識を詰め込む銀行型の活動ではなく、優勢である日本人の側にも学びがあり、挑戦的な課題達成型で、相互行為を意識した社会文化的な活動が行えたのではないかと考えている。このような活動には日本語母語話者が常に何かを教授する存在ではなく、学び合う姿勢が求められ

る。佐々木（2006）が述べているように、スタッフは「教師」ではなく、「ファシリテーター」であるべきだろう。

4.2　実践例2「多言語お話会」

もともと地球っ子クラブ2000の「活動の時間」で行っていた外国人保護者の文化紹介活動であるが、現在では保護者の活躍は教室にとどまらず、「社会参加」として、外国人親子が、住んでいる地域に出て、その地域の住民たちと一緒に何かすることも始まってきている。また内容に関しても、いわゆる「3F」のファッション（fashion）、料理（food）、祭り（festival）にとどまらず、さいたま市内の図書館でお話会をすることも始まっている。

きっかけは、スタッフJ1Fが図書館で読み聞かせボランティアを行っていたことから、図書館職員と話す機会があり、外国出身保護者の活躍の場となるような多言語によるお話会が開けないか相談することから始まった。その結果、外国出身の保護者がそれぞれの言語でお話をする「多言語お話会」が2009年に実現し、2014年で6年目となる。自国の絵本をその国の言葉で読み聞かせをすることもあるが、日本語の絵本を活用しながら多言語で話していくこともある。現在は地球っ子クラブ2000の姉妹団体である多文化子育ての会Coconicoが中心となってお話会を行っている。

【観察記録】
(1) 準備段階

準備の段階でJC5-3ちゃんが、この日、お話会に出演することになっていたお母さんのC5Fさんに「ママ、今日はどんな中国？」と声を弾ませながら聞いていた。C5Fさんが何度かお話会に出演していること、活動でいつもみんなの前で中国のお話や中国語を披露していることをJC5-3ちゃんは認識しており、かつ、それがJC5-3ちゃんにとって楽しみになっている様子がうかがえた。

この日のお話会は2部制になっており、1回目の参加者は大人19人、子ども27人で幼児が中心であった。

お話会の部屋の様子

2回目は大人6人、子ども13人で、小学校中高学年が大部分を占めていた。前もって図書館に貼り出されていたチラシを見て来た親子もいれば、その日、図書館のアナウンスによって参加した親子もいた。

　お話会で使用された部屋には黒板があり、折り紙で作ったクマやウサギ、花や葉っぱなどが黒板に飾られていた。その黒板に出演者たちが「多言語お話会」という題目と、モンゴル語、シンハラ語、インドネシア語、ベトナム語、中国語で「こんにちは」と表記した。

　前方には子どもが座るように、床に赤や黄色、緑などの薄いクッションが敷かれ、部屋後方には保護者用のパイプ椅子が並べられていた。

（2）お話会の様子

　まず図書館の方からあいさつがあり、その後、出演者たちが母語で「こんにちは」のあいさつをし、日本語で出身、名前の自己紹介をした。中国、モンゴル、スリランカ、ベトナム、インドネシアと続き、最後は関西出身の日本人スタッフJ5Fが、「まいど！」とあいさつした。多言語お話会では毎回のことだが、外国語として多言語というだけではなく、日本にもいろいろな言葉があることも意識している。

読み聞かせの風景

　出演者の自己紹介後、お話会が始まった。絵本やパネルシアター、歌などを多言語で行っていく。例えば、どんなときにどんなあいさつを言うか、五味太郎『挨拶絵本』を用い多言語で紹介し、それを観客が後について発音してみる。絵本だけではなくパネルシアターを用いた演目もあった。パネルシアターとは、板にパネル布を張り舞台に見立てる。そこに付着力のある布で作った絵を貼ったり外したりしながらお話を展開していくものである。そのパネルシアターで、「カレーライスの歌」を歌った。「にんじん（にんじん）、玉ねぎ（玉ねぎ）、じゃがいも（じゃがいも）、豚肉（豚肉）。おなべで（おなべで）いためて（いためて）、ぐつぐつ煮ましょう」とメロディーに合わせ歌いながら、布で作った鍋や具材を動かしていく。その具材や「いただきます」のあいさつなどを出演者たちが母語でリードする。その後について観客である参加者

がまねして発音した。モンゴル語のまねをした後には発音をよく聞いていたのか、舌をはじきながら「ルルルル」と繰り返していた子どももいて、説明しなくても音声的特徴をつかんでいるようだった。

その後は、多言語お話会が開催されたのが8月だったので「8月生まれの子いるかな？」と参加者に呼び掛け、いろいろな言葉で「お誕生日おめでとう」と歌ったり、M1Fさんは絵本に出てきた羊のくるぶしのおもちゃを見せて、子どもたちが触ったりしていた。

(3) JC7-7君のこと

この日のお話会1回目で気になる男の子JC7-7君がいた。いろいろな言葉が聞こえるのが嫌なのか、途中で耳をふさぎ出し、うろうろして落ち着きもなかったので、お話会が終わってから声を掛けた。お話会とは関係ない話をしていると、突然「僕のお母さんも中国人だよ」と落ち着いた様子で言ってきたので、休憩時間にお母さんのC7Fさんと話した。後から聞くと、スタッフJ1Fの紹介でこの日のお話会に聞きに来てくれた親子であることが判明した。C7Fさんは中国出身で、中国語の絵本もたくさん持っていて、子どもに中国語を勉強させたがっているが子どもが興味を示さず手を焼いているとのことだった。日本人との国際結婚家庭で家庭言語は日本語であるという。そこで、この日のお話会の2回目で、C7Fさんに飛び入りで参加してもらうことにした。初めに行った自己紹介の時にC7Fさんが「ニーハオ」と中国語であいさつすると、1回目では耳をふさいでいたJC7-7君は誰よりも大きな中国語で、うれしそうに「ニーハオ！」と答えていた。

【解釈・省察】
(1) 社会参加による学び

M1Fさん、C5Fさんはすでに何度もお話会に出演しており慣れているが、来日1年にならないI1Fさんも生き生きとお話会に参加していた。筆者は「社会とつながるのは日本語ができてから」という姿勢ではなく、社会とつながることで日本語も上達していくと考えている。そのためこのようなイベントは非常に有効である。

また、S1-19さん（大学生）、V6-17さん（高校生）のような、子どもたちにとってのお兄さん・お姉さんの参加・活躍は、今後、日本で育った外国につなが

る子どもたちのモデルとなるだろう。彼女たちも母語または日本語が完全とはいえず、勉強しながらの出演という状況ではあるが、終始笑顔で生き生きとしている様子が見て取れた。S1-19 さん、V6-17 さんも他の出演者から刺激を受けたようで「私も〇〇さんのようにもっと大きな声で、ジェスチャーなどを交えてやりたい」など、今後に向けての胸中を明かしてくれた。

(2) お話会の受け止め方
「お話会は子どもたちのものだから」という意識があるからか、どちらかというと観客である日本人の保護者が静かであった。もっと楽しんで、子どもたちと一緒に積極的に参加してもらってもいいのではないかと感じた。子どもにとっていつも身近にいるお母さんが楽しそうであれば、子どもはもっと楽しみを見いだし、興味を持つようになっていくのではないだろうか。

このようなお話会だけでは、日本人の子どもや外国にルーツを持つ子どもたちが言葉を覚え、コミュニケーションができるレベルまで到達するのは難しい。しかし世界にはいろいろな言葉があること、そして自分たちの近くにもそういう文化的背景を持った人たちがいるということを知るきっかけになればと考えている。

(3) 親の言葉への目覚め〜社会との関連性
おそらく JC7-7 君にとっては、自分のお母さんが前に出て、みんなの前で中国語を披露したことが誇らしく、そしてその中国語はお母さんから聞いたことがあり、自分はみんなよりも少し知っているうれしさがあったのかもしれない。自分のお母さんがどんな言葉を話すことができるかは家庭内では特別な意味を持たない。社会の中に出て初めて他人との違いを良くも悪くも意識する。子どもたちは自分につながる言語・文化が社会で評価される経験を通して初めて、それらを肯定的に受け止めることできるのだろう。

5. まとめと今後の課題

中島（2001）は「子どもの母語が日本人があまり有用とは感じない、また聞いたこともないようなことばであると、子どもは人前で母語を話すことをはばかったり、母語を恥じて人前でそのことばが話せることを隠そうとした

りする。このような、日本社会でそのことばを話す人の数も少なく、政治的にも経済的にも文化的にも力を持っていない、つまり社会的に劣勢である言葉を母語とする子どもは、せっかく2言語に触れて育つ環境にありながら、結果として1つのことばしかできないモノリンガルになってしまう傾向が強い」と述べている。

　外国出身のお母さんが日本社会で活躍することは、お母さん自身に自信を与えるばかりでなく、子どもの意識が肯定的に変わるチャンスでもある。子どものルーツのある国の言語や文化に対する意識や、親に対する気持ちが変化し、自尊感情を高めることができる。そこから子どもが精神的に安定し、落ち着いて学んでいける基盤がつくれるのではないかと推察される。また多言語・多文化の中で協働学習することで自身の言語や文化だけではなく、教室に参加している他の参加者の言語や文化も大切に思えることにもつながるのではないだろうか。

　日本語を母語としない子どもたちの教育を考える際に、日本語学習や教科学習だけに特化するのではなく、内容も多言語・多文化を扱い、また参加者も、子どもだけでなくお母さん（もしくはお父さん）を巻き込んだ多様な人の参加する場である事実が、子どもにとって大きな影響を与えていることが、地球っ子クラブ2000の実践から分かる。

　今後も、地球っ子クラブ2000に参加してくる親子を日本語教室に抱え込むのではなく、彼らに、地域社会に出て、本来持っている才能と能力を発揮し活躍してもらいたい。そしてそのことで、地域の住民（日本人、外国人）と接触し、行動を共にすることで理解し合い、同じ地域の住民として新たな社会参加につながればと考えている。また、日本語教室という名であっても、多言語・多文化が存在する場だということを意識した教室設計、参加者の力を生かし社会参加につながる活動を今後も行っていきたい。日本語を「教える・教わる」場から、「学び合う」場への転換を図ることが今後の課題である。

　　　　　　　　本稿は筆者の修士論文の一部に加筆・修正を加えたものである。

▶ 参考文献

大山万容 (2013)「国際理解教育としての小学校「外国語活動」と日本における「言語への目覚め活動」導入の可能性」『言語政策』(9), pp.43–63.　言語政策学会

佐々木倫子（2006）「パラダイムシフト再考」独立行政法人国立国語研究所『日本語教育の新たな文脈―学習環境、接触場面、コミュニケーションの多様性』pp.259–283．アルク
髙柳なな枝（2014）「地域日本語教室の役割―親子参加型教室の実践から」桜美林大学大学院言語教育研究科修士論文（未公刊）
中島和子（2001）『バイリンガル教育の方法―12歳までに親と教師ができること』アルク
中島和子（編著）（2010）『マルチリンガル教育への招待―言語資源としての外国人・日本人年少者』ひつじ書房
フレイレ，パウロ（1979）『被抑圧者の教育学』（小沢有作・楠原彰・柿沼秀雄・伊藤周訳）亜紀書房
山下隆史（2005）「学習を見直す」西口光一（編著）『文化と歴史の中の学習と学習者―日本語教育における社会文化的パースペクティブ』第1章, pp.6–29．凡人社
義永美央子（2009）「第二言語習得研究における社会的視点―認知的視点との比較と今後の展望」『社会言語科学』12(1), pp.15–31．

▶ 参考URL

総務省統計局「人口推計」
　　http://www.stat.go.jp/data/jinsui/index.htm（2014.04.16）
法務省「統計に関するプレスリリース」
　　http://www.moj.go.jp/nyuukokukanri/kouhou/nyuukokukanri04_00040.html（2014.04.16）

column

子育て・言葉育て
後藤　静

　私は現在、日本語教師の仕事からは離れ、2歳と3歳の息子の育児をしている。まさに日進月歩に日本語を獲得している日本語母語話者の子どもとの生活は、日本語教師として興味深い発見を連続的にもたらす。

1. 幼児語それぞれ
　幼児語というと、動物は「わんわん」、車は「ぶーぶ」、ご飯は「まんま」などが有名であるが、子どもにとっては親に通じさえすればいいので、聞いたことがあり、かつ使い勝手が良い言葉が選ばれる。

　わが家の二人の子どもの幼児語は、私が幼児語はほとんど使わずに同じような言葉を用いて育てたにもかかわらず、異なる言葉も多い。

　長男の幼児語は彼独自の連想を経た言葉だったのに対し、次男の幼児語は比較的語尾が残るタイプだった。以下はそれぞれ1歳後半時点での幼児語である。

	長男	次男
電車	にゃんにゃ（電車）	ぽっぽ（汽車）
ご飯	まんま	ぱん
飲み物	じゅーちゅ（ジュース）	にゅうにゅう（牛乳）
果物	かき（柿）	もも（桃）
座る	いよぶ（よいしょ）	す（椅子）
亀	やあや	にょろにょろ
月	わんわ（こんばんは）	き（月）
お母さん	たーたん	かーかん
オレンジ色	かき（柿）	じんじ（にんじん）

　「ぽっぽ」はこの時期に兄である長男がSLブームで、毎日のように「ポッポーポッポー」と汽車のまねをして走り回っていたため。
　「まんま」はこの時期に次男の出産があり、産後の手伝いに来ていた義母が使っていたために覚えた言葉。次男は「まんま」に触れる機会がなかったため、「ごはん」よりも言いやすい「ぱん」を使ったのだろう。

果物には、それぞれが1歳半ば〜1歳後半の時期によく食べ、大好きだった柿と桃が採用された。言葉を吸収する時期と果物の旬が、意外なことに関連していた。オレンジ色も好きな食べ物に引っ張られている。

月の「こんばんは」は、長男が好きだった『おつきさまこんばんは』という絵本の影響だろう。

「お母さん」は、二人とも同じような言葉だが、明らかに子音が違っていた。聞き取りの時点で違って聞こえていたのか、同じように発音したつもりでも違っていたのかは分からない。

外国語として母語と対比させながら習得する日本語（JFL）とは違い、母語話者の子どもが習得する日本語は、白紙の状態から手探りで獲得するものである。それ故に子どもが発する幼児語は、その時の環境に大きく左右される。「母語」というが、最初に発する幼児語は「母親の言葉」よりももっとささいな理由で選ばれる、極めて自由で恣意的な言語である。

2. 幼児のR・N・D

2歳ごろ、長男はラ行が発音できなかった。これには2パターンあった。

・「見る→みう」「風呂→ふお」などのように、子音が欠落する。
・「林檎→にんご」「竜→にゅう」などのように、R→Nになる。

中国の四川地方などだと、RとNの音に区別がないと聞いたことがある。この二つの子音は人間にとって聞き分けにくい音なのかもしれない。

彼は2歳半ごろからしり取りを好み、そこから彼の語彙認識を知ることができた。この頃には正しく発音するようになったと思っていたが、しり取りをしてみると意外とおかしなことに気が付いた。小さい子どもは耳からのみ言葉を覚えるので、正確な音とのずれがあるのだ。

例えばしり取りで彼は「ごりら→なす」、「らくだ→なっとう」と続ける。「ら」

⇔「な」、「だ」⇔「な」である。ラ行とナ行の混同は上述したが、ダ行とナ行も混同していた。どれも上の歯の裏を舌で閉鎖する音だ。

「なのに」を「だのに」という表現は、少し古い小説などを読むと出てくる。「な形容詞」は終止形だと「だ」だが、連体形だと「な」になる。日本語でも、昔は今ほどこれらの音は区別されていなかったようだ。そんなことを、2歳児の拙い日本語から想像した。

　これらは二人の兄弟の例にすぎないが、対象を他の子ども、兄弟に広げればもっと多くの興味深い発見があるだろう。

EPA 看護師のいる現場
―日本語教育からの貢献―

佐々木倫子

1. EPA 看護師受け入れの概観

　本稿では EPA に基づく看護師（以後「EPA 看護師」）の現場を取り上げる。EPA 看護師は、その名の示すとおり、Economic Partnership Agreement（経済連携協定）の一環として始まり、2014 年現在、インドネシア、フィリピン、ベトナム 3 国からの受け入れ枠が存在する。本稿では（1）EPA 看護師受け入れの枠組みを概観し、（2）EPA 看護師（候補者）と周囲が直面している課題を明らかにした上で、（3）日本語教育の側からの貢献を取り上げ、（4）今後の展開を考えたい。

1.1　背景

　EPA とは、国や地域同士で、両国間の物品、ヒト、サービス、資本の自由な移動を可能とすることを目的とする協定である。「EPA 看護師」に関して、厚生労働省「インドネシア、フィリピン、ベトナムからの外国人看護師、介護福祉士候補者の受け入れについて」には「受け入れは、看護・介護分野の労働力不足への対応として行うものではなく、相手国からの強い要望に基づき交渉した結果、経済活動の連携の強化の観点から実施する」ものであると明記されている。日本看護協会も受け入れに当たって、あらためて見解を公表しているが、その骨子は以下の 3 点である。

① EPA に基づく受入れであり、看護師不足への対応ではない。
②看護師不足の問題の解決は離職防止が基本である。
③日本看護協会が主張している、4 条件、（1）日本の看護師免許取得、（2）安全な看護ケアができる日本語能力、（3）日本人看護師と同等以上の雇用条件、（4）看護師免許の相互承認を認めないこと、は質の確保のために今後も必要である。
　　　　　　　　　　　　　　　　　　　　　　　　　　　（日本看護協会）

前向きな姿勢とはいえない中で、2008年7月に日・インドネシア経済連携協定が、2008年12月に日・フィリピン経済連携協定が、2009年10月に日・ベトナム経済連携協定が発効し、各国の送り出し機関で候補者が選定された。インドネシアの場合、看護師資格および2年間の実務経験を持ち、訪日前の日本語研修後に日本語能力試験N5相当以上が課され、フィリピンは、看護師免許および3年間の実務経験が課された。後発のベトナムは2014年度から受け入れ開始だが、(1) 3年制又は4年制の看護課程修了、(2) ベトナムの看護師国家資格、(3) 2年間の看護師実務経験を持ち、訪日前の1年間の日本語研修を経たあと、日本語能力試験N3以上を取得した者のみが雇用契約を締結し訪日するという条件が課される。

1.2　現状の課題

　開始から6年が経過し、その実績は以下の通りである。左の表は受け入れ人数、右の表は国家試験に合格し、EPA看護師としての就労が可能となった者の人数である。

表1　インドネシア

候補者受け入れ数	就労可能者数
2008年：104人（47施設）	2008年：24人
2009年：173人（83施設）	2009年：38人
2010年：39人（19施設）	2010年：6人
2011年：47人（22施設）	2011年：3人
2012年：29人（15施設）	―

表2　フィリピン

受け入れ数	就労可能者数
2009年：93人（45施設）	2009年：15人
2010年：46人（27施設）	2010年：5人
2011年：70人（36施設）	2011年：5人
2012年：28人（16施設）	―

(2014年2月現在)

　表1、2が示すように、候補者の受け入れ人数と就労可能者数は、大きく開いている。受験機会が残っている年度の数字は今後多少上がるが、それにしても厳しい結果である。その上、受け入れ人数が年とともに増加している

表3 EPA看護師候補者の看護師国家試験の結果(過去6年)

	第98回 (2008年度)	第99回 (2009年度)	第100回 (2010年度)	第101回 (2011年度)	第102回 (2012年度)	第103回 (2013年度)
受験者数	82人	254人	398人	415人	311人	280人
合格者数	0人	3人	16人	47人	30人	29人
合格率	0%	1.2%	4.0%	11.3%	9.6%	10.4%

わけでもなく、2012(平成24)年度は両国合わせて57人にすぎない。この厳しい数字の原因は、看護師国家試験にある。

入国前はもとより、入国後も勉強を重ねて受けた国家試験の結果が表3のとおりで、90％程度の一般合格率に比してあまりにも低い。それでは、EPA看護師受け入れの枠組みとどう向き合うべきか。看護界には、外国人看護師を巡って、まず三つの選択肢が考えられるだろう。

(1) 下野・大津(2010)の主張に代表される、外国人看護師導入に反対し、退職者を含めた日本人看護師の有効利用を考える選択肢。主張の主たる根拠は以下の通りである。「まず日本語の壁が高い。英語のように国際語でないために、日本語を学んだことのある外国人看護師の絶対数が少ない(後略)。さらに、医療関係で働くには日常会話が堪能であるだけでは不十分で、看護師仲間とのコミュニケーションや看護記録をつけることのできる専門用語を含む高い日本語能力が必要となる。日本語を十分理解できず正確な日本語を書けない看護師は、医療手順自体を誤解する可能性も高く、患者にとっても危険であり、チーム医療に参加することは難しい」(下野・大津 2010: 76)。

(2) より言語的・文化的障壁が低い、漢字共有圏の中国、距離の近い韓国、つまり、東アジアに重点を移す選択肢。すでに幾つかのNPO法人が中国の大学と国内病院との橋渡し役となり、N1に合格した学生の中から候補を選び、国家試験2年以内の合格を目指す枠組みが動いている。

(3) EPAの対象国の中では、漢字は共有しないが漢語を共有するベトナムを重視する選択肢。

しかし、本稿では、あえて、上記のどれにも該当しない、(4)東南アジアを中心とする多様な国々からのEPA看護師受け入れの方向を想定する。そ

してその場合の日本語教育の貢献の可能性を考えたいと思う。

2. EPA 看護師（候補者）と周囲の課題

2.1 調査データ

　EPA 看護師受け入れの最大の難関は、看護師国家試験合格とされる。実際は合格後も「日本の看護師免許を得て就労することは、1 人の看護専門職として責務を果たすことが期待されるので、それまで以上に継続した学習支援と努力が求められることになる」（冊子 2（後述）、p.1）のであるが、それにしても低い国家試験合格率は、合格をあきらめ、補助的な業務の後帰国を選ぶ候補者がいることを示唆する。しかし、受け入れた候補者が一人前の看護師となり現場で活躍するという、本来の目的の達成を目指す看護師（候補者）と受け入れ施設は確実に存在する。本稿では、2 冊の報告書にある調査データを使用し、考察を進める。冊子 1 は、国際厚生事業団（2013）『EPA 看護師に関する調査事業報告書』、冊子 2 は、国際厚生事業団（2014）『経済連携協定（EPA）に基づく看護師の指導者ガイドブック』である。この 2 冊の報告書を使用する理由は (1) 全国の EPA 看護師受け入れ病院を対象とし、(2) 国家試験に合格した EPA 看護師全員とその指導者に向けて調査用紙が送付されており、偏りがない。さらに、(3) 筆者自身、検討会委員の一人として、調査の開始から冊子完成まで微力ながら関わったことにある。ただし、調査票の回収率は 100％ではないので、看護師全員、あるいは、指導者全員の声を集約した結果ではない。また、インタビュー調査の対象は、時間的制約などから、さらに人数が絞られている。しかし、全体を視野に置いた上での調査であることは間違いない。

2.2　言語学習開始時期の課題

　一般の外国人看護師には「外国の看護師学校養成所を卒業し、又は外国において看護師免許を得た者に対する看護師国家試験受験資格認定基準」の、「日本の中学及び高等学校を卒業していない者については、日本語能力試験 N1 の認定を受けていること」（医師国家試験等の受験資格認定の取り扱い等について平 17.3.24 医政発 0324007）が課されるわけで、多くが現地の大学で日本語講座を受講し、日本語能力試験 N1 に合格してから来日する。しかし、EPA 看護師

候補者たちの大半は、出身地で日本語学習をゼロから開始する。しかも、その時点で 18 歳の大学生というわけではない。年齢的にもやや上の社会人で、以下の 3 領域の日本語コミュニケーション能力を育成していくことになる。

①基礎的言語能力
②看護師国家試験合格のための専門的日本語能力
③看護現場での（読み書きを含む）コミュニケーション能力

①は日本語の発音、語彙、文法、表記の基礎的な言語知識を備え、さらに、聞く・話す・読む・書くためのスキルの基礎が養われることを指す。その一つの物差しが日本語能力試験である。EPA ベトナム看護師候補者の入国条件に見るまでもなく、現場に入る時点で、最低 N3 レベル取得の日本語能力という基準が広がりつつあるが、2013 年入国者から、それ以前に比して、①の能力が上がっているという現場からの声がある。日常会話はほぼこなせるという。そこで、予備学習段階を経て現場に入った候補者たちは、②看護師国家試験合格のための専門的日本語能力と、③看護現場での（読み書きを含む）コミュニケーション能力を、働きながら伸ばしていくことになる。候補者である間は、午前中は現場で助手的な看護業務をこなしながら③を伸ばし、午後からは自習時間や日本語学校に通学する時間などをもらい、ひたすら②を磨くことも多い。勉学志向の強い人なら①も引き続き育成し、日本語能力試験の N2 や N1 取得を目指す。そして、ついに②の国家試験に合格し、EPA 看護師となってからは③の育成が第一の課題となる。候補者のときには避けられた患者家族や医師とのコミュニケーションにも向き合わなければならない。

以上の概略を図示すれば、EPA 看護師の日本語学習の課題の負担度は以下の通りとなる。色が濃いほど負担は重い。

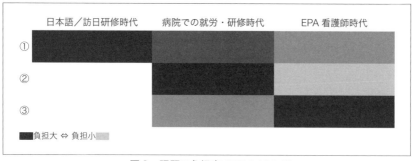

図1　課題の負担度（冊子2より転載）

2.3　基礎的言語能力面の課題

　いくら基礎的といっても、1、2年程度で、聞き取りやすい発音、適切な語彙選択、誤用のない文法能力を身に付けることは難しい。冊子1に述べた、EPA看護師になった段階でも、発音の領域で、母音の長短（例：オキ←おおきい、ショーチ←処置）、促音（例：コカ試験←国家試験）、撥音（例：シケ←試験、ニッキ←日勤）などが曖昧になったり、助詞の発音が強く、長くなったりすることが見られる。また、例えば、「ABC」が日本語では「エービーシー」となるが、インドネシアでは、かつてオランダ領であったことから「アーベーチェー」と発音される。自国で看護師経験があり、数々のアルファベット医療用語を知っていたとしても、VC（肺活量）はインドネシアでは普通「フェーチェー」（英語読みをする人でも「フィーシー」）であるが、日本では「ブイシー」である。頭の中でいちいち母語での言い方を置き換える時間が必要で、しかも、発音にも影響が出てしまう。

　語彙・表現の分野でも苦労は尽きない。冊子1で触れた、間を得るための表現、フィラーの「アー」「エー」「アノ」「エート」「チョット」「ナンカ」などの中から1語か2語だけを覚えて連発し、耳障りな印象を与える可能性がある。また、普通、擬音語・擬態語は日常生活の中で聞いて身に付けることが多く、子ども時代のそういった習得プロセスを持たない外国人にとっては難しい。患者が訴える、ガンガン、キリキリ、シクシク、ズキズキ、ヒリヒリなどの痛みはピンとこない。文法においても語法においても、中級に手が届いた程度のレベルでは、課題は尽きないのである。

2.4 国家試験の日本語面の課題

　日本語教育関係者は国家試験の日本語を分析し、その困難点を追究し、対策の効率よい勉強法を考えるとともに、国家試験の改善も働き掛けた。岩田・庵（2012）の研究による、文法に関しては初級後期の文法知識すらなくても十分だが、語彙は上級、超級が過半数を占めることから来る、文法圧縮・語彙集中型の教育の提唱、そして、田尻（2011）による国家試験の漢字と漢語が日本人にも難解なものがあることの指摘、奥田（2011）による日本語能力試験の級外語彙が異なり語数の過半数を占めることの指摘、石鍋（2012）による、専門語彙、それも漢字と漢語中心に学習計画を立てて国家試験合格を目指すという提案などの貢献は大きい。

　その他、さまざまな指摘を受け、候補者らの1年在留延長の特例措置とともに、2010年度実施の第100回試験から、難解な用語や表現は言い換える、難解と判断される漢字に振り仮名を振る、疾病名には英語を併記することになり、さらに、試験時間を1.3倍にし、全漢字に振り仮名と拡大がなされた。国際厚生事業団（2013.6）のアンケート結果は、上記の改善策がそれなりに評価されていることを示すが、まだ試験の合格率に直接にはつながっておらず、依然大きな課題であり続ける現実がある。

3. 日本語教育からの貢献

　以上、この分野における課題を概観した。では、日本語教育はどのような貢献ができるだろうか。

3.1 入門期

　ここに一つの授業風景がある。実際の授業を録画し、授業全体から少しずつ抜粋して、8分ほどにまとめたものである（参考ビデオ）。1980年代に撮影された、入門期の日本語授業で、学習者は東南アジアの看護師10人である。教材として、包帯、ガーゼ、注射器、体温計、聴診器、血圧計などが用意され、教師の発音を聴き、言われた道具を指す、手に取るといった聴解活動が重視される。発音は心の準備が整うまで強制しない。TPR（全身反応学習）の教育手法を採用している。名詞（N）の導入から始まり、「Nです」⇒「Nをください」と短い単文に進み、「Nをください」「はい、どうぞ」のやりとり

へと進む。そして、最後は「Nをつかいます」に達する。生き生きとした学習者たちの表情が続き、無理なく専門用語と基本文型が定着していく様子が見て取れる。そして、血圧を測る場面になると、入門期の日本語学習者の顔が、突然ベテラン看護師らしい、毅然(きぜん)とした、自信に満ちた表情へと変わる。

　日本語教育分野がまず貢献できることは、このようなコミュニケーション能力育成のカリキュラム策定を基礎段階から提供することである。上記の授業からは、病院のリソースを日本語学習・運用に取り入れていく能力が自然に身に付くだろう。入門期から、本人の持っている知識・能力を生かすカリキュラム案を、全ての段階で用意することは大きな貢献となる。

3.2　国家試験合格後

　3.1では、入門期での貢献例を述べた。3.2では、国家試験合格後の課題への貢献を考えたい。冊子1、2で看護師になってからの最難関課題として挙げられたのが、看護記録である。そこには内容と表現、両方の困難があり、以下の6段階で考えられよう。

①日本における診療情報としての看護記録の機能と役割、法的な位置づけの理解
②看護記録には、看護者が実践した看護のプロセス(アセスメント、看護診断、計画立案、実施、評価など)を書くという認識
③それがどのような内容を持つべきものかの内容理解
④その形式の理解と構成能力
⑤記入に必要な表記・語彙・文法の知識と運用能力
⑥看護記録を書くための物理的環境の確保

　上記①であるが、母国における看護記録の役割や法的な位置づけが日本と異なり、看護記録の重要性に関する認識が異なる場合もある。②であるが、母国において看護の記入をしていても、どこまでの範囲を記入するかで異なる場合もある。普段の看護実践において、看護過程を意識化するところからの認識喚起が必要かもしれない。③、④では、自身のノートに模範的な看護記録を書き写すところから始めて、下書き、指導を受けながらの記載、自立へと一歩一歩進める必要がある。日本語表記システムは複雑で、平仮名、漢字、

片仮名、アルファベットを使い分けて看護記録を書くことは、難易度の高い、といって避けることのできない仕事である。看護指導者が主たる伴走者となる過程であるが、上記の⑤の段階で、まだ問題が大きい人は、基礎的日本語能力の育成に立ち返り、練習帳や教科書、読み物などに取り組むとよい。⑥に関してだが、職場で使用できるパソコンの台数に限りがあるときに、EPA看護師がわずかな文章を書くのに長時間パソコンを使用することがあっては不都合も起きるだろう。お互いに話し合い、使用可能時間帯を貼り出すとか、パソコンを十分そろえるといった環境改善提案が必要である。

上記で日本語教師が通常担えるのは④と⑤の一部にすぎないが、誰に、どう尋ねるべきかといった看護師本人による情報収集力を育成することは手伝える。①から⑥の障壁のどこが問題かを明確化すること、一人一人に合った学習環境・言語環境を設計する視野を持つことが今後の日本語教師に求められている。

そして、上記の6段階を一つずつクリアしていく自分を見ることが本人の自己肯定感につながり、次の成長が起きる。一つの段階にEPA看護師が長い間留め置かれるようなことが起きないよう、本人の意向も尊重しつつ、配慮を行う姿勢を関係者にうながし、本人の社会参加と自立を図ることも日本語教師の視野にあってよい。

3.3 従来型の言語教育／学習観の打破

看護師（候補者）たちは出身国において、専門的な日本語教育のスタートを切っている。そこでは効率的な日本語プログラムが組まれると同時に、自律的な日本語学習能力も育まれ、それなりの伸びを見せたからこそ来日している。しかし、予備教育期間を終えて、実際の日本語運用の場に出たときには、教室という温室を出て、実質運用を進める中で、自身の日本語能力と日本語学習能力に自信を失うこともあろう。そのときに、良き理解者である日本語教育の専門家が伴走することが望ましい。

看護師のいる現場では誤解を生むような誤用はあってはならない。正用の定着が、強く望まれる。しかし、本人にも周囲の人にもこれまでの外国語教育から形成された言語学習観は根強い。ただ、問題集をやる、看護テキストの丸暗記をするといった勉強法が取られているという証言もある。しかも現場は過酷だ。「除脈」と「静脈」も聞き分けられない、言い分けられない状

態なのに、「静注（静脈（内）注射）」「電カル（電子カルテ）」のような現場の略語形が飛び交う。高齢者の地域方言にも応対しなければならない。日本語全般の課題については、冊子 1 の pp.7–48、pp.55–56、pp.168–174 に詳しいが、これらの課題に共通していることは、発音一つ、単語一つでも、幾つものレベルに障壁があるということである。その障壁を本人にも見えるようにし、前向きに乗り越える支援をすることが、日本語教育の専門家には求められている。

4. 今後に向けて

4.1　EPA 看護師候補者の日本選択の理由

　自国で専門性を持つ人材が、海外での就労を決断したり断念したりする背景には幾つもの理由がからまる。日本看護協会国際部（2013）は、フィリピン人看護師の海外就労が難しくなっている理由として、「移動先の国の制限的な労働・移民政策　その他の送り出し国との競合　中東の不安定な平和・状況・EU（欧州連合）諸国の EU 市民の雇用の優先　教育制度の違い、資格要件の認証がない　移動先の国の労働組合の強い影響」を挙げている。日本もまたかなりの部分が当てはまる中で、なぜ選ばれるのか。

　①自国での看護師としての就職難
　②自国の給料の低さから来る経済的理由
　③米国や中東諸国など他の地域に比して距離的に近く、往復にも楽であるという距離的理由
　④同じアジア圏であり、文化的にも近いと思われる文化的理由
　⑤日本で最新の看護技術を身に付けたい、看護知識を高めたい、進学もしたいというキャリア志向の専門的理由
　⑥日本の安全性と家族呼び寄せの可能性という生活上の理由

以上の六つの理由を並べ、今後の展開も含めて考えると、一つ一つの背後に難しさが見え隠れする。

　① EPA 交渉の席上で、看護・介護人材の受け入れが送り出し国の方から

提案されたという事実が、自国での就労の難しさの一端を語っている。しかし、今後を先取りすると、人口当たりの看護師の数から言えば日本を下回る国々がどこまで送り出し国となり続けるかは未知数である。

②各国の給与水準はまちまちで、一概にはいえない。しかし、奥島（2008）には「国家公務員に準じる高給で住居・自動車などの手当も充実したクウェートには多数のインドネシア人看護師が定着（後略）」（p.300）と述べられている。歴史の長いオランダをはじめ、北欧、中東諸国など、日本と競合する地域は多い。

③多くの地域に比べて、日本が距離的に近いことは確かである。ただ、往来のしやすさという点では、休暇制度、国際空港の利便性や航空運賃の額などが大きく影響する。

④同じアジア圏であっても、それが文化的近さをもたらすとは言い切れない。言語的近さがあれば、日本語習得にも有利であるが、多くの人が国を問わず、英語学習・習得経験を持つ以上、英語で仕事ができる地域、英語に近い言語を持つ地域は有利である。宗教的には日本よりイスラム教やキリスト教の理解が進んでいる地域もあり、どれだけお互いの情報が流通しているかで文化的理解の深さは決まってくる。

⑤医療・看護分野は日進月歩であり、例えば、EPA看護師候補者が看護助手として、長期療養者のおむつ替えをしている間に、自国の医療現場では新しい技術が導入されているかもしれない。安里（2010: 90）には、以下のEPA看護師候補者の発言が載っている。

「一番心配なことはスキルを失うことです。試験に落ちてインドネシアに帰ったとき、看護師としてやっていけるのか不安です」

出身国の医療事情に合った感染症などについて学びたいなら、気候風土の近い地域に行く選択があろう。日本が得意とする医療・看護分野が出身国で役立つのは数十年後かもしれない。

⑥国家試験に合格し、晴れてEPA看護師となれば日本への家族呼び寄せが可能である。また、日本は安全な国で教育制度も充実といった評価はかなり浸透している。一方、受け入れの病院側から見ると、3年以上にわたって成長を見守り、やっと一人前の看護師になった人材が、結婚や子育ての時期に入り、必ずしも仕事に100％の時間とエネルギーを注げるわけではないことを意味する。

以上、日本選択の理由と現状を見た。以下、今後の展開を考えたい。

4.2　自律学習者のための Can-do リストの活用

　数々の障壁を乗り越え、日本で活躍してもらうため、国家試験合格後の、成長のプロセスを確保するために、表4の活用を提案したい。冊子1には、1年目の EPA 看護師が、どんな場面でどんな内容に困難を感じているかの調査結果がまとめられている。〈聞くこと〉〈読むこと〉〈話すこと〉〈書くこと〉それぞれについて、代表的な場面について、「できる」4点、「だいたいできる」3点、「できるときもある」2点、「できない」1点とし、各場面の加重平均を示したものである（pp.7–48）。それを基に、佐々木・鈴木（2010）の外国人就労者の日本語能力の評価・育成枠を援用して、冊子2に看護師指導者のための Can-do リストを提案した。そこで、本稿で強調したいのは、看護師自身のための Can-do リストの重要性である。例えば看護師の回答の中で、最も困難を感じるとされた〈書くこと〉を例に取る。表4の右の欄は、左の記述の行為を試みて、EPA 看護師自身が「×―まったくできない、△―少しできる、○―かなりできる、◎―問題なくできる」の欄に、自己評価に従い、日付を記入する形である。

表4　看護の場面 Can-do リスト〈書くこと〉

	内容	×	△	○	◎
易	体温表に記入する				14/9/25
↑	自分のシフトの間に行う看護業務の予定を書く	14/10/1	14/10/15		
｜	先輩看護師や同僚に、用件を伝える簡単なメモを書く				
｜	看護記録を書く				
｜	自分の部署の連絡事項などを記載しているノートに必要事項を書き入れる				
↓	病院の研修などで出された宿題やレポートをまとめる				
	インシデントレポート（ヒヤリ・ハット）をまとめる				
難	筆談で会話をする				
	看護サマリー（看護要約）をまとめる				
	患者および家族の看護計画同意書を作成する				

（冊子2を基に作成）

例えば、最もやさしい〈体温表〉はすでに問題なく 9 月中にできるようになったとして、次の〈自分のシフトの間に行う看護業務の予定〉を取れば、2014 年 10 月 1 日に試みて、まったく書けなかったのであれば、×の欄にその日付を書き込む。2 週間後に再度試みたところ、少しできたと感じれば△の欄に日付を書き込む。このようにして、徐々に進歩する様子を把握し、次に何に挑戦すべきかも見えてくる。実際の場面では、誰に、何について書くのかで難易度が大きく異なってくる。その意味ではリストの欄はさらに下位分類した方が使いやすい。

　レイヴとウェンガー (1993) の状況的学習論を持ち出すまでもなく、周辺的参加から中核的参加への移動は、ある意味で徒弟制度に近い看護の現場にはよく当てはまる。自国などでキャリアを持つ看護師として仕事を精力的に進めてきた自分が、もうできる、やらせてほしいと感じる作業にいつまでも参加を許されなければ、自己肯定感が低下するだろう。まず、受け入れ側は多様な話し方、書き方の受容の幅を広げるべきであるが、同時に、EPA に限らず、新人看護師を育てるために、医療事故が生じるといった事態は許されるものではない。受け入れ側関係者は、患者の安全を第一に考えて仕事の段取りを決定しなければならない。受け入れ側の指導者の見極め能力の育成が意識されるべきである。

4.3　開かれた看護現場に向けて

　送り出し国自体の看護師不足や人口老齢化の問題も将来的には発生する可能性もある中で、受け入れ側にのみ都合のいい人材受け入れの青写真は慎むとしても、「3 年育成、3 年勤務」ぐらいの期待はあろう。現在の日本で長く勤めてもらえる看護現場はどのようにしてつくれるのだろうか。

(1) まず必要なのは、看護師本人を筆頭に、日本語教師、同僚看護師、看護指導者、医師、病院職員、時には患者や院長などの、意見交換、連携である。情報交換を縦横に行い、自立した看護師への最善の道を探っていく、閉ざさない姿勢が求められる。指導をするのは日本人の側だけではない。同国人の先輩の存在も大きい。同国人先輩たちの一歩先からの提案は、後輩たちにとって何よりも心強いものとなるだろう。個々の EPA 看護師がまとまり、一つの同国人コミュニティーとしての力を蓄

えた時、日本の看護の現場に母文化から見た合理化提案など、より大きな貢献ができるのではないだろうか。次に、本人たち、看護指導者たち、日本語教師たち、病院経営者たちなどの各グループ別の横の連携もまた重要である。一人の看護師、一つの部署、一つの病院を超えた連携は、改善への貢献が大きい。2008年以来個々の立場で育ててきた知識と能力を持ち寄り、検討し合い、さらに進化した形に構築していく、現場から出発する構成主義的な手法によってシステムの充実が実現できる。いつまでも枠組みと個々の現場のギャップを埋める流れに追われていてはならない。

(2) あべ（2013）が主張する情報保障の数々は、日本の看護現場にも大いに適用できる。例えば、ピクトグラム（規格化された、分かりやすい絵文字、絵記号、マーク）(p.280)の、子どもにとっても高齢者にとっても、分かりやすい表示は病院にふさわしい。

(3) 看護現場の専門用語や細かい手順、規則なども、不断の整理・調整が必要だろう。冊子1で筆者は周囲の人々のコミュニケーション自体も、より明瞭な言語化がなされることが望まれること、日本語を母語とする人だけのやりとりではないことを意識することの必要性を述べた。以下は、EPA看護師インタビューを基に言及した例である。

> 「開腹の可能性があります」が、「開腹の器械を手術室に持ってきてください」を意味するとは、EPA看護師にはなかなかのみ込めない。また、指示が聞き取れず、再度、指示を（医師に）確認すると「しつこいなあ。しつこいな、お前」と言われると、つい、その次の確認は避けることになる。「「これがまだ足りないので、こうしたらいいよ」とはっきり言われたら私は動きやすい」という（EPA看護師の）訴えには耳を傾けたい。
> 「EPA看護師のさらなる研鑽（けんさん）と同時に、新たな働き手を迎えて、新たなコミュニケーション・スタイルをそなえた職場環境の構築も望みたい」
> 　　　　　　　　　　　　　　　　　　　　　　　　　（冊子1, p.172）

4.4 開かれた日本に向けて

文化的背景の異なる人々を、柔軟性を持って受け入れ、共に新しい現場を

築いていくこと、それができない現場に将来の発展は見込めない。国家試験合格は必須だが、試験に合格しやすい言語文化圏の人たちだけ受け入れようという姿勢には進化がない。いつまでも外国人を同化一方を強いる対象にしておくと、日本は近い将来に過疎化し、朽ちていくのを待つことになる。すでに動き出している国家試験の改善、出身国の宗教上の制約に対する理解・対応などをさらに推進する。EUなどでは、他国で専門職について働く人間は多い。アジアでもそれを成り立たせる時期が来ているのではないだろうか。日本の多種多様な分野で専門人材として活躍してもらうことは、21世紀の現在、重要である。自律的な日本語学習者となり、複言語使用者となった人々に、腰を落ち着けて活躍してもらうこと、そして、日本生まれの若者たちにも複言語使用者となって、多様な地域で活躍してもらうことで、発展もバランスも訪れる。多様な背景を持つ人々との協働の機会が与えられれば、それを生かしていく生き方が現代には必須である。看護という、人生の重要な現場で、「多文化共生」を単なるお題目で終わらせない展開が望まれる。次世代が地球規模の世界で生き生きと活動していくために、「開かれた日本」の展開に当たり、日本語教育の側から提案できることは多い。

▶ 参考文献

安里和晃（2010）「第2章 EPA看護師候補者に関する労働条件と二重労働市場形成」『越境する労働と〈移民〉』大月書店
あべやすし（2013）「第15章 情報保障と「やさしい日本語」」『「やさしい日本語」は何を目指すか』pp.279–298．ココ出版
石鍋浩（2012）「漢字親密度から見た看護師国家試験出現漢字の「難解さ」の評価」『第14回専門日本語教育学会研究討論会誌』pp.13–14.
岩田一成・庵功雄（2012）「看護師国家試験のための日本語教育文法 必修問題編」『一橋大学紀要 人文・自然研究』6, pp.56–71.
奥島美夏（2008）「12章 看護・介護職の現状と近年の制度改革」『日本のインドネシア人社会―国際移動と共生の課題』明石書店
奥田尚甲（2011）「看護師試験の語彙の様相―日本語能力試験出題基準語彙表との比較から」『国際協力研究誌』17(2), pp.129–143.
国際厚生事業団（2013）『EPA看護師に関する調査事業報告書』（http://www.jicwels.or.jp/files/E69CACE69687.pdf）
国際厚生事業団（2014）『経済連携協定（EPA）に基づく看護師の指導者ガイドブック』（http://www.jicwels.or.jp/files/E7B58CE6B888E980A3E690BAE58D94E5AE9AEPAE381ABE59FB_2.pdf）
佐々木倫子・鈴木理子（2010）「自立した言語使用者が育つ地域日本語教育―就労を目指す日系人を例に」『桜美林言語教育論叢』6, pp.1–16．桜美林大学言語教育研究所
下野恵子・大津廣子（2010）『看護師の熟練形成』名古屋大学出版会
田尻英三（2011）「看護師国家試験の漢字・漢語」『国文学解釈と鑑賞』1月号, pp.108–115.

日本看護協会国際部（2013）「看護師の国家間移動と各国の受入れ状況」(http://www.nurse.or.jp/nursing/international/working/pdf/ukeire-2013.pdf)
レイヴ，ジーン・ウェンガー，エティエンヌ（1993）『状況に埋め込まれた学習―正統的周辺参加』（佐伯胖訳）産業図書

▶ 参考サイト (2014年3月31日最終検索)

医師国家試験等の受験資格認定の取り扱い等について平 17.3.24 医政発 0324007
　　http://www.hospital.or.jp/pdf/15_20050324_02.pdf
経済連携協定（EPA）に基づく外国人看護師候補者の看護師国家試験の結果（過去 6 年間）http://www.mhlw.go.jp/file/04-Houdouhappyou-10805000-Iseikyoku-Kangoka/0002.pdf
厚生労働省「インドネシア、フィリピン、ベトナムからの外国人看護師・介護福祉士候補者の受入れについて」http://www.mhlw.go.jp/bunya/koyou/other22/
国際厚生事業団（2013・6）「外国人看護師・介護福祉士候補者受入れの枠組み、手続き等について」
　　http://www.jicwels.or.jp/files/H26E59BBDE58685E8AAACE6988EE4BC9AE7ACAC1E983A8JICW.pdf
国際厚生事業団「効果的な学習支援事業の改善に向けた、第 102 回看護師国家試験 EPA 候補者受験者アンケート」について
　　http://www.jicwels.or.jp/files/EFBC88E696BDE8A8ADE794A8EFBC89E38090E79C8BE8ADB7E3.pdf
国際厚生事業団「EPA 看護師のための「看護の場面」日本語 Can-do リスト」
　　http://www.jicwels.or.jp/news/201403/individual292.html
日本看護協会「インドネシア人看護師候補者受け入れにあたって日本看護協会の見解」http://www.nurse.or.jp/home/opinion/press/2008pdf/0617-4.pdf

▶ 参考ビデオ

日本語教育学会「Vol.7　実物を用いた授業」『日本語授業の実際』プロコムジャパン企画・制作

column

2人のインドネシア人介護福祉士候補者
浮田未砂子

　2008年よりEPA（経済連携協定）に基づきインドネシア、フィリピンの看護師・介護福祉士候補者の受け入れが始まり、2013年までに看護師候補者741人、介護福祉士候補者（以下「候補者」）1128人の計1869人が来日している。また2014年までに看護師国家試験に128人、介護福祉士国家試験に242人の計370人が合格している。少子高齢化が進み看護・介護分野での人手不足が深刻な日本社会において、外国人労働者の受け入れに関心が集まる中、制度的な問題点や国家試験合格までの問題点が明らかになってきている。また、2013年までの合格者260人のうち41人が家庭の事情などで帰国し、人材の定着も新たな課題として浮上している（バンコク週報2013年6月19日）。
　これまでの報告は、候補者の日本語学習、国家試験対策、施設側の現状、患者・利用者の反応に関するものが多く、筆者の知る限りでは、受け入れ施設の対応が候補者の心理的プロセスに与える影響についての報告は確認していない。候補者は施設で研修を受けた3年間にどのような異文化適応の問題にぶつかるのか。筆者ら日本語教師（以下「教師」）5人は2010年2月から2013年1月まで週5回、インドネシア人介護福祉士候補者2人の日本語研修を担当し、毎日の学習報告と候補者の様子を添付メールで共有した。その報告を時系列に追い、候補者、研修責任者、施設関係者、教師の発言や行動から互いの心情、葛藤、苦悩などを抜き出した。特に候補者の心理的プロセスに焦点を当てカテゴリー化し分析を行った。
　候補者AZは1986年生まれ、某大学社会福祉科卒業。候補者SEは1983年に専門学校（5年制）卒業。自国と日本で6カ月の介護と日本語の予備教育を受け、2010年1月より首都圏にある特別養護老人ホームに配属された。就労開始後、現場ではレクリエーション介助から始まり、移動介助、排せつ・入浴介助、食事介助と職業スキルを身に付けていった。朝の引き継ぎにも参加し、次第に業務日誌の記入も教わり、10カ月目から利用者の担当も任されるようになった。日本語学習はほぼ毎日2時間行われた。国際厚生事業団から配布される教材を中心に、看護・介護の言葉や漢字、一般的な日本語を

学習し、2年目から国家試験対策に入った。

　研修開始半年後から研修責任者（YO）がSEに対して不満を抱くようになり、その都度叱責する事態が研修修了時まで続いた。SEは、日本語の指示が分からず、介護手順のミスが多くなり、現場は困惑する。職員とも交流できず次第に孤立していく。担当していた利用者が亡くなったこともあり、SEは「自分は介護に向いていない」「帰国したい、私の心はとても疲れている」と言うようになる。YOとの確執に疲弊したSEは誰にも心を開こうとしなくなり、周囲の説得も聞き入れず、結局、国家試験2日後に帰国する。一方、AZは積極的にEPA仲間と交わり、コーランの勉強会にも参加し、同郷者と結婚し、精神的にも安定した研修期間を過ごす。日本語の上達とともに職員や教師から高い評価を受け、国家試験勉強にも励み、合格する。

　YOは、候補者が早く仕事や環境に慣れるように支援してきたが、自分に連絡や報告、相談がないことにいら立つ。さらに、職員からの苦情と教育責任者としての立場のジレンマにストレスを高める。

　報告書から候補者の心の動きや苦悩、施設側の戸惑いや対応を探った結果、候補者の精神状態が職業的スキルや日本語習得に深く関わり、異文化適応に影響を与えることが明らかになった。コミュニケーションが成り立たないことによる情報伝達ミスは、利用者や職員とのトラブルに発展し、候補者と職員にストレスをもたらす。このような職場トラブルは互いに異文化適応が進んだ場合、未然に防ぐことが可能になる（畠中香織・田中共子（2012）「在日外国人看護師・介護士候補生の異文化適応問題の背景に関する研究ノート」『岡山大学大学院社会文化科学研究科紀要』34, pp.87–88.）というが、現実は困難を極めた。

　以上のように、関係者はそれぞれ新しい事態に戸惑い、試行錯誤を繰り返しながら研修期間が修了した。候補者を精神的に追いつめるのは、介護関係の日本語習得の困難や国家試験のプレッシャーだけでなく、研修現場での人間関係に起因するところが大きい。異文化適応を視野に入れ、候補者一人一人に寄り添った精神的ケアを含めた総合的・複合的な支援が求められる。

後書き

　佐々木倫子先生は、米国の幾つかの大学での教職や、静岡大学、国立国語研究所日本語教育センターなどを経て、2001年に桜美林大学の大学院に着任されました。日本語教育専攻の修士課程が立ち上がった時期でした。このたび先生が桜美林大学を退任されるのに当たって、この大学院で先生の指導を受けた修了生たちが集まり、記念の出版物を作りたいという話になりました。それが発端で編集委員会が発足し、その願いが実ったのが、この本です。

　高名な先生方の論文を集めた論集などのようなものにはしてほしくない、多くはまだ若い教え子たちの、今いる現場の生の声を多くの方に知ってもらえる本にしてほしい——という先生の意向により、見ていただいている通りの内容の一冊となりました。

　桜美林大学の日本語教育の大学院は、若い新人教師の養成とともに、現職の日本語教師の再教育、いわゆるリカレント教育を重視しています。実践と研究の両立を目指しているのです。新宿駅隣接のビル内で発足し、後に四ツ谷駅至近の場所に移転という立地や、授業時間帯が平日夜間・土曜日を基本とすることなど、社会人の便宜を図っていることにもそれが表れています。集まった原稿を読んでいると、自分自身も社会人として仕事を続けながら、授業を受け、発表し、レポートをまとめ、論文を書き進めた日々が懐かしく思い出されます。いろいろとご迷惑をお掛けし、また励ましをいただいた、周囲の多数の方々にはただただ感謝するばかりです。

　今回、国内国外のさまざまな現場からの、実践と研究の報告が集まりました。この一冊に、現在の日本語教育とその周辺に位置する言語教育や異文化教育のバラエティーが読み取れると思います。今後世界のさまざまな土地で活躍しようとする皆さんの参考にもしていただければと、願っています。

（編集委員会／岡田英夫記）

▶ 編集委員

佐々木倫子、岡田英夫、鈴木理子、ローズ（平田）昌子

▶ 執筆者一覧

浅野有里（あさのゆり）：桜美林大学大学院・院生
　　　　　　　　　　　　日本国際教育支援協会・専門員
阿蘇豊（あそゆたか）：Nihongo-Pro Online Japanese Lessons
李ヒョンジョン（イヒョンジョン）：沖縄国際大学産業情報学部・准教授
池田亜季子（いけだあきこ）：元ロシア派遣講師
石田由美子（いしだゆみこ）：ベトナム国立ホーチミン市師範大学・講師
市丸（近藤）綾（いちまる（こんどう）あや）：在オーストラリア
今井美登里（いまいみどり）：桜美林大学基盤教育院・非常勤講師
岩下智彦（いわしたともひこ）：早稲田大学・常勤インストラクター
浮田未砂子（うきたみさこ）：フリーランス日本語教師
大田美紀（おおたみき）：ラオス日本センター・国際交流基金日本語専門家
大輪香菊（おおわかぎく）：フリーアナウンサー　フリーランス日本語教師
岡田英夫（おかだひでお）：岡田事務所
海保あづさ（かいほあづさ）：東京ギャラクシー日本語学校・非常勤講師
加藤真一（かとうしんいち）：啓明学園中学校高等学校・国際教育センター教諭
加藤珠美（かとうたまみ）：在シンガポール
菊池都（きくちみやこ）：桜美林大学日本言語文化学院・非常勤講師
菊地ゆかり（きくちゆかり）：早稲田大学日本語教育研究センター・
　　　　　　　　　　　　　　非常勤インストラクター
金漢淑（キムハンスク）：済州市（1徒2洞）住民自治センター・韓国語講師
久保田美映（くぼたみえ）：桜美林大学基盤教育院・非常勤講師
熊本愛子（くまもとあいこ）：聖心インターナショナルスクール・日本語教師
行田悦子（こうだえつこ）：成蹊大学国際教育センター・非常勤講師
　　　　　　　　　　　　　東京大学教養学部 PEAK・非常勤講師
小島祐子（こじまゆうこ）：米国ウィスコンシン州立大学ミルウォーキー校・講師
後藤静（ごとうしずか）：ICC 外語学院・非常勤講師
佐々木倫子（ささきみちこ）桜美林大学大学院言語教育研究科・教授
貞包みゆき（さだかねみゆき）：(株)ホリプロ・アナウンサー

清水貴恵（しみず たかえ）：桜美林大学リベラルアーツ学群・非常勤講師　桜美林草の根国際理解教育支援プロジェクト・エデュケーター
鈴木理子（すずき さとこ）：桜美林大学基盤教育院・非常勤講師
髙栁なな枝（たかやなぎ ななえ）：さいたま市・日本語指導員
竹村徳倫（たけむら のりみち）：元インド派遣日本語専門家
建木千佳（たつき ちか）：カザフスタン日本人材開発センター・国際交流基金日本語専門家
田辺理子（たなべ さとこ）：韓国仁徳大学日本語科・招聘専任講師
谷口美穂（たにぐち みほ）：マラヤ大学予備教育部日本留学特別コース
徳増紀子（とくます のりこ）：元JICA日系社会シニアボランティア
飛田美穂（とびた みほ）：東京外語専門学校日本語科・非常勤講師　株式会社GLAD・代表取締役
中川康弘（なかがわ やすひろ）：大阪経済法科大学教養部・教員　東京都狛江市・社会教育委員
中沢英利子（なかざわ えりこ）：元JICA日系社会シニアボランティア
中村鷹（なかむら たか）：フリーランス日本語教師
中山慎一郎（なかやま しんいちろう）：日本手話研究所・外国手話研究部部長
沼崎邦子（ぬまざき くにこ）：元国際交流基金日本語教育専門家　ドイツ・ニーダーザクセン州オルデンブルク市・公立中等教育機関契約教師
萩原秀樹（はぎわら ひでき）：インターカルト日本語学校・教務コーディネーター
長谷部倫子（はせべ ともこ）：学校法人明晴学園・教頭　社会事業大学・非常勤講師
ヒルゆかり（ヒル ゆかり）：サラエボ大学・日本語コース教師
福島千花（ふくしま ちはな）：前フィリピン派遣　ヨハン早稲田外国語学校　専任講師
亦野博（またの ひろし）：元中国・大学日本語講師
松下由美子（まつした ゆみこ）：在韓国
松田香織（まつだ かおり）：東北大学高度教養教育・学生支援機構・非常勤講師　山形大学大学院理工学研究科・非常勤講師
丸山伊津紀（まるやま いつき）：認定NPO法人地球学校・理事長　（公財）ラボ国際交流センター　ラボ日本語教育研修所・非常勤講師
尹チョジャ（ユン チョジャ）：韓国外国語大学大学院・院生　元東京都公立小学校教諭
横田葉子（よこた ようこ）：中国江蘇省淑徳語言学校・教務主任

頼美倫（ライ ムイローン）：桜美林大学大学院・院生
　　　　　　　　　　　　マレーシア・Lok Yuk 中等学校・日本語教師
連國鈞（レン コクキン）：在台湾・JTB TAIWAN LTD
ローズ（平田）昌子（ローズ ひらた まさこ）：第一工業大学・講師

▶ 連絡担当者

久保田美映、行田悦子

▶ 査読者一覧

阿蘇豊	近藤功	長谷部倫子
李ヒョンジョン	佐々木倫子	丸山伊津紀
石田由美子	篠﨑佳恵	三國喜保子
今井美登里	島田美幸	ストロング，メーガン
内田陽子	鈴木理子	横田葉子
海保あづさ	髙村めぐみ	ローズ（平田）昌子
金子広幸	髙柳なな枝	
久保田美映	竹村徳倫	
黒澤（後田）聡子	谷井明美	
小泉聡子	土屋真理子	
行田悦子	中川康弘	
小林学	中沢英利子	

日本語教育の現場から
言葉を学ぶ／教える場を豊かにする50の実践

発行年月日　2015年2月14日 初版第1刷

編　集	佐々木倫子・岡田英夫・鈴木理子・ローズ（平田）昌子
発行者	吉峰晃一朗・田中哲哉
発行所	株式会社ココ出版
	〒162-0828
	東京都新宿区袋町25-30-107
	電話　03-3269-5438
	ファクス　03-3269-5438
装丁・組版設計	伊藤悠（OKAPPA DESIGN）
印刷・製本	株式会社シナノパブリッシングプレス

定価はカバーに表示してあります
ISBN978-4-904595-53-4
© Michiko Sasaki 2015

ココ出版の書籍

シリーズ　多文化・多言語主義の現在 5
ろう者から見た「多文化共生」
もうひとつの言語的マイノリティ
佐々木倫子編　2,400 円＋税　ISBN 978-4-904595-24-4

ろう者から見た多文化共生 DVD 1 & 2
佐々木倫子・岡典栄 編
1　木村晴美・森壮也 手話講演　1,200 円＋税　ISBN 978-4-904595-30-5
2　久松三二・田門浩 手話講演　1,200 円＋税　ISBN 978-4-904595-31-2

日本語教育学研究 1
学習者主体の日本語教育
オーストラリアの実践研究
トムソン木下千尋編　3,600 円＋税　ISBN 978-4-904595-03-9

日本語教育学研究 2
日本語教育と日本研究の連携
内容重視型外国語教育に向けて
トムソン木下千尋・牧野成一編　3,600 円＋税　ISBN 978-4-904595-09-1

日本語教育学研究 3
「ことばの市民」になる
言語文化教育学の思想と実践
細川英雄著　3,600 円＋税　ISBN 978-4-904595-27-5

日本語教育学研究
「実践研究」は何をめざすか
日本語教育における実践研究の意味と可能性
細川英雄・三代純平編　3,600 円＋税　ISBN 978-4-904595-49-7